本课题为北京语言大学院级科研项目（中央高校科研业务专项资金资助），项目编号为15YJ0802130

王瑞烽　邢红兵　彭志平　主编

汉语进修教育理论与实践

中国书籍出版社

图书在版编目（CIP）数据

汉语进修教育理论与实践/王瑞烽，邢红兵，彭志平主编.—北京：中国书籍出版社，2016.6
ISBN 978-7-5068-5555-6

Ⅰ.①汉… Ⅱ.①王… ②邢… ③彭… Ⅲ.①汉语—对外汉语教学—教学研究—文集 Ⅳ.①H195.3-53

中国版本图书馆CIP数据核字（2016）第101040号

汉语进修教育理论与实践

王瑞烽　邢红兵　彭志平　主编

策划编辑	安玉霞
责任编辑	许艳辉
责任印制	孙马飞　马　芝
封面设计	中尚图
出版发行	中国书籍出版社
地　　址	北京市丰台区三路居路97号（邮编：100073）
电　　话	（010）52257143（总编室）（010）52257140（发行部）
电子邮箱	chinabp@vip.sina.com
经　　销	全国新华书店
印　　刷	北京潮河印刷有限公司
开　　本	710毫米×1000毫米　1/16
字　　数	295千字
印　　张	18
版　　次	2016年6月第1版　2016年6月第1次印刷
书　　号	ISBN 978-7-5068-5555-6
定　　价	49.00元

版权所有　翻印必究

编委会：（以音序排列）

郝美玲　李小丽　彭志平　王瑞烽
邢红兵　张　辉　张　莉

前　言

　　北京语言大学汉语进修学院承担来华留学生汉语言进修教育、汉语言专科教育、留学生汉语和中国问题高级研修生教育、港澳地区及海外华人的汉语普通话培训工作，同时承担汉语国际教育、语言学及应用语言学硕士和博士教育。汉语进修学院成立于2003年，学院的前身是著名的北京语言学院来华留学生一系、三系。老一辈汉语进修教育开创者在教学体系创建、大纲制定、教学方法和教材编写方面留下了丰厚的成果和优秀传统；新一代汉语进修学院教学团队继承传统，开拓创新，推动学院不断发展。

　　汉语进修学院自成立以来，一直重视科学研究，每年都举办科研报告会，至今已经成功举办了12届。2015年汉语进修学院第12届科研报告会成功举办之后，学院学术委员会一致认为，本次科研报告会中涌现了一批有理论和实用价值的论文，有必要从中精选出部分论文结集出版。学院学术委员会对第12届科研报告会的44篇论文进行了匿名评审，最后选定18篇入选本论文集。为了增强我院中外研究生的创新意识和科研能力，营造良好科研氛围，促进学风建设，提供研究生学术交流平台，2015年学院还举办了首届研究生学术论坛，经过匿名评审，学院学术委员会从提交的10篇论文中，选定4篇入选本论文集。

　　本论文集的22篇论文内容涵盖语言教学与师资培养研究、语言本体研究、汉语习得研究、语言工程研究、语言测试研究及文学研究。这些研究从理论和实践两个层面对汉语进修教育的学习者、教师、教材和教法进行了研究。这些研究既有理论的深度，又有实践的价值，是理论和实际相结合的研究，它们来自于教学实践，又以解决教学的实际问题为目标，具有极强的应用性和实践性，这样的研究对于汉语进修教育的一线教学具有直接的指导和启示作用，将会有力地促进汉语进修教育的发展。

　　汉语进修学院的学术委员会对于本论文集的编选做了大量认真、细致的评审工作，学院教师白浩、周婉梅、穆雅丽和研究生张秋丽、张瑞、杜卡、戚彦君同学对于论文的整理和编校付出了大量的心血，向他们的辛勤劳动表示感谢。同时，还要诚挚地感谢北京语言大学院级科研项目（中央高校基本科研业务专项资金资助）经费的支持，感谢中国书籍出版社为我们提供了论文集出版的宝贵机会，感谢本书编辑安玉霞女士所做的细致的编辑工作。

北京语言大学汉语进修学院
《汉语进修教育理论与实践》编委会
2016年4月15日

目 录

语言本体研究 /001

预设否定副词"胡"的主观情态 ………………………… 刘　烨　003
汉语［1+3］成语结构与韵律的互动研究 ………………… 骆健飞　013
颜氏家族的语言文字观及其影响 ………………………… 徐秀兵　028
汉语词汇同形词的汉日对比与翻译——以「二字漢語サ変動詞」
　为主要考察对象 ……………………………… 张建华　俞晓明　041
基于词频统计的异形词使用考察及规范建议 …………… 张熙昌　062
论汉语时间概念的空间隐喻 ……………………………… 张　卓　071
基于语料库的近义词辨析
　——以"过分""过度"为例 …………………………… 刘广盈　081
构式"数量 NP1+ 数量 NP2+VP"的生成机制与语义理解 … 鲁志杰　095
"这么"和"那么"的语用辨析及其教学建议 …………… 戚彦君　106

语言教学与师资培养研究 /117

中级汉语口语教学新模式中的教师角色分析 …………… 蔡整莹　119
高层次来华留学人员中国专题研究教学模式构建 ……… 李小丽　128
初级汉语经贸阅读课翻转课堂模式的设想 ……………… 年世荣　137
对高级口语教材练习编写的思考 ……………… 李小丽　卢晓敏　144
"案例教学"在国际汉语教师
　培养中的实践与应用 ………………………… 骆健飞　胡丛欢　157
体悟式文化教学的新实践
　——文化教学的"翻转课堂" ………………………… 陈　莹　169

001

汉语习得研究 /177

留学生汉字习得国别化差异研究 …………………… 陈天序　179
不同汉语水平学习者在口头叙述中
词语复杂性的研究 ………………………… 郝美玲　邓　芳　191
初级阶段留学生汉语上声合成感知实验 …………… 郭书林　203
汉语作为第二语言的学习者汉语书面表达能力发展研究 … 李姝雯　212

语言工程、语言测试及文学研究 /251

针对单字提取结果的交互式校正方法 ……………… 白　浩　253
基于 NIRT 的课程测验的群体诊断分析 ……………… 张　军　261
许地山小说不同宗教文化结合特征的探析 …………… 吴竟红　269

语言本体研究

预设否定副词"胡"的主观情态[①]

刘 烨

提　要　本文从搭配对象、表义功能和主观情态三个方面对现代汉语副词"胡"进行了分析，将其划分为表"行为随意"的否定副词"胡"、表"言行无根据"的否定副词"胡"和表"言行无根据"的评注性副词"胡"。从说话人的视角、不同语体中的主观情感和表示"言行无根据"义的主观认识三个方面结合语料考察了副词"胡"的主观情态。

关键词　预设否定副词　胡评注性　主观情态

一、引言

现代汉语副词"瞎"和"胡"是一对近义词，在《汉语水平词汇与汉字等级大纲》中同属情态副词。张谊生（1994：21）的现代汉语副词分类表中，将"瞎"归为否定副词，"胡"并未出现。张谊生（1994：255）将预设否定副词"白、空、干、瞎、徒、枉"一并探讨，总结出该组副词的表义方式、搭配功能、潜在内涵和语体特点。刘烨（2011）在此基础上对副词"白"和"瞎"的主观性强弱加以比较。王志英（2012）从共时和历时两个角度分析了副词"瞎"的功能及成因。

然而迄今为止，与"瞎"意义相近的副词"胡"，在虚词领域还未展开广泛探讨。本文拟从搭配对象、表义功能和主观情态方面，运用主观性理论对现代汉语副词"胡"加以考察。

几本常用的虚词词典中，对于副词"胡"及"胡乱"的解释见表1：

[①] 本成果受北京语言大学院级科研项目（中央高校基本科研业务专项资金）资助，项目编号为16YJ080206。

表 1

工具书	胡	胡乱
《现代汉语虚词词典》侯学超（1998）	表示随意胡来，用于口语	1. 不经心地对待；随便地 2. 不受约束不受限制地；任意地；毫无道理、根据地
《现代汉语虚词手册》李晓琪（2003）	表示行为、动作非常随便，没有根据，不合规则，相当于"乱""瞎"	1. 表示动作、行为马虎、随便 2. 表示动作、行为任意，无根据或无规则
《现代汉语虚词词典》朱景松（2007）		1. 任意地，没有根据地（说话、做事） 2. 马虎，草率地（做事）

表 1 中对于"胡"和"胡乱"的释义相同或尤为相近。朱景松（2007）的虚词词典中没有列出"胡"这一词条；侯学超（1998）的虚词词典与李晓琪（2003）的虚词手册中可以查到副词"胡"。相比之下，后者的释义更为丰富、全面。据此，我们将副词"胡"的释义分立出两个义项：一是表示行为随意；二是表示言行无根据。

我们进入北京大学汉语语言学研究中心开发的现代汉语语料库中，以"胡V"的形式在王朔作品中搜索，去掉"胡V"结构作主语的 1 例，作宾语、作定语的各 2 例，得到表示随意的例句 57 例，表示无根据的例句 114 句。语料总数达到 171 句。同时通过对曹禺剧本《雷雨》的穷尽式搜索，共找到《雷雨》中出现的"胡V"结构 21 例，以作为封闭的考察对象。本文的观察、描写就建立在这两部分语料的基础上。

二、搭配对象

观察收集到的例句，我们发现，能与副词"胡"搭配的动词相当有限，很多情况下是"胡"作为一个语素出现在固定词语中，如：胡扯、胡搅、胡来、胡诌、胡编乱造、胡吃海塞、胡搅蛮缠、胡说八道、胡思乱想、胡言乱语等。副词"胡"与这些常用动词搭配已凝固成词，在口语中使用。另外，与副词"胡"相近的副词"胡乱"出现的频率也比较高。

对于语料中以搭配对象形式出现的动词，我们根据其语义特征进行静态分类。表示动作行为的动词，具有【+动作】特征，我们将其称为动作行为类；

表示言语行为和心理活动的动词，具有【＋言说】或【＋心理】特征，我们称之为言说心理类。在收集的例句中，与副词"胡"搭配的动词分类如下：

1. 动作行为类：
编、插手、打、练、闹、判、使、撕、填、写、撞
2. 言说心理类：
猜、插嘴、吹、打岔、侃、骂、说、拽

三、表义功能

在静态的词汇层面，搭配对象的类别得以区分；在动态的句法层面，"胡"与动词的关系最终决定"胡＋V"结构的意义。根据表义功能的差异，可以将副词"胡"分立为三个：一是表"行为随意"的否定副词"胡"；二是表"言行无根据"的否定副词"胡"；三是表"言行无根据"的评注性副词"胡"。

3.1 表"行为随意"的否定副词"胡"

由于汉语的句类是依据语气的不同所划分的，而说话人所传达的意图、态度在语气中必然有某种程度的体现，因此我们通过详细考察句类分布来进行进一步分析。

"胡"表"行为随意"义的语料在句类中的分布情况见表2：

表2 表"行为随意"的否定副词"胡"

句类分布		数量及百分比
陈述句	肯定	51例；89.5%
	否定	1例；1.8%
	肯定形式反问句	1例；1.8%
	否定形式反问句	1例；1.8%
祈使句	否定形式	1例；1.8%
疑问句		2例；3.5%
总计		57例

表"行为随意"义的否定副词"胡"出现在三种句类中，其中并不包括感叹句。据统计，接近90%的语料为肯定形式的陈述句，这个数值相当高。

表"行为随意"的否定副词"胡"主要通过肯定陈述句的形式，以叙述、描写的方式向听话人或读者传递信息，属于比较客观的叙述和描写，其描述对象是随意性强的动作和行为。请看下面的句子：

（1）"不过我就是难过。"我含着泪，泪眼婆娑地胡打出一张牌，"我从小那么有理想有志气。"

（2）"我是来玩的，因为认识老蒋就住到了他们这里。那张住宿单是胡填的。"

以上两句的语义焦点都是"随意地"。按照常理来说，一定的行为往往具有一定的规律和章法，副词"胡"置于动词前否定了人们这种心理预期。动作发出者或说话人在述义辖域之外，陈述相对客观。

3.2 表"言行无根据"的否定副词"胡"

表"言行无根据"义的否定副词"胡"与表"行为随意"的否定副词"胡"的句类分布有不一致的情形，即表"无根据"类的语料中，祈使句占有相当大的比重，接近总体的40%。此类别语料的统计数据见表3：

表3 表"言行无根据"的否定副词"胡"

句类分布		数量及百分比
陈述句	肯定	57例；58.2%
	否定	1例；1%
祈使句	否定形式	12例；12.2%
	特殊	22例；22.5%
疑问句		6例；6.1%
总计		98例

根据统计，12例否定祈使句中出现的否定词有：别、少、不许、不要等。对于听话人无根据的言行，说话人加以劝阻、否定，以避免其出现。如：

（3）"别胡打岔，"保卫干部喝住徐宝生，"真傻假傻，也许你是作贼心虚吧?"

（4）"不要胡猜，我刚才只不过是种策略，将心换心。"

语料中，还发现这样一类貌似感叹句的例句，数量超过20%。这组例句有以下特点：说话人表露了强烈的不满情绪，句末标点为感叹号（有的是句号），不过句中并无感叹词，不可归入感叹句行列。在句中的出现形式为："胡+光杆动词"，句首偶尔也带主语。例如：

（5）"胡说，我们关系一向很好，直到今天还保持着友谊。"
（6）"你胡说！"方枪枪忍无可忍，站起来指着他爸，"你造谣、污、污、污蔑。"

例（5）和例（6）都含有"胡+光杆动词"结构，后者句首带主语。听话人坚信自己的言论有道理、有根据，这里的"胡说"否定了这一预期。我们认为这并非是单纯对已发生事件做出评价，而是可以进一步理解为说话人针对毫无根据、不能认同的言论加以劝阻、制止。

3.3 表"言行无根据"的评注性副词"胡"

之所以在否定副词以外再划分出一个评注性副词"胡"，是因为在诸如"吹""闹""拽"等动词之前的"胡"已经不仅仅具备预设否定的功能了。副词"胡"修饰这些含有否定义素的行为动词或言说动词，成为隐性的羡余成分。在表述客观命题的同时，语言伴随着命题的表达，实现了说话人的自我表达。请看例句：

（7）当时大家都在胡吹自己的金钱和女人上的得手，唯独他没有。他只是满面笑容地听着。
（8）"得啦，别胡拽了。我们不管你的闲事，你当我们是吃干饭的。"

搭配动词"吹"和"拽"本身就含有【无根据】的语义特征，否定了行为发出者的预期。在去掉副词"胡"的情况下动词仍可以达到语义自足，"胡"属于隐性的羡余成分，该词的使用是评注性的。

根据统计，评注性副词"胡"的句类分布情况如下：

表4　表"言行无根据"的评注性副词"胡"

句类分布		数量及百分比
陈述句	肯定	6例；37.5%
感叹句		2例；12.5%
祈使句	否定形式	8例；50%
总计		16例

此处表示"言行无根据"意义的评注性副词语料中出现了两例感叹句。如：

（9）"你真胡闹，肝有病，还喝酒。怎么啦？"

（10）"以后写稿子是不是认真点？"丁小鲁说，"咱们这刊物是全国影响，太胡闹了不好。"

这两例感叹句的划分依据分别为感叹词"真"和"太"，句子通过感叹词以及评注性副词实现了情感宣泄的功能，表达了对听话人强烈的指责。

3.4　小结

从"胡"表示"行为随意"意义到"胡"表示"言行无根据"意义，是由客观描述过渡到主观评价的过程，是由对行为对象的描述转向对谈话命题的评注。

四、主观情态

关于语言的主观性理论，Lyons（1977：739）的观点为，说话人在说一段话时会不自然地表现出自己的立场、态度和感情，在话语中留下自我的印记。这正是语言的一种特性。评价副词、指示词语都被归入语言的自我表达机制。（沈家煊，2001）

关于副词的情态范畴，传统意义上只有情态动词等少数成分可以表示情态，不过已有学者（Holmes，1983；Hermeren，1987）发现其他词类比情态动词本身表达情态更为频繁，进而从广义上将更多词类和表达式列入情态范畴。（参见McCarthy，1991：84）Perkins（1983：2—4）列举了大量话语的情态表达式，由 Palmer 等语言学家关注的情态助动词延伸到更为广阔的研究视角，考察的具体内容不仅包括情态助动词和半助动词（Quasi-Auxiliary Modal Expressions），也包括情态副词、具有情态意义的动词（Modal Lexical Verbs）、形容词、分词（Participial Modal expressions，即由动词派生而来的用作形容词的词）和名词（Nominal Modal Expressions）的情态表达式，甚至包括了时态、条件句和疑问句。Lyons（1977）指出，情态是说话人对句子所表达的命题或命题所描写的情境的观点或态度，是说话人的主观态度和观点的语法表现或语句中的那些主观性特征。彭利贞（2005）研究指出，情态就是说话人对命题的真值或事件的现实性状态表达的主观态度。

我们认为，使用预设否定副词"胡"或评注性副词"胡"，体现出说话者对一个已知为真的命题的观点或态度。说话者发出"禁止"或"劝告"的指令，传递了否定性评价。"胡"所在的句子带入了说话者主观的情态表达，情态概念和主观性概念密不可分。

乔永（2001）探讨"胡"字的语源，认为中原汉人以自己的行为规范为标准，将那些与中原汉族文化不同的和他们不能理解、不能接受的行为方式和道德标准，统统称之以"胡"。因此，胡吃、胡闹、胡说，这一形式的词语大量产生。这一观点从"胡"字的字义上肯定了其主观性。

通过前文的考察得知，从"胡"表示"行为随意"意义到"胡"表示"言行无根据"意义，是由对行为对象的描述转向对谈话命题的评注，显然，后者的主观性要强得多。我们从说话人的视角、不同语体中的主观情感和表示"言行无根据"义的主观认识三个方面分析副词"胡"的主观情态。

4.1 说话人的视角：从句子主语到言者主语

对客观事件的叙述一般分为两种情况，一种是说话人侧重对客观事件进行忠实描述，以信息传达的准确性和客观性为目的，这时的主语为句子主语；另一种是说话人侧重表达自己对客观事件的评价，站在主观的角度表现自己的立场、观点和意愿，这时的主语为言者主语。从句子主语到言者主语的选择变化，表明说话人主观态度和倾向的增强。例如：

（11）a. 有些孩子甚至以为自己是烈士子弟，要么就胡说自己爸爸是毛主席、周总理什么的，净拣官大的说。

b."真无赖。"李江云笑,"我倒想看看凭别人胡说能把我怎么样——这个队伍谁当家?"

例(11)a 仅有一个主语——句子主语,即"有些孩子"。这些孩子以为自己是烈士子弟,他们对外宣扬的并无根据,是纯粹的"胡说";例(11)b 有两个主语,一个是句子主语"别人",一个是言者主语"我",即说话人李江云。言者主语"我"所描述的事件已经不再客观,他以自己的视角为中心,传递的句子信息被主观化。

4.2 不同语体中的主观情感:从叙述体到对话体

说话或对话是表示或突显主观情感的最为有效、最为直接的一种方式或手段。(张谊生,2004:282)"胡+V"结构出现在叙述体、对话体还是描写心理活动的篇章中,其主观性的强弱表现有所不同。叙述体多为对客观事件的忠实描述,说话人对事件的评判较少,主观性较弱;对话体对客观事件的描写不多,听说双方传达的信息是彼此对于事件的观点与看法;心理活动记述的是说话人或句子主语对于现实情状的评论和态度,因此后两种语体都能够传递出强烈的主观情感。例如:

(12)马青和杨重坐在花房般镶着通体玻璃窗的咖啡厅的临窗座位上,看着来来往往的行人,听着一位老兄胡侃:"想想吧,万人大餐厅,多么壮观!多么令人激动!

(13)他得意地一甩头发,换口气说,"这位说了,你云山雾罩唾沫星子四溅胡侃乱吹,不就是想从我们哥们儿兜里掏钱么?这一套我们懂。"

(14)简言之,应该善加珍藏妥贴呵护诚心敬重的东西被我随随便便拿出来胡使,不说亵渎神圣也要讲暴殄天物。难怪李阿姨发那么大火。

例(12)为叙述体,该句描述了这样一个场景:马青和杨重听着一个陌生人不着边际又慷慨激昂地大声说话,属于忠实于事件的客观描写;例(13)为对话体,说话云山雾罩,唾沫星子四溅的人所发出的言论缺乏依据,"胡+V"结构是主观情态的体现;例(14)的心理描写中,"我"对自己暴殄天物的行为做出论断,属于主观色彩较强的自我否定。

据统计，在表示"言行无根据"意义的"胡"语料中，出现在对话体中的"胡+V"结构占总数的86.8%，即副词"胡"表示"言行无根据"意义时倾向于在对话体中出现，具有较强的主观情态。

4.3 主观认识：从符合事实的否定评价到不切实际的主观评说

"胡"的强主观性还体现在，说话人的评价并不客观，可能听话人的言行符合常理，具有一定依据，而说话人由于利益关涉，主观上认为对方的言行缺乏根据，是"胡猜""胡骂"。为了证明这一特点，我们以曹禺剧本《雷雨》为封闭的考察对象，结合上下文语境，分析"胡+V"结构在对话中的主观性。通过穷尽式搜索，共找到《雷雨》中出现的"胡+V"结构21例。如：

（15）繁：你受过这样高等教育的人现在同这么一个底下人的女儿，这是一个下等女人——

萍：（爆烈）你胡说！你不配说她下等，你不配，她不像你，她——

繁：（冷笑）小心，小心！你不要把一个失望的女人逼得太狠了，她是什么事都做得出来的。

四凤与周萍在一起，繁漪嫉妒得发疯，对比他们二人的身份地位以求得周萍回心转意。周萍坚决维护自己的爱人，本能地指责对方"胡说"。事实上繁漪陈述属实，并非胡说。此处周萍的评价便是不符合客观实际的主观评说。再如：

（16）大：（看合同）什么？（慢慢地，低声）他们三个人签了字。他们怎么会不告诉我就签了字呢？他们就这样把我不理啦？

朴：对了，傻小子，没有经验只会胡喊是不成的。

鲁大海代表广大矿工，去找周朴园理论。这里的"胡喊"，同样是说话人为维护自身利益，指责听话人的说法毫无根据，对听话人做出不切实际的否定评价。这种独立于事实以外的认识具有极强的主观性。

五、结语

综上所述，对现代汉语副词"胡"的考察可以归纳如下：①能与副词"胡"搭配的动词分为动作行为类和言说心理类，数量相当有限，多数情况下"胡"作为语素出现在固定词语中；②根据表义功能的差异，可以将副词"胡"划分为表"行为随意"的否定副词"胡"、表"言行无根据"的否定副词"胡"和表"言行无根据"的评注性副词"胡"，后者的"胡"为隐性的羡余成分，该词的使用是评注性的；③副词"胡"的主观情态体现在三个方面：说话人的视角、不同语体中的主观情感和表示"言行无根据"义的主观认识。从句子主语到言者主语、从叙述体到对话体以及从符合事实的否定评价到不切实际的主观评说，都反映出"胡"的主观性由弱到强的变化过程。

参考文献

［1］侯学超（1998）《现代汉语虚词词典》，北京：商务印书馆。
［2］李晓琪（2003）《现代汉语虚词手册》，北京：北京大学出版社。
［3］刘　烨（2011）预设否定副词"白"和"瞎"的主观性语义分析，《浙江海洋学院学报》第2期。
［4］彭利贞（2005）现代汉语情态研究，复旦大学博士学位论文。
［5］沈家煊（2001）语言的"主观性"和"主观化"，《外语教学与研究》第4期。
［6］乔　永（2001）"胡"字词义考，《新疆大学学报（社会科学版）》第2期。
［7］王志英（2012）副词"瞎"的预设否定功能及其成因，《语言教学与研究》第1期。
［8］张谊生（1994）《现代汉语副词研究》，上海：学林出版社。
［9］张谊生（2004）《现代汉语副词探索》，上海：学林出版社。
［10］朱景松（2007），《现代汉语虚词词典》，北京：语文出版社。
［11］Bybee, Joan, William Perkins & Revere Pagliuca, *The evolution of grammar*: *Tense, aspect, and modality in the languages of the world*. Chicago: The University of Chicago Press, 1994.
［12］F.R. Palmer. 语气·情态（第二版），北京：世界图书出版公司；剑桥：剑桥大学出版社，2007.
［13］Lyons, J. *Semantics*. Cambridge: Cambridge University Press, 1977.
［14］McCarthy, M. *Discourse Analysis for Language Teachers*. Cambridge: Cambridge UP, 1991.

汉语［1+3］成语结构与韵律的互动研究[①]

骆健飞

提要 汉语四字成语大多为 2+2 结构，一些 1+3 结构的非对称性成语，会在韵律的驱动下，转变为 2+2 的结构。本文运用韵律构词学、韵律句法学的相关原理，分别对状中、主谓、动宾、动补、形补等结构的 1+3 成语进行了分析，探讨了它们向 2+2 的韵律模式转变的方式，并分析了韵律在其中起到的作用。

关键词 1+3 非对称性成语　韵律构词　韵律句法　重新分析

一、引言

汉语成语绝大多数来自于古代文化典籍和诗词文章。它们有的是历史史实的概括，有的是古代战争的记叙，有的是传说故事的精髓，也有的是诗词文章的摘取，也有一些成语则来自于民间的口头流传。汉语成语的上述浓厚文化色彩和历史内涵，使得它们以简洁、固定的形式与和谐的韵律，传达着丰富多彩的语言信息。

汉语的成语，韵律上一般符合［2+2］的模式，而结构上大部分也符合［2+2］的模式，如"铜墙铁壁、干柴烈火"等，冯胜利（2009）曾对成语的韵律进行了分析，他指出，汉语的成语一般遵循"轻重轻重"的韵律模式，如"守株待兔"（见图 1），而我们在观察成语的结构时，却发现了相当一部分成语的内部结构并不是［2+2］，但其韵律却是［2+2］（如"一衣带水"），此时则会出现结构与韵律的冲突，如何进行调整，是本文研究的问题。

[①] 本课题受教育部人文社科青年项目（14YJC740083）、北京社科基金一般项目（14WYB020）资助。本文部分内容曾在第十六届汉语词汇语义学国际研讨会上宣读，并以 On the Interaction Between the Structure and the Prosody of Chinese 1+3 Idioms 为题在 Chinese Lexical Semantics，16th Workshop，CLSW 2015 上发表。

```
    轻            重
   ╱  ╲         ╱  ╲
  轻   重       轻   重
  1    2       1    3
  0    2       1    3
  守   株       待   兔
```

图 1　汉语成语的重音模式

二、前人研究综述

对于汉语的不对称成语，史有为（1995）曾讨论过［1+3］和［3+1］四字格的结构和语音节奏问题，文中也对［1+3］成语的节奏进行了分析，他认为，汉语的四字成语倾向于［2+2］的韵律节奏，一些结构上是［1+3］的成语，其韵律结构仍然为［2+2］，如"好为人师、遥相呼应、学以致用、掩人耳目、成人之美"等，其原因则主要是"末尾二字在结构和语音上是基本一致的，都可以成为一个单位，从而控制了全局，迫使第二个字只能靠向第一字，合为一个节奏……究其原因，是后二字先期形成一个节奏是关键，从而把另外两个字推到一处，形成另一节奏"。

鞠君（1995）讨论了动宾式和偏正式的［1+3］音段和［3+1］音段，发现在一些四字格中，对音节组合起决定作用的是中间的部分，当中间的部分是意义上联系较紧的双音节时，动宾四字格的音节组合为 1+3，偏正四字格是 3+1；如果中间部分为单音节，那么这个四字格的音段一般为 2+2。

冯胜利（2009）认为，汉语的标准韵律词都是双音节模块，因此标准韵律词的复合，无疑就导致了四字之"格"，那么其最普通的格式必然是 2+2。四字格之所以成"格"的根本原因在于汉语的韵律系统，正因如此，所有复合韵律词都无一例外地表现出前后两段的性质，当然，这两个音步不再是各自独立的个体，而是一个新的统一体……双音步的组合必然导致两段的结果，然而"虽二实一"，其整体性的重音格式又把它们紧紧地"绑"在一起，这就是人们对四字格"两段一体"语感的来源。

冯文同时提到了一些非 2+2 的四字格形式，如"一衣带水、狐假虎威、井底之蛙"等，它们的韵律形式仍然是 2+2，而且这些短语已经"词化"，它们放弃了本来的与其句法结构对应的韵律结构，而改从复合韵律词的节奏及重音模式，以致造成"韵律征服句法"的现象。它们弃语法而从韵律，以变为复合韵律词。因此它们也都符合上文图 1 的重音模式。

回顾以上文章可以发现，一些学者已经注意到了汉语非对称性成语的现象，并尝试对它们进行了解释，尤其是冯胜利（2009）的相关研究已经表明，这里的核心原因是"韵律"的促发作用，导致这些四字格内部的句法结构进行了"重新分析"。那么，不同结构的［1+3］成语，它们是如何在韵律的作用下，促发句法结构的"重新分析"，韵律在哪些层面上促发了"重新分析"，以及韵律促发了何种"重新分析"，学者们并没有给出详细的描写和解释。本文基于前人理论，将汉语［1+3］结构成语分为状中、主谓、动宾、动补、形补等结构类型，以《成语大词典》中所有收录的 771 条［1+3］结构成语为研究对象，采用定量与定性相结合的方式，详细分析韵律在非对称成语中的作用，并对其促发原因进行解释。

三、汉语［1+3］成语的分布与数量统计

3.1 总体分布

本文选取了商务印书馆出版的《成语大词典》为研究对象，首先对成语的音节数量进行了计量描写，表 1 是详细数据。

表 1　汉语成语的音节数量及其分布

音节	三	四	五	六	七	八	九	十	十一	十二	十三	十四	总计
数量	20	10778	132	115	96	164	6	16	1	3	0	1	11332
比例（%）	0.18	95.11	1.16	1.01	0.85	1.45	0.05	0.14	0.01	0.03	0.00	0.01	100

在所有 11332 个成语中，四音节成语共 10778 条，在数量上占绝对优势（95% 以上），这也符合我们的一般语感，而在这些四音节成语中，共发现 771 例［1+3］非对称的成语，约占 7.2%。分析它们的结构构成，发现它们主要是以下几种结构：

（1a）状中：饱经风霜　别具匠心　大兴土木　久负盛名　独具慧眼

徒有其表

（1b）主谓：鹤立鸡群　虎落平川　心如止水　羊入虎口　瑕不掩瑜
勤能补拙

（1c）动宾：傍人门户　乘人之危　投其所好　好为人师　如雷贯耳
如鸟兽散

（1d）动补：安于一隅　死于非命　视若草芥　学以致用　爱不释手
奉为圭臬

（1e）形补：高不可攀　安如磐石　呆若木鸡　老于世故　重于泰山
富可敌国

（1f）并列及其他：哀而不伤　备而不用　秀而不实　勇而无谋

表2是这几类成语的数量与百分比。

表2　[1+3]成语中各种结构的数量及比例

类型	（1a）	（1b）	（1c）	（1d）	（1e）	（1f）	总数
数量	264	298	58	27	75	49	771
百分比	34.2%	38.7%	7.5%	3.5%	9.7%	6.4%	100.0%

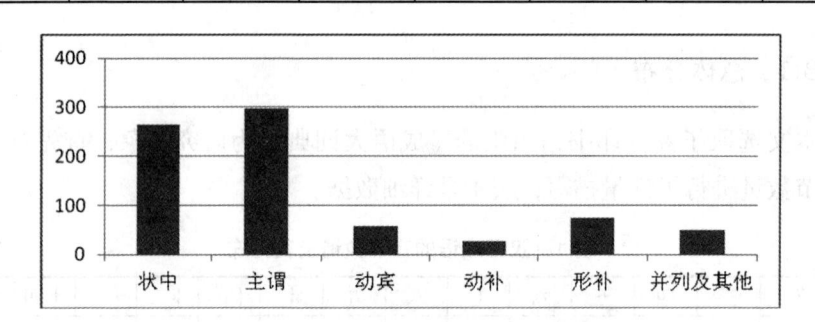

图2　[1+3]成语中各种结构数量示意图

3.2　各种类型[1+3]成语的详细分析

3.2.1　状中类

在状中类里，常用的状语是：大、别、独、各、一、久、饱、杳（频次高于5），如：

（2a）大：大动干戈　大发慈悲　大获全胜

（2b）别：别具匠心　别有洞天　别出心裁

（2c）独：独树一帜　独当一面　独具慧眼

（2d）各：各持己见　各执一词　各为其主

（2e）一：一无所知　一无可取　一无所获

（2f）久：久经沙场　久违大名　久居人下

（2g）饱：饱经沧桑　饱经风霜　饱经世故

（2h）杳：杳无音信　杳无人烟　杳无踪影

表3　状中结构［1+3］成语中"状语"的类型及数量

类型	（2a）	（2b）	（2c）	（2d）	（2e）	（2f）	（2g）	（2h）	小计	总数
数量	23	16	15	12	10	7	5	5	93	264
百分比	8.7%	6.1%	5.7%	4.5%	3.8%	2.7%	1.9%	1.9%	35.2%	100.0%

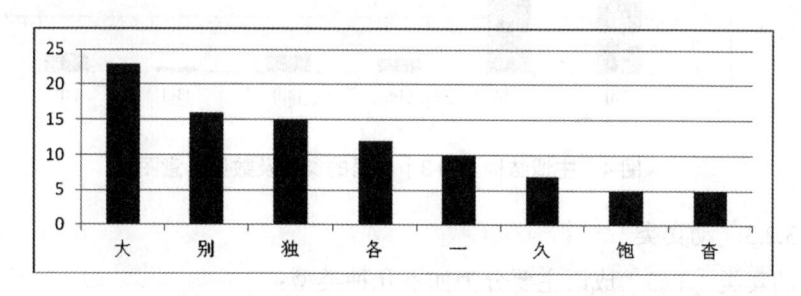

图3　状中结构［1+3］成语中"状语"的类型及数量示意图

3.2.2　主谓类

主谓类［1+3］成语主要分为如下几种类型。（注：σ代表单音节，σσ代表双音节，下同）

（3a）［［NP］σ+［［V］σ+［NP］σσ］：（1+(1+2)），如"将遇良才、春回大地"

（3b）［［NP］σ+［［Adv］σ+［VP］σσ］：（1+(1+2)），如"盗亦有道、自相残杀"

（3c）［［NP］σ+［［Aux］σ+［VP］σσ］：（1+(1+2)），如"门可罗雀、勤能补拙"

（3d）［［NP］σ+［［［Prep］σ+［NP］σ］+［VP］σ］］：（1+(2+1)），如"病从口入、悲从中来"

（3e）［NP］σ+［［V］σ+［PP］σ］:（1+(1+2)），如"青出于蓝、业精于勤"

（3f）其他：如"时不我待、市不二价"等

表4　主谓结构［1+3］成语的类型及数量

类型	（3a）	（3b）	（3c）	（3d）	（3e）	（3f）	总数
数量	125	132	10	13	4	14	298
百分比	41.9%	44.3%	3.4%	4.4%	1.3%	4.7%	100.0%

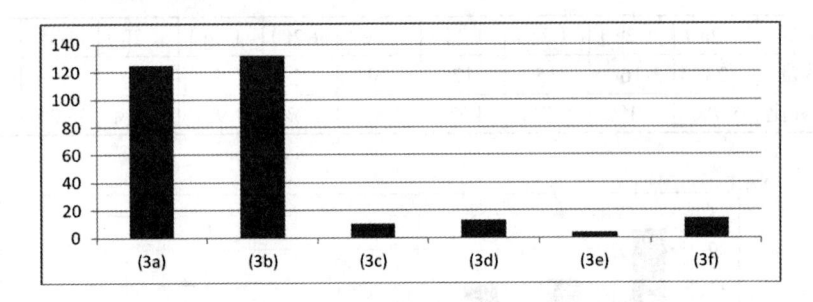

图4　主谓结构［1+3］成语的类型及数量示意图

3.2.3 动宾类

动宾类［1+3］成语主要分为如下几种类型：

（4a）［V］σ+［NP1］σ+［NP2］σσ：（1+1+2），如"傍人门户、听其自然"

（4b）［V］σ+［NP］σσσ：（1+3），如"乘人之危、分一杯羹"

（4c）［［V］σ+［V］σ+［NP］σσ］:（1+(1+2)），如"好为人师、如临大敌"

（4d）［［V］σ+［［NP］σ+［VP］σσ］］:（1+(1+2)），如"如虎添翼、如梦方醒"

（4e）［［V］σ+［［NP］σσ+［VP］σ］］:（1+(2+1)），如"如鸟兽散"

表5　动宾结构［1+3］成语的类型及数量

类型	（4a）	（4b）	（4c）	（4d）	（4e）	总数
数量	8	8	27	14	1	58
百分比	13.8%	13.8%	46.6%	24.1%	1.7%	100.0%

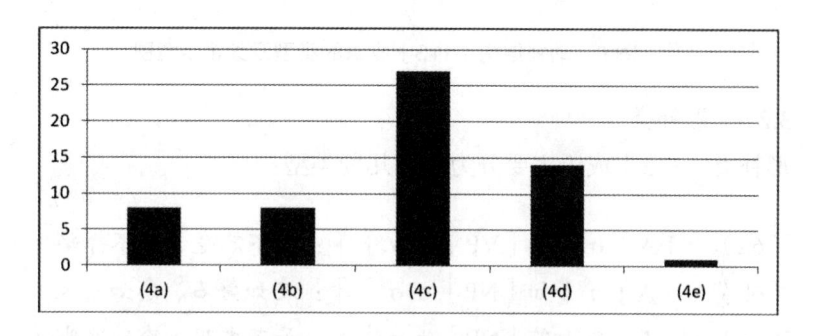

图5　动宾结构［1+3］成语的类型及数量示意图

3.2.4　动补类

动补类［1+3］成语主要分为如下几种类型：

（5a）［［V］σ［于［NP］σ σ］］：安于现状、死于非命

（5b）［［V］σ［若［NP］σ σ］］：奉若神明、了若指掌

（5c）［［V］σ［如［NP］σ σ］］：奉如神明、视如草芥

（5d）［［V］σ［以［VP］σ σ］］：学以致用、引以为戒

（5e）［［V］σ［不［VP］σ σ］］：爱不释手、泣不成声

（5f）［［V］σ［无［NP］σ σ］］：查无实据

（5g）［［V］σ［为［NP］σ σ］］：奉为楷模、奉为至宝

表6　动补结构［1+3］成语的类型及数量

类型	（5a）	（5b）	（5c）	（5d）	（5e）	（5f）	（5g）	总数
数量	4	6	4	3	6	1	3	27
百分比	14.8%	22.2%	14.8%	11.1%	22.2%	3.7%	11.1%	100.0%

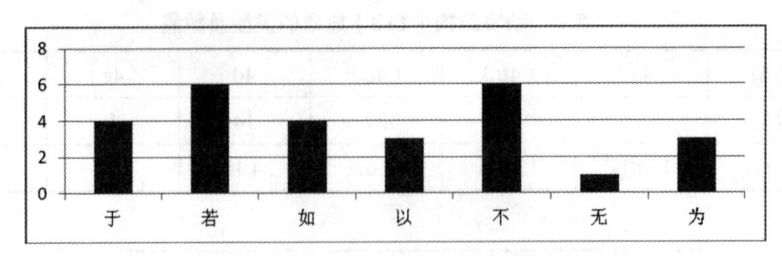

图6 动补结构［1+3］成语的类型及数量示意图

3.2.5 形补类

形补类［1+3］成语主要分为如下几种类型：

（6a）［［A］σ［不［VP］σσ］］：安不忘危、慌不择路

（6b）［［A］σ［如［NP］σσ］］：安如磐石、急如星火

（6c）［［A］σ［若［NP］σσ］］：呆若木鸡、冷若冰霜

（6d）［［A］σ［无［NP］σσ］］：暗无天日、荒无人烟

（6e）［［A］σ［以［VP］σσ］］：乐以忘忧、俭以养德

（6f）［［A］σ［于［NP］σσ］］：老于世故、重于泰山

（6g）其他：富甲一方、惨绝人寰

表7 形补结构［1+3］成语的类型及数量

类型	（6a）	（6b）	（6c）	（6d）	（6e）	（6f）	（6g）	总数
数量	34	16	10	5	3	2	5	75
百分比	45.3%	21.3%	13.3%	6.7%	4.0%	2.7%	6.7%	100.0%

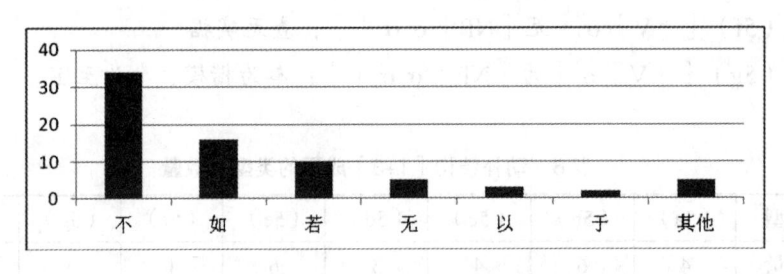

图7 形补结构［1+3］成语的类型及数量示意图

四、韵律制约的［1+3］结构成语的重新分析

4.1 状中类［1+3］成语的重新分析

对于状中类成语，它们的结构比较统一，如图 8 所示，在先由单音节 V 和双音节 NP 组成三音节的 VP，然后在其之上附加 Adv 进行修饰，在上文表 3 中我们已经看到，充当 Adv 的成分大都是一些在韵律上不能单用的副词成分，如"别、饱、独"等，它们是"句法自由、韵律黏着"的一类特殊成分，冯胜利（2006）、黄梅（2012）分别对其进行了定性和定量的研究，并指出这类成分在韵律上需要另外一个单音节成分与之搭配，形成"偶数"音节的模型才能使用，由此称之为"嵌偶单音词"。这类成分的句法操作是：单音节的 V 会由于"嵌偶 Adv"的吸引，与之并入，形成一个"嵌偶模块"，这个模块被称为"句法词"，这个句法词可以充当 V^0 的角色，直接支配 NP，并指派重音给 NP，如图 8 所示。

这样，原本 1+3 的结构，就在韵律的驱动下，促发了动词的移位，并在标准韵律词的制约下，完成了向 2+2 的重新分析。

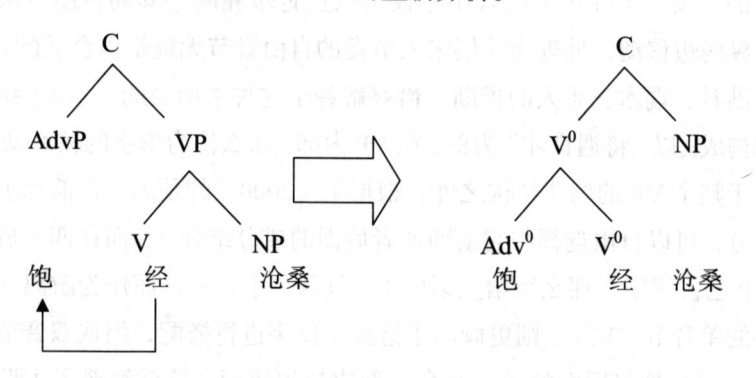

图 8 状中类［1+3］成语向［2+2］转换的结构示意图

4.2 主谓类［1+3］成语的重新分析

4.2.1 主谓宾类［1+3］成语的韵律分析

主谓类［1+3］成语的内部结构较为复杂，上文中（3a）结构占比例较大，其特点是单音节主语后接三音节 VP，其中 VP 由单音节 V 和双音节 NP 组成，

如图 9 所示。

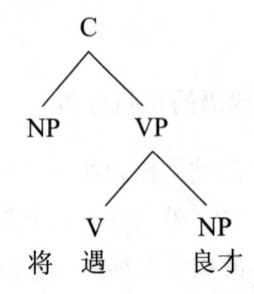

```
             C
           /   \
         NP    VP
               / \
              V   NP
              将遇 良才
```

图 9　主谓类［1+3］成语结构示意图

先看 VP 中的述宾结构，王洪君（2000）分析了三字组的韵律词、类词韵律短语和自由韵律短语在节律上的深层差异，它们分别是：

三音节韵律词（雨伞厂）：（***）

三音节类词短语（小雨伞）：（*^）（**）

三音节自由短语（买雨伞）：*（**）

她指出，三字述宾的节律表达式"*（**）"的第一音节未加括号，表示它是未入节律结构的自由音节，这是端木三（1999）的提议。该音节（如"买雨伞"的"买"）在更大组合中不仅可以在音步界两边移动，还可以在较大的停延界两边移动，处理为深层未入节奏的自由音节无疑是很合适的。

王洪君、端木三等人的推断，恰好解释了这种主谓宾的［1+3］结构成语的韵律构成：以"将遇良才"为例，在 VP 内部，那么作为单字的核心动词"遇"则游离于整个 VP 的韵律结构之外，根据王（2000）的预测，在韵律上，它是自由成分，可以自由选择与它前面或者后面的成分结合①，而在四字成语中，由于 VP 已占三字，那么留给主语的 NP 只剩一个音节，而作为游离于韵律结构之外的单音节"V"，则更倾向于选择与前字进行搭配，组成双音节的标准韵律词，而不是与后面的成分组合，形成超韵律词。这就解释了主谓宾式的［1+3］成语如何在韵律上实现了［2+2］的变化。

4.2.2　〔主［状谓］〕和〔主［助谓］〕1+3 成语的韵律分析

---

① 如："买雨伞"的声调模式可以是 223，也可以是 323，如果到四音节"想买雨伞"，则变成 2323，如果到五音节"很想买雨伞"，则又变为 23223，也就是说，核心动词"买"不受"买雨伞"这个韵律结构的控制，而是可以在不同结构中，自由选择与其前成分或后成分在韵律上进行组合。

上文（3b）和（3c）中所列成语，它们的结构如图 10 所示（状语和助动词均用 I 代表），与上文不同，此处第二音节为副词或助动词，它们在句法上更倾向功能词而非词汇词，对于这些功能词，由于其意义较虚，且在韵律上并不像词汇词那样声足调实，因此，它们在韵律上也常有"向前贴附"的特征（如"我往北走"，其变调规则为 2323），因此，这些语段中的第二音节则有了向前贴附的倾向，变成 2+2 的韵律模式。

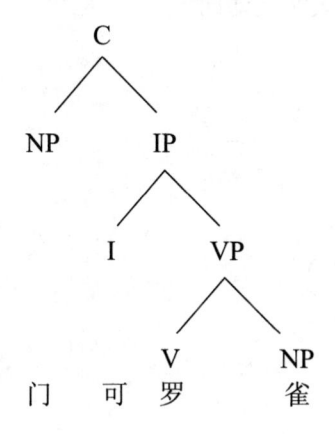

图 10 ［主［状谓］］和［主［助谓］］1+3 成语的韵律分析图

4.2.3 关于"青出于蓝"

"青出于蓝"这类成语，由于介词与动词存在并入关系（参董秀芳，1998；冯胜利，2005），因此"出于"先行结合成一个句法词，因此无法再重新分析为 2+2 的韵律结构，只能保持 1+3 的韵律结构。

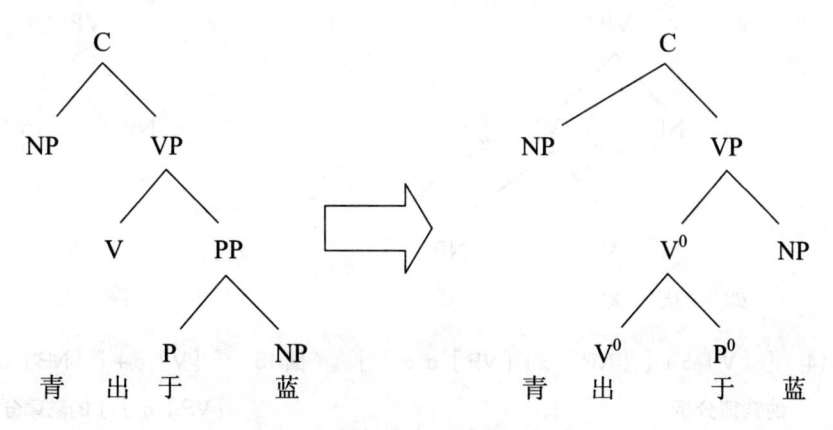

图 11 "青出于蓝"的韵律分析

4.3 动宾类 [1+3] 成语的重新分析

4.3.1 轻动词理论与汉语的动宾 [1+3] 成语

根据 Larsson（1988），Huang el（2009）等对于动宾结构中轻动词的研究，这里的结构也可以使用其进行分析，如上文（4a）（4c）（4d）（4e）四种结构，都可以统一用轻动词理论进行分析，如图 11、12、13、14 所示（其中小写 v 代表轻动词，大写 V 代表实义动词）。

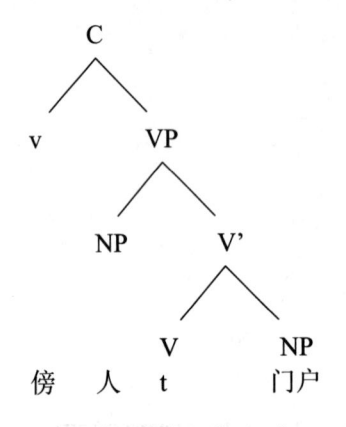

```
        C                              C
       / \                            / \
      v   VP                         v   VP
         /  \                           /  \
        NP   V'                        V    NP
            / \                        如  临  大敌
           V   NP
       傍  人  t   门户
```

图 12 [V]σ+[NP1]σ+[NP2]　　**图 13** [[V]σ+[[V]σ+[NP]
　　　　σσ 的韵律分析　　　　　　　　　　σσ]] 的韵律分析

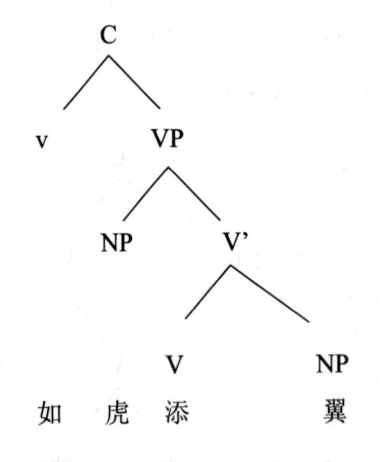

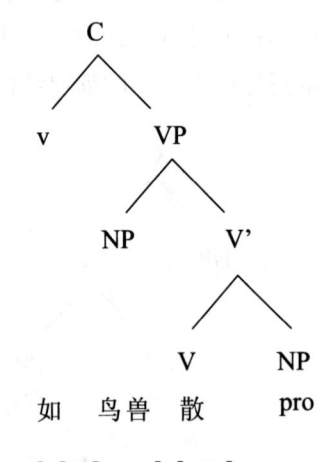

```
        C                              C
       / \                            / \
      v   VP                         v   VP
         /  \                           /  \
        NP   V'                        NP   V'
            / \                             / \
           V   NP                          V   NP
       如 虎 添  翼                     如 鸟兽 散  pro
```

图 14 [[V]σ+[NP]σ+[VP]σσ]]　　**图 15** [[V]σ+[NP]σσ+
　　　　的韵律分析　　　　　　　　　　　　　[VP]σ]] 的韵律分析

在条件允许的情况下，轻动词可以吸引下层的实义成分填充其位置，或通过吸引与其形成标准韵律词，构成一个双音节的韵律结构，在图 12、13、14 中，其相邻成分均为单音节，也就是说，都有了提升与之组成标准韵律词的机会，在这种书面语的制约下，则会发生此类重新分析，形成 2+2 结构。而图 15 的"如鸟兽散"则不同，因为"鸟兽"是一个双音节词，无法与"如"进行并入，其结构不能满足标准韵律词的限制，因此无法重新分析为 2+2。

4.3.2 关于"乘人之危"

动宾类成语有一类是 V[X 之 Y]，这类结构在语法上虽然是 1+3，但是由于"之"字的存在而使韵律有所不同。冯胜利（2009）、骆健飞（2014）均已证明，这类文言虚词在韵律上属于后贴（比较"北京之春"和"北京的春天"），因此，它会与后面的 Y 成分先行贴附为"之 Y"，然后与前成分进行组合，进而形成了 2+2 的韵律结构。

4.4 动补、形补类 [1+3] 成语

这类带补语的比较容易分析，因为补语的并入在理论上存在可能并已经被证实（参冯胜利 2005），因此均可以有如下的运作，如图 16、图 17：

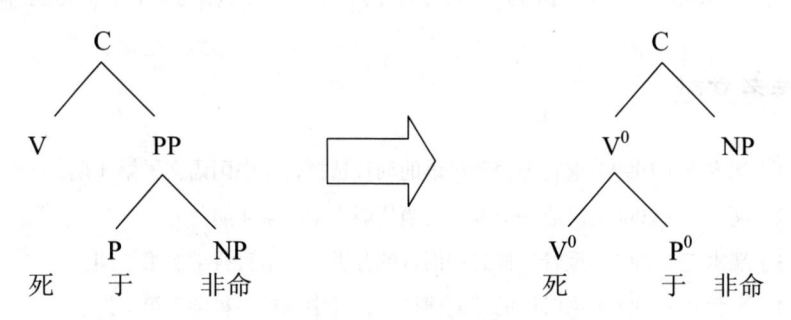

图 16 动补类 [1+3] 成语的韵律分析

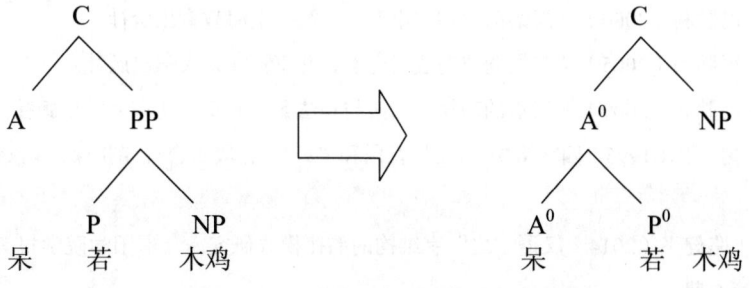

图 17 形补类 [1+3] 成语的韵律分析

五、结论

根据前文分析，可以总结出［1+3］结构成语向［2+2］重新分析有如下几条原则：

（1）状中类的状语多为嵌偶单音词，它先与单音节动词组合成双音节句法词，进而共同指派重音给其后的宾语成分，完成向［2+2］的转变；

（2）主谓结构的第二音节在韵律上均有向前贴附的趋势，因此在韵律上表现为［2+2］；

（3）动宾结构通过轻动词的吸引，并在标准韵律词的控制下，完成前两音节的贴附，形成［2+2］的韵律结构；

（4）一些文言虚词在韵律上表现出的"后贴"模式，迫使其韵律结构与句法结构错位，最终韵律战胜句法，实现了［2+2］的韵律结构；

（5）动补、形补结构的［1+3］成语,通过介词并入动词的手段,完成向［2+2］的重新分析；

（6）一些成分在并入时，重新分析的长度超过标准韵律词的要求，则会造成运作的失败，无法分析为［2+2］结构，它们仍然保持［1+3］的韵律模式。

参考文献

［1］端木三（1999）重音理论和汉语的词长选择，《中国语文》第4期。

［2］端木三（2000）汉语的节奏，《当代语言学》第4期。

［3］端木三（2007）重音、信息和语言的分类，《语言科学》第5期。

［4］冯胜利（1996）论汉语的"韵律词"，《中国社会科学》第1期。

［5］冯胜利（1998）论汉语的"自然音步"，《中国语文》第1期。

［6］冯胜利（2000）《汉语韵律句法学》，上海：上海教育出版社。

［7］冯胜利（2005）《汉语韵律句法研究》，北京：北京大学出版社。

［8］冯胜利（2009）《汉语的韵律、词法与句法》，北京：北京大学出版社。

［9］鞠　君（1995）四字格中"1+3"音段和"3+1"音段组合规律初探，《汉语学习》第1期。

［10］骆健飞（2014）汉语"之"字结构的韵律模式研究，《邵阳学院学报》（社会科学版）第6期。

［11］史有为（1995）关于四字格及其语音节奏，《汉语学习》第5期。

［12］王洪君（2008）《汉语非线性音系学》，北京：北京大学出版社。

［13］王洪君（2000）汉语的韵律词与韵律短语，《中国语文》第6期。

［14］Duanmu, San.（1990）*A Formal Study of Syllable Tone, Stress and Domain in Chinese languages.* Doctoral dissertation, MIT, Cambridge, Mass.

［15］Hogg, R. & McCully, C.B.（1987）*Metrical Phonology.* New York：Cambridge University Press.

［16］Huang J, Li A, Li Y.（2009）*The Syntax of Chinese.* Cambridge University Press.

［17］Larson, R.（1988）On the double object construction. *Linguistic Inquiry* 19，3：335—91.

［18］Liberman, M. & Prince, A.（1977）On stress and linguistic Rhythm. *Linguistic Inquiry* 8（2）：249—336.

颜氏家族的语言文字观及其影响[①]

徐秀兵

提要 文中的"颜氏家族"主要指北齐颜之推及其后人,其远祖可上溯至孔子的大弟子颜回。魏晋隋唐时期的颜氏家族既有血缘关系,更有相通的学术观点。他们秉承经世致用的儒学渊源,执着于薪火相传的学术接续,在音韵学、训诂学、文字学等研究领域均成果昭著,可谓"前修未密,后出转精"。本文梳理了颜氏家族语言文字观的主要内容,并揭示其广泛的社会效应,以及对后世语言文字研究和相关工作的深远影响。

关键词 颜氏家族 音韵 训诂 文字 影响

一、颜氏家族的血缘谱系及语言文字学论著概况

颜氏"本出颛顼之后"(史游,1989:59),其家族可谓源远流长。[②]颜友为颜姓第一人。在春秋时期,颜氏成为鲁国望族。颜友传至第十七代为颜路,颜路之子乃颜回。颜路与颜回"父子尝各异时事孔子"(《史记·仲尼弟子列传》)。"孔子弟子达者七十二人,颜氏有八焉。四科之首,回也,标为德行。"(《急就篇注·叙》)颜回在孔门弟子中名望最高,极受后世儒家及历代帝王的推崇,其后人固守颜姓至今。

颜回后裔世居于鲁,至二十四代孙颜盛,于魏文帝黄初年间迁琅邪临沂,历四世约八十年,至西晋时被誉为"琅邪颜氏"。晋惠帝在位时政治腐败,

---

[①] 本课题为北京语言大学院级科研项目(中央高校基本科研业务专项资金资助,项目编号15YJ080203)的部分成果。本文已发表于《爱知大学国际问题研究所纪要》146号(2015年11月),收入本集时未作改动。

[②] 有关颜氏家族的谱系情况,详参都惜青《唐代颜氏家学考论》(吉林大学硕士学位论文,2006年)第一章《唐代颜氏世系行状考述》以及王春华《唐代颜氏家族研究》(曲阜师范大学硕士学位论文,2007年)。

八王战乱相继。永嘉元年（307），颜盛曾孙颜含率家族追随琅邪王司马睿南渡建康。东晋至南北朝时期，颜氏后裔在江南建康长干里一带定居九世约270年，子孙繁衍，居官者众多，形成江南颜氏巨族。公元554年，西魏军队攻破金陵，颜回三十五代孙颜之推被俘，率家人先后到达北朝。在北周建德六年（577），颜之推应武帝征召，举家随驾入关，定居京城长安。

颜之推（531—591），字介，一生播越南北，历仕四朝，平生为官以在北齐任黄门侍郎为最显。《颜氏家训》是其思想道德、学术文章的集中体现，其中《书证》《音辞》等篇章集中讨论了语言文字问题。颜思鲁，之推长子，精于文字音韵，于隋朝任东宫学士、长安王侍读等职务，入唐之后，李世民任为秦王府记室参军。颜愍楚，之推次子，著有《证俗音略》二卷。颜游秦，之推三子，撰有《汉书决疑》。

颜思鲁有子四人，长子师古与三子勤礼的后人相传谱序清晰，二子相时、四子育德之后嗣已无明确记载。颜师古（581—645），名籀，著有《汉书注》《急就篇注》《匡谬正俗》，编写了《颜氏字样》。勤礼，字敬，"幼而朗悟，识量宏远，工于篆籀，尤精诂训，秘阁司经，史籍多所刊定……与兄秘书监师古、礼部侍郎相时齐名"（《颜勤礼碑》）。入唐之后，颜氏家族因颜勤礼一支名卿众多、人才济济，成为颜氏后裔最为辉煌的时期。

颜昭甫，字周卿，勤礼长子，"少聪颖，而善工篆隶草书，与内弟殷仲容齐名，而劲利过之，特为伯父师古所赏，凡所注释，必令参定焉。为天皇晋王侍读、曹王属。有献古鼎篆书二十余字，举朝莫能读，昭甫尽识之"（《颜勤礼碑》）。

颜元孙（？—714），字聿修，昭甫长子，约活动于高宗至玄宗时期，少孤，寓居舅殷仲容家，由殷氏教授书法，历官长安尉、太子舍人及滁、沂、豪三州刺史，追赠秘书监，撰有《干禄字书》。颜惟贞（669—712），字叔坚，昭甫次子，唐代知名书法家。

颜真卿（709—784），字清臣，颜惟贞六子，主要活动在玄宗至德宗朝，经历了唐朝由盛及衰又走向中兴的历史阶段，为官四方，转任南北。任湖州刺史时，他广罗文化精英，穷数十年之功而编纂音韵学著作《韵海镜源》三百六十卷。

清人王昶《金石萃编》卷九九初步综括了颜氏家族语言文字研究和著述的历史脉络："颜氏自之推以后，类能研覃经史，著书立说，而于六书声韵之学，尤有专长。其所撰述，此书（《干禄字书》）之外，载隋、唐两《志》

经解、小学类者,则有之推《急就章注》一卷、《训俗文字略》一卷、《笔墨法》一卷,愍楚《证俗音略》一卷,师古《匡谬正俗》八卷、《急就章注》一卷,真卿《韵海镜源》三百六十卷。余如之推《家训·书证》篇、游秦《汉书决疑》、师古《汉书注》诸书,皆于小学家言再三致意。是则一门著作,多有渊源,其讨论之功,非止旦夕。"

二、颜氏家族语言文字观的主要内容

本文的"颜氏家族"主要指颜之推及其后人,其中颜之推、颜师古、颜元孙、颜真卿四位在语言文字学史上的地位最为显赫,他们集中代表了颜氏家族在语言文字学领域的学术观点。

颜氏家族满怀对汉语言文字的强烈热爱,坚守汉语作为母语的正统地位,主张以周秦以来通用的汉语言文字为教学之正宗,反对学习异族语言以猎取禄利。《家训》旗帜鲜明地指出:"齐朝有一士大夫,尝谓吾曰:'我有一儿,年已十七,颇晓书疏,教其解鲜卑语及弹琵琶,稍欲通解,以此伏事公卿,无不宠爱,亦要事也。'吾时俯而不答。异哉,此人之教子也!若由此业,自致卿相,亦不愿汝曹为之。"(王利器,1993:21)

魏晋隋唐时期的颜氏家族既有血缘关系,更有相通的学术观点,他们秉承经世致用的儒学渊源,执着于薪火相传的学术接续,在传统语言文字学——"小学"的各个研究领域均成果昭著,可谓"前修未密,后出转精"。下面试从音韵学、训诂学和文字学三个方面,分述颜氏家族语言文字观的主要内容。

2.1 音韵学

音韵学是研究汉语汉字在各个历史时期的读音系统及其演变规律的学科。

颜之推首次简单勾勒了汉语音韵学发展史,认为"古语与今殊别,其间轻重清浊,犹未可晓"(《音辞篇》),提出了汉语语音古今演变的思想。他既注重理论上的思考,也在实践上贯彻其学术主张。隋开皇二年(582),他参与讨论音韵问题并完成《切韵》初稿[①],因"《切韵》之分声与析韵,多

[①]《切韵》以当时的读书音为基础,兼顾古音、方言编辑成书,描写的不是某时某地的一个单纯音系,而是该时期语音的综合反映。

本乎颜氏（王利器，1993：567），《音辞篇》也被公认为《切韵》成书的重要基石。

颜师古继承和发展了颜之推的音韵学思想，在"古音"学上有诸多开创性的成果（详参张金霞，2006：44—59），表现在：（1）注意到古韵部之间的远近亲疏关系，首创了指称先秦两汉时代语音的"古韵"术语。（2）根据古代韵文把能押韵的字归为一类，用"以韵求音"法初步进行了古韵分部的实践，从《汉书》师古注出的"谈""阳""鱼""宵"四部，可以窥知师古初步具有了古韵系统观。（3）注重谐声偏旁和汉字读音及词义的关系，用谐声偏旁或同谐声偏旁的字注音，从而探讨语言和文字的关系。如《汉书·高帝纪上》"沛公引兵绕关峣"，师古注曰："峣音尧。""亦视项羽无东意"，师古注曰："视音示。""（秦王子婴）降枳道旁"，师古注曰："枳音轵。"又"故秦苑囿园池"，师古注曰："囿音宥。"

2.2 训诂学

传统训诂学以研究古代文献语言的词汇语义和训释条例为主要内容和基础工作，还包括后来的语法学、修辞学和篇章学等内容。早在颜之推《书证》篇已有大量关于经史文献的训诂实践。而在颜氏家族中，当属师古的训诂学成就最为显著。

《汉书注》《急就篇注》和《匡谬正俗》等著作奠定了颜师古在训诂学史上的重要地位。在解释词义方面，师古贡献颇丰：（1）在随文释义时，对词的本义、引申义、假借义等作了一定的探索，并采用了形训、声训、义界等多种释词方式。如《汉书·高帝纪》"沛公、项羽追北"，师古注曰"北，阴幽之处，故谓退败奔走者为北"，继而引《老子》《说文》《史记》后指出"北即训乖，训败，无劳借音"，批驳了韦昭以北为背的假借字之说。（2）注重追溯词源，探求词的得名之由。如《汉书·律历志》中的八音之一"木曰柷"，师古注曰："柷与俶同，俶，始也。乐将作，先鼓之，故谓之柷。"（3）注重考察口语词和方言词语的历史演变。《匡谬正俗》可称为口语词研究的开山之作，记录了大量口语词且利用语音演变的轨迹进行溯源，认为大部分口语词的产生是由于俗语音讹、音转造成的；《急就篇注》中有21条方言俗语研究材料，体现了颜师古方俗语研究中吸收前人研究成果和搜采当时方俗语并重的研究特点（王智群，2008）。（4）以《汉书注》为代表的义训术语体系已接近完备,大多数义训术语已经基本定型,且具有概括性和稳定性等特点,揭示了唐代训诂学中义训术语的基本面貌(胡继明,2013)。(5)颜注初步揭示了一些特殊词法和虚字用法。如师古注《高帝纪》"啗以利"曰"啗者,本谓食啗耳,音徒敢反。以食喂人,令其啗食,音则改变为徒滥反",对动词的致动用法和四声别义已经有了比较清晰的认识。再如师古注《隽不疑传》"廷尉验治何人"曰"凡不知姓名及所从来者,皆曰何人",揭示了"何"字的虚指用法。远在一千多年前的颜师古"对于我们现在所研究的虚词给予了高度重视,多方诠释,这显现了他朴素的词法思想"(王宇,1992)。

2.3 文字学

汉字作为典型的表意文字,可突破一定的时空局限,起到"前人所以垂后,后人所以识古"(《说文解字》序)的社会功能。文字学以研究汉字的形体演变和使用规律为主要内容。

汉字的使用包括个人使用、社会通行和权威规范三种基本场合。颜之推可谓汉字规范的先驱,他服膺文字规范的典要之作《说文解字》,说它"隐括有条例,剖析穷根源,郑玄注书,往往引以为证;若不信其说,冥冥不知一点一画有何意焉"(《书证》)。他在《家训》中指出了魏晋六朝时期楷书字体从确立到定型的过程中,字形方面正俗并存的现象,呼吁必须统一汉字形体[1]。

贞观初年,唐太宗以政府行为开始推行汉字规范工作,其领军人物正是时任中书侍郎的颜师古。师古于贞观七年编定《颜氏字样》作为楷体规范的依据在社会上推行[2]。颜元孙继承《颜氏字样》的学术精神编定了《干禄字书》。《字书》以应对科举考试、谋求禄位功名为目的,是"寓字书于韵书之中

---

[1] 《颜氏家训·杂艺》曰:"晋、宋以来,多能书者。故其时俗,递相染尚,所有部帙,楷正可观,不无俗字,非为大损。至梁天监之间,斯风未变;大同之末,讹替滋生。萧子云改易字体,邵陵王颇行伪字;朝野翕然,以为楷式,画虎不成,多所伤败。至为一字,唯见数点,或妄斟酌,逐便转移。尔后坟籍,略不可看。北朝丧乱之余,书迹鄙陋,加以专辄造字,猥拙甚于江南。乃以百念为忧,言反为变,不用为罢,追来为归,更生为苏,先人为老,如此非一,遍满经传。"

[2] 颜元孙《干禄字书·序》曰:"元孙伯祖(师古)故秘书监,贞观中刊正经籍,因录字体数纸,以示雠校楷书。当代共传,号为《颜氏字样》。"《颜氏字样》原书早已散佚,民国汪黎庆曾辑得《颜氏字样》一卷,收录于《广仓学丛书》中。

字书"①，全书以平、上、去、入四声为次，按照使用场合将字样分为俗字、通字和正字三种类别②，共整理汉字804组，凡1656字，其中包括707组异体字和97组易混字③。《字书》意在指导社会用字，不逐字说解字义，而是注重规范汉字的构形属性和书写属性，在维护汉字表意性的同时更兼顾汉字的社会性。罗振玉《干禄字书笺证》在弁语中赞之曰："小学盛于汉，晦于六朝，渐明于唐。汉唐间诸字书，《说文解字》外，晋有吕忱《字林》，梁有顾野王《玉篇》，其书详矣、备矣，然多存后世俗作，意在补《说文》所未备。其实所收之字多无意义，大抵皆增其所不必增，于六书殊无裨益。惟唐人《干禄字书》《五经文字》实能祖述许书，折衷至当。《五经文字》犹偶有疏舛，《干禄字书》则有纯无驳。"

综上可见，具有深厚儒学传统的颜氏家族由研"经史"而治"小学"，在音韵学、训诂学和文字学等方面均多有建树，他们坚信汉语和汉字作为民族认同和文化认同的标志性作用，看到了汉语言文字具有音、义、形三位一体的特征，认识到汉语、汉字的历时发展和共时通行这两个重要维度，全面客观地分析雅言与方言、通俗字与正字的辩证关系，既注重从理论上对语言文字的源流发展规律进行考察，也注重在实践上对语言文字在当下的社会流通进行规范，初步形成了系统性的语言文字观，且日趋丰富和严密。

三、颜氏家族语言文字观的社会效应及其影响

顾炎武（1613—1682），本名绛，明亡后，面对士大夫纷纷改仕清朝的士风败坏和寡廉鲜耻，他恪守华夏民族"以文立国"的传统，对颜之推给予了高度评价，他在《日知录·廉耻》中引述《颜氏家训》鄙夷齐朝士夫教儿

---

① 黄侃先生在《文字声韵训诂笔记》中将字书分四种：读书式之字书、分形之字书、分韵之字书和编画之字书。参见黄侃（1983：13）。

② 颜元孙《干禄字书·序》曰："所谓俗者，例皆浅近，唯籍帐、文案、券契、药方，非涉雅言，用亦无爽，倘能改革，善不可加；所谓通者，相承久远，可以施表奏牋启，尺牍判状，固免诋诃（若须作文言及选曹铨试兼择正体用之尤佳），所谓正者，并有凭据，可以施著述文章对策碑碣，将为允当，进士考试，理宜必遵正体，明经对策，贵合经注本文、碑书多作八分，任别询旧则。"

③ 据刘中富（2004）的统计结果。

鲜卑语之事，并感慨道："之推不得已而仕于乱世，犹为此言，尚有小宛诗人之意；彼阉然媚於世者，能无愧哉！"顾氏这种坚守本族母语和历史文化的忠贞气节也直接影响了近代国学大师章太炎。章太炎（1869－1936），原名学乘，字枚叔，后易名炳麟，因反清排满意识浓厚，慕顾炎武的为人行事而改名为绛，号太炎，他是民族主义思想大师，被时人誉为"中国的玛志尼"。1902年，章太炎在《訄书》中指出："群之大者，在建国家、辨种族，其条列所系，曰言语、风俗、历史，三者丧一，其萌不植。"（章太炎，2002：264）1906年，章太炎在东京发表演说，号召用国粹激励种姓，增进爱国的热肠。此处的"国粹"指广义的汉种的历史，包括语言文字、典章制度和人物事迹。可见，传承和弘扬以母语——汉语为根基的本国历史和文化是爱国学者所坚守的一种"威武不能屈"的气节。以下从三个方面具体分析颜氏家族语言文字观的社会效应和对后世的影响。

3.1 音韵学

颜之推《音辞篇》对汉语语音古今变化的初步认识启迪了明清古音学家。明代陈第（1541—1617）将颜之推的语音变异论进一步发展，在《毛诗古音考·序》中提出，"盖时有古今，地有南北，字有更革，音有转移，亦势所必至"，开了古音研究的新纪元。陈第作为古韵学的开路先锋，有了汉语语音因时间和地点而变化的观念，从而使"古韵"研究走上了科学化的道路。

同时，颜之推《音辞篇》开了韵书分韵正音之先河，后来的《切韵》之分韵注音无不与颜之推《音辞》篇所论相合。《切韵》音系是中古音和近代音的基础，也是研究上古音的枢纽和关键。因此，《切韵》为代表的今音学也成为现代音韵学的基础[①]。

在雅言和方言、民族语言之间的关系上，颜之推一方面极力维护雅言的正统地位，认为"吾家儿女，虽在孩稚，便渐督正之，一言讹替，以为己罪矣"（《音辞》）。他"共以帝王都邑，参校方俗，考覈折衷，推而量之"，

[①] 音韵学分为今音学、古音学和等韵学三个主要的部门。今音学以《切韵》系韵书为对象，研究南北朝到隋唐时代的语音系统；古音学以先秦两汉的诗歌韵文为材料，研究上古时期的语音系统；等韵学以宋元以来的等韵图为研究对象，分析韵书中的反切，基本上就是分析《切韵》系韵书的反切所反映的语音系统。

认为六朝官方雅言的语音当以金陵洛下为正，这一观点深刻影响到后世官方雅言标准音的确定，例如现代汉语普通话就是以有着帝王都邑传统的北京音为基础语音。同时，颜之推看到了汉语与民族语言、方言之间的相互影响，在《音辞》篇中开创性地提出了音韵学史上"南染吴越，北杂夷虏"的重要命题，引起了后世学者的持续关注，例如鲁国尧《"颜之推谜题"及其半解》对此问题进行了深入考察[①]。

颜师古在音韵学方面更是贡献卓越：（1）他提出了"古韵"的概念，而且其"古韵"分期与后世学者对语音史的研究共识是一致的。师古《汉书注》因保存了重要的反切材料，被黄侃列为"考见汉魏数百年音韵之变迁"的要籍（黄侃，1983：147）。（2）师古利用排比韵脚的方法考求古音，为明清古音学家所继承和发展。顾炎武以《诗经》及其他先秦韵文的押韵情况为根据，将古韵分为10部。在顾氏10部的基础上，江永将古韵分为13部，段玉裁分为17部，孔广森分为18部，王念孙、江有诰分21部，章太炎分23部（王力，1963：123）。正如黄侃（1983：143）所言："推求古本音之法，最初为比对韵文。陈（第）、顾（炎武）、江（永）之言韵，不过挤韵脚之法。乾嘉以来，亦因此法。"因此，师古的"这种方法是一个伟大的创造。这给后人开辟了一条考求古音的康庄大道"（张文轩，2013）。（3）师古对韵部之间远近亲疏关系的论述，对后人研究韵部排列也很有启发意义。段玉裁的《六书音均表》分古韵为17部，又据音之远近分为六大类，每类之中包括若干韵部，皆依音之远近排列，"段氏能这样排列古韵，应当说也是上有所承，所以不可否认其中也有颜师古的发端之功"（张金霞，2006：49）。（4）师古明确地揭示了谐声偏旁在标音方面的作用，为后人利用谐声偏旁推求古音作了很好的提示，段玉裁在此基础上明确提出了"凡同声者必同部"的重要理论。

颜真卿所撰《韵海镜源》作为"以韵隶事之祖"对后世产生了重大的影响。《封氏闻见记》卷二记载其体例："其书于陆法言《切韵》外，增出一万四千七百六十一字，先起《说文》为篆字，次作今文隶字，仍具别体为证，然后注以诸家字书，解释既毕，征九经两字以上，取句末字编入本韵，爰及诸书，皆仿此。自为声韵已来，其撰述该备，未有如颜公此书也。"（封演，

---

① 参见鲁国尧《"颜之推谜题"及其半解》，分载于《中国语文》2002年第6期和2003年第2期。

2005：14)《四库全书总目·子部三十·杂家类四》极力肯定此书对后世的影响："颜真卿《韵海镜源》世无传本，此书(《封氏闻见记》)详记其体例，知元阴时夫《韵府群玉》实源于此。而后人不察，有称真卿取句首字不取句末字者，其说为杜撰欺人，并知《永乐大典》列篆隶诸体于字下，乃从此书窃取其式，而讳所自来。"(封演，2005：104—105)

3.2 训诂学

杂记训诂体式产生于南北朝时期，今存最早的当属颜之推《家训》中的《书证》篇，其校勘部分启迪了近代学者王国维所开创的"二重证据法"，而此法又被公认为考证古代历史文化的"学术正流"。

颜师古"怅前代之未周，愍将来之多惑"，历时四载完成《汉书注》，时人誉之为"班孟坚功臣"。颜注为后世训诂学的发展提供了条件，例如清人王念孙《读书杂志》就有"《汉书》杂志"十六卷辨正《汉书》及颜注280余条，王先谦《汉书补注》也是在颜注基础上的补充和发展。

师古感于先父思鲁"常欲注释《急就》以贻后学"却"雅志未申"之缺憾，"尊奉遗范，永怀罔极……遂因暇日，为之解训"，以求"祛发未寤，矫正前失"(《急就篇注·叙》)，"自颜注行而魏晋以来旧本微"(王国维，1959：258)，师古《急就篇注》的影响力由此可见一斑。

师古生前"尝撰《匡谬正俗》，草稿才半，部帙未终"。师古殁后，其子扬庭"敬奉遗文，谨遵先范，分为八卷，勒成一部"，希图此书能收"百氏纰缪，虽未可穷；六典迂讹，于斯娇革"(《上匡谬正俗表》)之效。《匡谬正俗》是最早的杂记训诂体式的专书，韩愈在他为李贺因父名不得参加进士考试辩解的名文《讳辩》中，就曾引用《匡谬正俗》中的"禹宇、丘区"之论。《匡谬正俗》更是启迪了顾炎武《日知录》等为代表的明清考据学的研究。

在训诂学理论探索和实践方面，以师古为代表的颜氏家族对后世的影响具体表现在：(1)师古《汉书注》等著作利用形声字的声符线索破通假、释源义和标古音，推动了宋代"右文说"的产生。(2)师古继承并发展了《释名》为代表的声训体例，开清代以声音通训诂方法的先河，对后世的语源学研究具有重要参考价值。例如章太炎《语言缘起说》曾引师古《匡谬正俗》卷六之猱条，认为"今之戎兽，字当作猱，戎猱一音之转。猴类得名，亦由人之转音，此可互证"（章太炎，1996：30）。章氏的语言学巨著《文始》更加集中地考察了汉语同源词族，章黄学派的后继者陆宗达、王宁先生则建立和发展了科学词源学和词汇语义学，使训诂学的知识本体和术语体系更为完备。[①]（3）颜氏家族对具体词条的探索也引起了人们的持续思考和研究，例如对"草马"一词的探讨等[②]。（4）颜氏家族的训诂思想还影响了后世的词法和语法研究。有学者指出，从《汉书》颜注中的"恭应之辞""嗟叹之辞""句绝之辞"到杨树达《高等国文法》中的"应对副词""叹词""语末助词"等，可窥见颜师古在虚词研究方面"筚路蓝缕，以启山林"的功劳。

3.3 文字学

颜之推的《颜氏家训》可谓是俗字研究"导夫先路"之作（张涌泉，2010：254）。针对当时社会用字的混乱状况，颜之推认为"必依小篆，是正书记"的做法是"不通古今"，进而提出了发展变通、宽松适度的规范观念：既承认《说文》正字，又承认流俗文字的合理地位。这种汉字规范观念影响了时人，更为后人所传承和发扬，形成了由颜之推开其端，颜愍楚步其后，奠基于颜师古，而集大成于颜元孙的字样之学。师古之后的字样学以颜元孙的《干禄字书》最为有名。有人通过对部分唐代碑志文字的测查得出：唐初的碑志中，《干禄字书》通、俗字的使用很多，在千字以上的碑文中，通、俗字比例往往达到百分之十左右；而在盛唐、中唐的碑志中，通、俗字使用比例明显减少，降为百分之三左右（施安昌，1992）。可见，《干禄字书》为代表的正字工作限制了歧异字形的大肆泛滥，具有重要的现实意义。

后世字书效法《干禄字书》者众多，如宋代郭忠恕《佩觽》、张有《复古编》及元代周伯琦《六书正讹》等等，使字样之学蔚然成风。清代王筠的《正字略》是参仿《干禄字书》体例编撰的字样学著作，从二书共收的字头看，凡颜氏所论俗字、正字，王筠大多予以继承（蒋志远，2013）。难怪清人王

[①] 详见王宁《训诂学原理》（中国国际广播出版社，1996年）和语言学名词审定委员会《语言学名词》（商务印书馆，2011年）之《训诂学》部分。

[②] 早在颜之推《家训·书证》篇"駉駉牡马"条已经提出"騲"（"草"的俗体字）的词源问题，师古《匡谬正俗》卷六"草马"条认为"草之得名主于草泽"，顾炎武《日知录》卷三十二"草马"承袭颜氏家族之说，曾良《"草马"探源》（《中国语文》2001年第3期）一文对"草"的语源和释义提出了新的看法，认为"草"的语义来源于"阜"的槽义，意指牝。

昶《金石萃编》卷九九对《干禄字书》大加赞誉："元孙《字书》，繁简得中，辩证确凿，为历代楷模者，宜也。"

《干禄字书》的正字观在当代的汉字整理规范工作中依然具有重要的参考价值。《字书》根据社会用字的场合将字样分正、俗、通字，显示了对汉字字形分类、分级整理的思想；《字书》承认了俗字的通行度和社会性，初步显示了汉字整理的字频观念；《字书》中"同偏旁者不复广出"的体例，初步显示了汉字简化时基于字表的有限类推思想；《字书》既注重规范字形又注意规范字用，体现了对字际关系的整理意识，上述诸多思想依然闪耀着纵贯古今的智慧之光。

颜真卿书艺精湛，备受时人和后世的推崇[①]。大历九年（774），时任湖州刺史的颜真卿将《干禄字书》摹写刻石，立于刺史院东厅。因其书法精美，刻石一立，便"一二工人昼夜传拓不息"。另外，颜体对宋刻版楷书字体也产生了深刻的影响，明代谢肇淛《五杂俎》曰："宋刻有肥瘦二种，肥者学颜，瘦者学欧。"可见，颜真卿"法书"对社会通用文字书写标准的建立和完善具有权威示范作用。字是写出来的，汉字只有书写才会亲切（王宁，2012）。在重视弘扬国学和传统文化的时代思潮下，颜真卿的法书必将在汉字认知和书写领域继续深刻影响着一代代华夏儿女。

四、余论

颜氏家族秉承从儒家经学到传统小学的治学道路，对语言文字学表现出执着的追求，在传统小学的各个领域都有巨大的贡献。尽管颜氏家族的语言文字研究并非无可争议，比如颜师古《汉书注》中的"合韵说"犯了以今律古的错误而颇受批评（马重奇，1989），颜之推、颜师古将部分连绵词分训（如释"狐疑"为"狐之为兽，其性多疑"），为治训诂学者所诟病。但是瑕不掩瑜，颜氏家族在汉语言文字的音、形、义三个研究领域均有不可磨灭的开创之功，对明末清初顾炎武、清代乾嘉学者和近世章黄学派等产生了深刻的影响。

[①] 苏轼《东坡题跋》云："诗至于杜子美，文至于韩退之，画至于吴道子，书至于颜鲁公，而古今之变，天下之能事尽矣。"

清初的顾炎武等人矫正明末理学"束书不观,游谈无根"的空疏之弊,必"古人之所未及就,后世之所不可无,而后为之"。顾氏认为"读九经自考文始,考文自知音始,以至诸子百家之书,亦莫不然",以经世致用为目的,以考据为津梁,讲求文字、音韵、训诂之学,奠定了有清一代即音求义的训诂方法论基础。

乾隆年间的戴震更明确地批驳了轻视语言文字的错误倾向,他说:"宋儒讥训诂之学,轻语言文字,是犹渡江河而弃舟楫,欲登高而无阶梯也。"戴震继承顾炎武的音韵、训诂之学及考据方法,认为"字学、故训、音声未始相离"(《与是仲明论学书》),主张"由文字以通乎语言,由语言以通乎古圣贤之心志"(《古经解钩沉·序》),这种从文献语言出发,形、音、义互求的训诂方法,影响和支配了此后的整个考据学界,奠定了语言文字学的基础。而段玉裁和王念孙又得戴学之真传,开辟了词义研究的新领域,将乾嘉学术推上了顶峰。乾嘉学术以段、王为代表,他们的共同特点是能从经传单字单义的训诂上升到语言文字系统内部规律的探求,从而为近代中国语言文字学,特别是文献语义学打下坚实的基础。

传统小学的殿军人物章太炎在《国故论衡·小学略说》中说:"余以寡昧,属兹衰乱,悼古义之沦丧,愍民言之未理,故作《文始》以明语原,次《小学答问》以见本字,述《新方言》以一萌俗。"章氏治学是为振兴民族文化、唤起爱国热情的经世致用的革命思想所激励的,他继承了顾炎武以来小学的最佳成果而多有创新,对旧经学、小学作了全面的总结,为新的语言文字学的创建和发展构筑了框架,指明了方向。

旧学商量加邃密,新知涵养转深沉。黄侃受学于章太炎,继承师说又有所发展。黄侃(1983:149)总结了研究语言文字之学时音韵、文字和训诂互相为用的逻辑:"音韵者何?所以贯串训诂而即本之以求文字之推演者也。故非通音韵,即不能通文字、训诂,理固如此。然不通文字、训诂,亦不足以通音韵,此则征其实也。音韵不能孤立,孤立则为空言,入于微茫矣。故必以文字、训诂为依归。然则音韵虽在三者为纲领,为先知,而必归于形义,始可为之锁钥也。"今天,这段精彩论述仍被视为从事汉语言文字研究的重要原则。章、黄师徒二人及其再传弟子培养造就了一大批学术继承人,学术界以"章黄学派"誉称他们开创的学术,足见他们在语言文字研究方面的地位和影响。

参考文献

[1] 封　演（2005）《封氏闻见记校注》，北京：中华书局。

[2] 胡继明（2013）颜师古《汉书注》义训术语研究，《西南大学学报》（社会科学版）第6期。

[3] 黄　侃（1983）《文字声韵训诂笔记》，上海：上海古籍出版社。

[4] 蒋志远（2013）《正字略》及王筠正字观刍议，《湖南科技大学学报》（社会科学版）第2期。

[5] 刘中富（2004）《〈干禄字书〉字类研究》，济南：齐鲁书社。

[6] 马重奇（1989）颜师古《汉书注》中的"合韵音"浅论，《福建师范大学学报》（哲学社会科学版）第1期。

[7] 施安昌（1992）《颜真卿干禄字书》，北京：紫禁城出版社。

[8] 史　游（1989）《急就篇》，长沙：岳麓书社。

[9] 王国维（1959）校松江本急就篇序，《观堂集林》，北京：中华书局。

[10] 王　力（1963）《汉语音韵》，北京：中华书局。

[11] 王利器（1993）《颜氏家训集解》，北京：中华书局。

[12] 王　宁（2012）书写规则与书法艺术——纪念启功先生诞辰100周年，《清华大学学报》（哲学社会科学版）第6期。

[13] 王　宇（1992）汉书师古注的虚词研究，《古籍整理研究学刊》第2期。

[14] 王智群（2008）《急就篇》颜注引方俗语研究，《长江大学学报》（社会科学版）第5期。

[15] 张金霞（2006）《颜师古语言学研究》，济南：齐鲁书社。

[16] 张涌泉（2010）《汉语俗字研究（增订本）》，北京：商务印书馆。

[17] 张文轩（2013）颜师古的"合韵"和他的古音学，《兰州大学学报》（社会科学版）第4期。

[18] 章太炎（1996）语言缘起说，《中国现代学术经典·章太炎卷》，石家庄：河北教育出版社。

[19] 章太炎（2002）《訄书》，北京：华夏出版社。

汉语词汇同形词的汉日对比与翻译
——以「二字漢語サ変動詞」为主要考察对象

张建华　俞晓明

提要　汉日同形词从构词上看可分为"汉语词汇同形词"和"汉字词汇同形词"。本文在此前研究的基础上重点考察了"汉语词汇同形词"的汉日对比与翻译问题。具体地说，以「二字漢語サ変動詞」为主要考察对象，通过对选自日文报刊以及现代汉语语料库的实例所做的考察分析，就汉日同形词的语法特征、语义关系和译文处理等方面的差异加以探讨，同时指出了以往研究中的问题和缺欠。本文的内容和结论有助于学习者正确理解和使用汉日同形词，也有助于日汉翻译课的教学。

关键词　汉语词汇同形词　「二字漢語サ変動詞」　构词与语法特征　语义分析　汉译

一、引言

一般认为，"汉日同形词"不仅指那些字形完全相同的词语（例：同形／同形、部分／部分、研究／研究、分析／分析），还包括那些在笔画上略有出入或因一方（或双方）的简繁字体变化而形成部分差异但字形基本相同的词语（例：对比／対比、学习／学習、汉语／漢語、翻译／翻訳、异义／異義）。汉日同形词根据二者词义的不同，大体分为同形同义词、同形近义词和同形异义词。

笔者在前文（张建华，2014）中指出，汉日同形词从构词上看可分为"汉语词汇同形词"和"汉字词汇同形词"。"汉语词汇同形词"是指日语的词语只限于音读词汇（即「漢語語彙」）的汉日同形词，依据先行研究的分类标准又分为"同形同义（近义）型""同形交叉偏义型""同形异义型""同形（汉语）缺失型"四种类型。"汉字词汇同形词"是指日语词语的读音或为训读，或既有音读又有训读的汉日同形词，从结构上又可分为"同形训读型""同形音训型""同形混合型"三种类型。在此基础上，重点以「痛恨」与"痛恨"、「輪」与"轮"、「車座」与"车座"为考察对象，就"汉语词汇同形词"和"汉字词汇同形词"的汉日对比义与翻译问题进行了具体的考察分析，指出汉日同形词的误解、误译问题产生的原因有多种，除了对词语释义的"不求甚解"和先入为主式的"望文生义"外，与学习者对同形词的构词成分之间的语法关系与功能的把握不足也有密切的关系。

本文要探讨的是"汉语词汇同形词"的汉日对比与翻译问题。具体地说，以「二字漢語サ変動詞」为主要考察对象，通过对选自日文报刊以及现代汉语语料库的实例所做的考察分析，就汉日同形词的语法特征、语义关系和译文处理等方面的差异加以探讨。本文的内容和结论有助于学习者正确理解和使用汉日同形词，也有助于日汉翻译课的教学。

二、汉日同形词中的「二字漢語サ変動詞」

2.1 先行研究与「二字漢語サ変動詞」

现代日语中的"汉语词汇"（即「漢語語彙」）的基本构成是"二字汉语"（即「二字漢語」）（日本語教育学会，2005：259）。因此，有关"汉语词汇"的研究主要是围绕"二字汉语"展开的。如果对近年来发表的关于现代日语"二字汉语"的研究状况加以概观的话，大致可作如下归纳：

（1）有关"二字汉语"的结构和构词关系。如菱沼（1981）、野村（1988）、沈（1990）、田島（1985、1996）、尹（1996）、吉川（2005）、邱（2007）、鈴木（2011、2012）等。

（2）有关"二字汉语"的语音和声调。如那須（1996）、松浦（2009）、吉川（2013）、渡邊（2013）等。

（3）有关"二字汉语"的语义分析。如林（1982）、邱（2000）等。

（4）有关"二字汉语动词"（「二字漢語サ変動詞」）及误用的研究。如中村（2005）、楊（2007、2010）、邱（2010）、李（2011）、李恵（2012）等。

（5）以"二字汉语动名词"为考察对象的研究。如小林（1997 a、1997 b、2001），田辺和子、中條清美、船戸はるな（2012）等。

（6）有关"二字汉语同形词"的汉日对比研究。如姜（1999）,李晶（2001）,陳（2002）,吉田（2005）,五味、今村、石黒（2006）等。

也就是说，从具体的研究对象来看，上述文献中的（4）和（6）更值得本文关注。但是，通过对这些文献的内容进行研读和分析，我们发现它们的焦点和重点大多集中在"二字汉语（动词）"的词性、语法、释义等问题上，而对这类汉日同形词在实际语料中的使用——语义变化和文章读解——缺乏必要的考察。因此，不能不说其研究的对象和范围带有较大的局限性。

此外，以赵（1984）、潘（1995）、曲（1995）、翟（2000）等为先导，以国内学者为主体展开的关于汉日同形词的对比研究，近年来随着日语教育和科研的扩展和深化，愈发受到学界的重视，人们的研究兴趣和课题也由传统意义上的汉日同形词的词义辨析扩展到差异成因与翻译处理、二语习得与母语干涉、偏误分析与教学对策等层面和领域。虽然这些研究的主要考察对象也是"二字汉语"，但从内容来看多为零散的和随机性的研究，在选题（论文标题）上也存在明显的重复现象，无论是切入点还是研究方法（包括资料的使用）与以往的成果相比，鲜有亮点和创新之处。

综上所述，以往的研究对"二字汉语同形词"尚缺乏系统、深入的考察，特别是缺乏基于实际语料和动态观察角度的论证。本文作为一种尝试，重点以「二字漢語サ変動詞」为对象进行初步的探讨。

2.2　本文的考察范围

在日语"二字汉语"词汇中，「二字漢語サ変動詞」占了相当大的比重。所谓「二字漢語サ変動詞」,是指"二字汉语"中既可单独用作名词又可后接「する」用作动词的、兼有名词词性和动词词性的"汉语词汇"。

我们知道，日语中的「サ変動詞」是「サ行変格活用動詞」的简称，除了「する」外，还包括数量庞大的、由「する」构成的复合词，例如：「汗する，値する，お招きする，御招待する，研究する，開通する，解する，愛する，信ずる，議する，ヒットする」（日本語教育学会，1982：135）。也就是说，从类型上看，「サ変動詞化」的复合词中，不但有「漢語」词汇，还有「和語」词汇和「外来語」词汇。而从构词角度来看其中的「漢語」词汇，我们会发现与"一字"词语（「一字漢語サ変動詞」）和"三字"词语（「三字漢語サ変動詞」）相比，「二字漢語サ変動詞」所占的比重要大得多。

由于「二字漢語サ変動詞」的数目繁多，本文只能选取部分有代表性的词语加以考察。具体地说，包括以下九个「二字漢語サ変動詞」和与之相对应的汉语词条：「放心（する）」/"放心"、「消費（する）」/"消费"、「没収（する）」/"没收"、「開眼（する）」/"开眼"、「周旋（する）」/"周旋"、「応酬（する）」/"应酬"、「観念（する）」/"观念"、「再来（する）」/"再来"、「炎上（する）」/"炎上"。

需要补充说明的是，上述「二字漢語サ変動詞」均为日文媒体中的常用词语，因此对日语母语者来说属于基本词汇。而与之相对应的汉语词条则有两个不在现代汉语词汇的收录范围之内（详见下节）。

三、考察与分析

3.1 汉日同形词的释义和比较——与「二字漢語サ変動詞」对应的汉语词

首先，通过中日各具代表性的词典的释义（表1），来比较一下「二字漢語サ変動詞」和与之相对应的汉语词条的关联与异同。为了便于理解，表1的"备注"栏内附有日汉双解词典『日中辞典（第2版）』（菱沼透等，小学馆，2002）的解释作为参考。

表1 汉日同形词的释义和比较

日语	『デジタル大辞泉』	汉语	《现代汉语词典》（第6版）	备注 『日中辞典』
放心	［名］（スル）1 心を奪われたりして、魂が抜けたようにぼんやりすること。2 気にかけないこと。心配ごとを心から払いのけること。放念。	放心	［动］心情安定，没有忧虑和牵挂。	【放心】 1发呆，精神恍惚，茫然自失。 2放心，安心。
消費	［名］（スル）1 使ってなくすこと。金銭・物質・エネルギー・時間などについていう。2 人が欲望を満たすために、財貨・サービスを使うこと。	消费	［动］为了生产或生活需要而消耗物质财富或接受有偿服务等。	【消费】 1消费。 2耗费，浪费。

语言本体研究

（续表）

日语	『デジタル大辞泉』	汉语	《现代汉语词典》（第6版）	备注 『日中辞典』
没收	［名］（スル）1 強制的に取り上げること。2 刑法上の付加刑。犯罪行為に関連した物の所有権を取り上げて国家の所有に移すこと。	没收	［动］把犯罪的个人或集团的财产强制地收归共有，也指把违反禁令或规定的东西收去归公。	【没收】 （司法处分的）没收，查抄，充公。
開眼	かいげん【開眼】［名］（スル）1 新作の仏像・仏画を供養し、眼を点じて魂を迎え入れること。また、その儀式。2 真理を悟ること。特に、技術・芸能の道で真髄を悟り、極致を窮めること。また、こつを会得（えとく）すること。かいがん。	开眼	［动］看到美好的或新奇珍贵的事物，增长了见识。	かいげん【開眼】 1 开光。开光仪式。 2 悟道，通晓佛法。 3 领会，领悟。
周旋	［名］（スル）1 売買・交渉などで、当事者間に立って世話をすること。とりもち。なかだち。斡旋（あっせん）。2 事をとり行うために動きまわること。面倒をみること。3 国際法上、国際紛争を平和的に解決するため、第三国が外部から紛争当事国の交渉をとりもって援助すること。4 ぐるぐると回ること。めぐりあるくこと。周遊。	周旋	［动］1 回旋；盘旋。2 交际应酬；打交道。3（与敌人）较量，相机进退。	【周旋】 介绍，斡旋，推荐。
応酬	［名］（スル）1 互いにやり取りすること。また、先方からしてきたことに対して、こちらからもやり返すこと。2 贈られた書状や詩歌などに返事をすること。また、その返し。応答。	应酬	1［动］交际往来；以礼相待。 2［名］指宴会、聚会等社交活动。	【応酬】 1 应答，对答，应对；反驳；还击。 2 互相争论，互相斗口；互相敬酒。

045

（续表）

日语	『デジタル大辞泉』	汉语	《现代汉语词典》（第6版）	备注 『日中辞典』
観念	［名］（スル）1 物事に対してもつ考え。2 あきらめて、状況を受け入れること。覚悟すること。3 哲学で、人間が意識の対象についてもつ、主観的な像。表象。心理学的には、具体的なものがなくても、それについて心に残る印象。4 仏語。真理や仏・浄土などに心を集中して観察し、思念すること。観想。	观念	［名］1 思想意识。2 客观事物在人脑里留下的概括的形象（有时指表象）。	【観念】1 观念。2 断念，死心，不抱希望；认透；听天由命。3〈仏〉彻悟。
再来	［名］（スル）1 過去にあったのと同じ事柄・状態がまた起こること。2 一度死んだ人が再びこの世に生まれ出ること。生まれ変わり。	再来	（未收录）	【再来】1 再来，再次到来。2 再世，复生。
炎上	［名］（スル）1《古くは「えんしょう」》火が燃え上がること。特に、大きな建造物が火事で焼けること。2（比喩的に）野球で、投手が打たれて大量に点を取られること。3（比喩的に）インターネット上のブログなどでの失言に対し、非難や中傷の投稿が多数届くこと。また、非難が集中してそのサイトが閉鎖に追い込まれること。祭り。フレーム。フレーミング。	炎上	（未收录）	【炎上】燃烧起来；起火，失火；烧毁。

首先，由于《现代汉语词典（第6版）》以及其他相关词典（如《当代汉语词典》《大辞海（语言学卷）》《新编古今汉语大词典》等）未收录"炎上"和"再来"这两个词条，因此「再来」与"再来"、「炎上」与"炎上"是否属于汉日同形词还有待商榷。但是，通过对北京大学中国语言学研究中心（http://ccl.pku.edu.cn/corpus.asp）网上公布的《现代汉语语料库》的检索

可知，实例中的"再来"如例（1）所示，不仅具有多种用法，而且从构词上看并非只是"词素＋词素"的结合体，特别是例（1f）中的"（大菩萨）再来"尤为值得关注，因为无论从构词形式还是词义内容来看，均应视之为独立的词，等同于"转世"（「生まれ変わり」）。

（1）a."这个太平景象何时再来呢？他发出了一番感慨。"
b."希望您多保重身体，多看到您的作品，最希望再来北京。"
c."时不可失，机不再来，一定得离开重庆！"
d."因为老婆孩子不能没有我，况且我也没有从头再来的勇气。"
e."小陈夹起巴老平时喜爱吃的红烧肉用才学到四川话生硬地说："再来一块！"
f."修佛法并非能一悟就了的，若能如此，那是大菩萨再来。"

而现代汉语中的"炎上"如例（2）所示，尽管在用法上呈现语义单一化的倾向，即主要作为医学术语使用，但不能因此否认其存在（例句出处同上）。

（2）a."火的特点是炎上的，故与心和小肠开窍于舌、发赤于面的特点相等同；……"
b."故心以血为体，火为用也。又心属离火，火性炎上，水吸之以向下，肾属坎水，……"
c."又云："南方色赤，入通于心。"故心火炎上，则有心烦虑乱，怔忡不寐等症。"

因此，本文认为二者（「再来」与"再来"、「炎上」与"炎上"）属于汉日同形词。

其次，对于表1中关于"开眼"和「開眼」（一般读作「かいげん」）的释义，笔者不能完全苟同。因为如例（3）所示，c句中的"开眼"与a句、b句不同，是不能用"增长了见识"（《现代汉语词典（第6版）》）来解释的。

（3）a. 快把那几幅名画拿出来，让大家开开眼。（《现代汉语词典（第6版）》）
b. 那年轻人答非所问地说："俺今天可开眼了，这位师傅武功不凡哩！"

（http：//ccl.pku.edu.cn/corpus.asp）

c."四人帮"被抓起来了。邓林当时第一反应就是：老天终于开眼了！她第一次想为上苍跪下。（http：//ccl.pku.edu.cn/corpus.asp）

换言之，c 句中的"开眼"意为"伸张正义、主持公道（正義を広める・主張する）"，是由"开恩、发慈悲（「恩恵を施す」）"引申而来的。需要注意的是，"开眼"的这一用法经常与"上苍""老天（爷）"搭配使用。

同样，例（4）a 句和 b 句中的「開眼」也有所不同，后者与其说是「真理・真髄を悟る。こつを会得する」（『デジタル大辞泉』，意为"领悟真理，领会精髓。掌握窍门"），不如解释为「視野を広げる。見識を広める（开拓视野，增长见识）」（见『東方中国語辞典』、p739「開眼」）更加贴切、妥当。

（4）a. 3人の子育てを経て住み続けている千葉県船橋市で政治に開眼したのは、1987年4月の京成線「葛飾駅駅名変更事件」に遭遇したからでした。（日本国立国語研究所「現代日本語書き言葉均衡コーパス」http：//www.kotonoha.gr.jp/shonagon/search_form）

b. 出産後の手伝いにきた母親が炊飯器でおでんを作ったのを見て開眼した。（同上）

由此可见，现行词典对于"开眼"和「開眼」的释义是不够缜密的。同时，通过例（3b）句与例（4b）句的比较，可以说二者的意思相同（分别为"增长见识"和「見識を広める」之意），属于同义关系。

下面让我们来比较上述汉日同形词的词汇语法特征。如表1所示，日语「二字漢語サ変動詞」无一例外具有名词和动词的双重词性（即"［名］（スル）"）；而与之相对应的汉语词条多为单一词性，如"放心""消费""没收""开眼""周旋"为动词，"观念"为名词，只有"应酬"为动词和名词双重词性。

从词义解释（义项）的多寡来看，日语「二字漢語サ変動詞」各词条均为多义词，即具有两个或两个以上的义项；而与之相对应的汉语词条则多寡不一，详见表2。

表2 二者的词义特征及关联

日语	词义特征	汉语	词义特征	二者的关系
放心	多义（义项1和义项2互为反义）	放心	单义（同日语义项2）	日≧汉
消费	多义（义项1和义项2为近义）	消费	单义	日≒汉
没收	多义（义项1和义项2为近义）	没收	单义	日≒汉
開眼	多义（义项合计3）	开眼	多义（笔者基于例（3））	日≅汉
周旋	多义（义项合计4）	周旋	多义（义项合计3）	日≅汉
応酬	多义（义项合计2）	应酬	多义（义项合计2）	日≅汉
観念	多义（义项合计4）	观念	多义（义项合计2）	日≅汉
再来	多义（义项合计2）	再来	多义（笔者基于例（1））	日≒汉
炎上	多义（义项合计3）	炎上	单义（笔者基于例（2））	日≠汉
注	表中的"≧""≒""≅""≠"分别表示"包含关系（前者包含后者）""同义近义关系（二者基本重叠）""交叉偏义关系（二者较少重叠）""异义关系（二者无重叠）"之意。			

3.2 「二字漢語サ変動詞」的意义分类

在进入具体的讨论之前，本节依据表1中的释义并参照文化厅（1978）的分类标准，对上述九个「二字漢語サ変動詞」进行了分类，结果如表3。

表3 「二字漢語サ変動詞」的意义分类

文化厅（1978）的分类说明及汉译（笔者）	「二字漢語サ変動詞」的归属	
	文化厅（1978）	本文
（1）日中両国語における意味が同じか，または，きわめて近いもの（＝S）。 <汉译>日、汉语的词义相同或极为相近。	「消费」「观念」	「消费」「没收」「再来」
（2）日中両国語における意味が一部重なってはいるが，両者の間にずれのあるもの（＝O）。 <汉译>日、汉语的部分词义重叠，但存在差异。		「放心」「开眼」「周旋」「应酬」「观念」
（3）日中両国語における意味が著しく異なるもの（＝D）。 <汉译>日、汉语的词义存在明显不同。		「炎上」

（续表）

文化厅（1978）的分类说明及汉译（笔者）	「二字漢語サ変動詞」的归属	
	文化厅（1978）	本文
（4）日本語の漢語と同じ漢字語が中国語に存在しないもの（＝N）。 <汉译>日语特有，汉语无对应汉字词。		
注：文化厅（1978）未收录「放心」「没収」「開眼」「周旋」「応酬」「再来」「炎上」。		

需要着重强调的是，虽然文化厅（1978）的"四分类"——笔者将其归纳为"同形同义（近义）型"（＝S）、"同形交叉偏义型"（＝O）、"同形异义型"（＝D）、"同形（汉语）缺失型"（＝N）——相对于传统的"三分类"（即"同形同义""同形近义"和"同形异义"）更加合理，但是正如笔者在前文（张建华，2014）中指出的那样，在一些词语的处理上，该分类还存在明显的缺欠和问题。就本文的考察对象而言，笔者对于「観念」的归属同样持有异议。具体说，按照文化厅（1978）的分类结果，「観念」属于S类（即第一种）。但是比较表1中「観念」和"观念"这一组词条的释义我们会发现，二者的义项和内容有较大不同，最明显的一点是，汉语"观念"的义项中没有用作动词且表示「あきらめて、状況を受け入れること。覚悟すること」（即"断念，死心，不抱希望"）的意思和用法。因此，笔者在表2中将二者的关系总结为"交叉偏义关系（二者较少重叠）"。所以说，文化厅（1978）将「観念」置于S类（同义近义关系）是不妥当的。

3.3　语篇中的「二字漢語サ変動詞」与汉日对比

在本节中，通过对选自日文报刊的实例所做的考察分析，就上述「二字漢語サ変動詞」和与之相对应的汉语词进行具体、深入的探讨。

首先来看下面的例句（选自日本《朝日新闻》（http://www.asahi.com）或日文雅虎网站（http://headlines.yahoo.co.jp）近期登载的电子版新闻）。为了节省篇幅，两个段落之间不空行，用"■"表示。

（5）a. 取材陣を含め約２００人が詰めかけた会場では午前７時半ごろから、講演会に先立つ朝食が運ばれ始めていた。その約１０分後、リッパート大使が座る最前列のテーブルで人が倒れる音がし、あちこちから悲鳴が上がった。■記者が記者席からそばに駆けつけると、大使は右のほおあたりから血を流し、放心したような表情。そばでは大使を刃物で襲った男が、周囲の男性らによって床に取り押さえられていた。（http：//www.asahi.com)

　b．でも、第一志望だった名古屋大学理学部は不合格でした。2次試験は母についてきてもらって、前日に名古屋入り。ただ、センターのときのような落ち着きはなく、何ものどを通らなかった。■数学だったか、物理だったか。わからない問題にぶつかって頭が真っ白になりました。そうしたらもう立て直せなくなって。「落ちたな」と思いました。どんな問題が出たのかは全く思い出せませんが、帰りのバスで放心状態になっている私に母が「よくがんばったよ」とねぎらってくれたことは記憶に残っています。
　（http：//www.asahi.com）

　（6）a．同じ食事でも、ゆっくりよくかんで食べると、食後にエネルギーを消費しやすく減量効果が期待できる。こんな研究論文を東京工業大の林直亨（なおゆき）教授（応用生理学）らの研究チームが欧州の肥満学会誌に発表した。（http：//www.asahi.com）
　b．自衛隊、日陰イメージがらり　婚活で人気・好感度も上昇
　今月発表されたユーキャン新語・流行語大賞で「J婚」という耳慣れない言葉が候補に入った。「J」は自衛隊の頭文字のJ。自衛官との結婚を目指した婚活を表す言葉だという。いつの間に、これほど光が当たる存在になったのか。自衛隊像の変化を追った。（中略）メジャー感。近年の自衛隊にぴったりの言葉だ。自衛隊はメディアで堂々と自らを語り、世間も描かれた自衛隊像をからりと消費する。自衛隊はメディアにとって優良コンテンツだ。（http：//www.asahi.com）

　（7）セルビア対アルバニアの試合が中止、欧州選手権予選
　14日に行われたサッカー欧州選手権2016（UEFA Euro 2016）の予選、セルビア対アルバニアの試合で、選手とファンが入り混じっての乱闘が発生し、没収試合となった。（後略）　（http：//headlines.yahoo.co.jp）

　（8）「味噌（みそ）汁は若い女性の味方」という見出しが躍る。「ジャパン味噌プレス」という月刊の情報紙だ。昨年3月、横浜を拠点に創刊された。みその良さと活用法を様々に紹介し、5万部を発行。藤本智子（と

もこ）さん（２９）が編集長を務める■以前、華やかなファッション業界にいた。炊飯器もない生活でダイエットざんまい。めまいや肌荒れに悩まされた。みその健康効果を解明する研究者らと出会い、みそ汁に開眼した。食生活を改善すると体調が戻った■ここから先が面白い。（後略）（天声人語2015年2月11日。http：//www.asahi.com)

　（9）逮捕容疑は、１４年１月、マニラ市内のホテルで１０代前半の少女とみだらな行為をしている姿をカメラで撮影し、写真１１枚を保存した、としている。県警の調べに対し、元校長は「思い出にするために撮影した」と容疑を認めている。旧知の現地女性が少女を周旋したという。（後略）
　（http：//headlines.yahoo.co.jp=20150409）

　（10）安倍晋三首相は１６日の衆院本会議で、訪米中に「私を右翼の軍国主義者とお呼びになりたいならどうぞ」と発言した真意を問われ、中国の軍事費の伸びを念頭に「我が国は決して軍国主義とは言えないことを強調するため、皮肉を込めてあえて用いた」と答弁。中国の首相批判に応酬する意図があったことを明らかにした。（後略）（http：//www.asahi.com/20131016）

　（11）「また入れた」■店員のささやく声が男性の耳に確かに聞こえた。振り切るように足早にスーパーの出口に向かったが、呼び止められて観念した。■服の下に隠したのはホウレンソウ、菓子、パンなど計５千円分。財布にお金はあった。万引で見つかったのは８回目。昨春、75歳の男性は窃盗の罪に問われ、福井刑務所で初めて服役した。（後略）
　（http：//headlines.yahoo.co.jp）

　（12）福原愛の再来！１０歳が快進撃　卓球全日本選手権で４回戦進出
　ジュニアの部の女子シングルスで、大会最年少の小学４年、木原美悠(10)＝ＡＬＬ　ＳＴＡＲ＝が４回戦に進んだ。同種目の小学４年生の最高成績は福原愛（現ＡＮＡ）の準優勝で、"福原超え"の優勝にも意欲を見せた。
　（http：//headlines.yahoo.co.jp/20150114）

　（13）ネットで「ぼったくり」と批判され炎上した居酒屋「風物語新宿店」を閉店したと運営元の海野屋が明らかにした。返金窓口も開設している。■年末に、同店で高額のチャージ料などを請求されたと利用客がTwitterに伝票の写真を添えて投稿し、批判が集まっていた。海野屋はこれを受けて謝罪。規程を上回るチャージ料などの料金を請求していたことが判明したと報告している。（後略）　(http : //headlines.yahoo.co.jp)

【讨论1】　例（5）的 a 句和 b 句同为「放心」的实例，二者在用法上略有不同：前者是动词用法，作定语修饰名词（「<u>放心</u>したような表情」），而后者是名词用法，多以固定搭配的复合名词「<u>放心</u>状態」这一形式出现。如前所述，由于「放心」和与之相对应的汉语"放心"在词义解释上有很大不同，所以无论是 a 句还是 b 句，对于以汉语为母语的日语学习者来说，在文章的阅读理解上往往会出现偏误，甚至会认为原文的意思不合逻辑。具体地说，很容易将 a 句中的划线部分「大使は右のほおあたりから血を流し、放心したような表情。」解释为"大使的右脸颊处流着血，像是很安心的表情"，进而会产生"为什么脸上淌血了表情还那么放松"的疑问。而对于 b 句中的划线部分「帰りのバスで放心状態になっている私」也容易按字面意思理解为"坐在回程的公交车上，我的心情很放松"，同时又会提出"这与因考试没考好而担心落榜自相矛盾"的疑问。其实，这两个例句中的「放心」都是"发呆，精神恍惚，茫然自失"（『日中辞典』）的意思。

那么，为什么会出现上述问题呢？我们在前面的表 1 和表 2 对「放心」与"放心"的异同做了归纳。简要地说，日语「放心」的释义中包含两个互为反义的义项（即义项 1 和义项 2），而其中的义项 2 与汉语"放心"（只有一个义项）的释义相同，所以造成误解、误判也就不足为奇了。当然，如果此时查阅词典的话，就能避免上述问题的出现。进一步说，b 句中的「放心状態」恰恰是「放心」的第一个义项的典型用法，而与汉语"放心"同义的第二个义项的典型用法是「どうぞ御放心ください」（见『デジタル大辞泉』）。

【讨论2】　下面我们再来看例（6）。例（6）的 a 句和 b 句都是「消費」的实例，比较二者我们会发现，相对于 a 句，b 句的「消費」在理解上有一定的难度。因为 a 句划线部分中的「（エネルギーを）<u>消費し</u>（やすく）」属于该词的基本义，其汉语意思是"（容易）消耗（能量）"，在理解和译文处理上不会产生歧义。而 b 句划线部分中的「（世間も描かれた自衛隊像をからりと）<u>消費する</u>」则不然，其语义因特定的语境而有所变化，即此处的「消費（する）」与「変える」同义。也就是说，此处的「消費（する）」无法

按照词典的释义加以解释或翻译，显然它与汉语的"消耗""消费""耗费（浪费）"相去甚远，只能解释为"（整个社会也将彻底）改变（人们通常印象中的自卫队形象）"。当然，这样说并不意味着此处的「消费（する）」脱离了其基本义，而是基于其基本义的一种转义用法，其转换过程可简单概括为：

「消费する」（＝「使ってなくす」）→「（状况を）变える」

消费"（＝"用光"）→"改变（现状）"

这一解释的合理性也由于该句中修饰「消费する」的「からり」和该文章标题中「がらり」的使用得到了证明。因为按照日文词典（『デジタル大辞泉』）的释义，二者分别表示「事態が一变するさま」、「事態が急激に、すっかり変わるさま」之意，即"情况或局面完全（或突然）改变"。也就是说，文章标题中的「がらり」等于「がらりと変わる」（「自衛隊、日陰イメージがらり」可译为"自卫队、隐没于世的形象骤然改变"），属于一种常见的省略现象。

【讨论3】　通过前两节的讨论，我们知道「没收（する）」与"没收"属于同义近义关系。但是，当我们遇到例（7）这样的例句时，会发现句中的「没收」无法按照词典的释义进行解释和翻译。这是因为此处的「没收」是作为复合名词的一部分、而且是以「没收試合」这一专业术语的形式出现的缘故。那么，例（7）中的划线部分该如何解释和翻译呢？

日文词典对「没收試合（ぼっしゅうじあい）」一词的解释是：「野球で、一方のチームが試合の続行を拒否するなどの規則違反のために、球審が試合終了を宣告し、過失のないチームに9対0で勝ちを与える試合。放棄試合」（『デジタル大辞泉』）。中文的意思是"由于犯规，由裁判决定胜负的比赛。裁判判定比赛"（『日中辞典（第2版）』）。问题似乎到此解决了，然而对于"塞尔维亚对阵阿尔巴尼亚的比赛，由于球员和冲入场地内的球迷混在一起引发骚乱和冲突，最终<u>裁判判定比赛</u>"这样的译文我们仍难以释怀。因为这场冲突的责任在双方（不符合原文释义中"因一方出现违规"的解释），裁判无法也不具备判定比赛胜负的条件和依据。值得注意的是，该文章标题中的「（試合が）中止」一词明确无误地告诉我们，是主裁判根据当时赛场的不可控局面"中止"了比赛，即"主裁判宣布比赛提前结束"（当然，该场比赛的结果和胜负判定要由欧足联来裁决）。

【讨论4】 在3.1.节，通过对例（3）和例（4）的讨论，特别是通过例（3）b句与例（4）b句的比较，得出在"增长见识"（「見識を広める」）这一点上"开眼"和「開眼」属于同义关系的结论。那么，例（8）划线部分中的「開眼」是否属于同样的用法呢？观察和比较例（8）与例（4）b句，回答应该是肯定的。因为与后者例（4）b"看到妈妈用电饭锅做好炖（日式炖菜）而大开眼界"相同，前者例（8）也是因为"遇见了那些弄清黄酱的保健效果的研究人员而增长了见识"，这才"真正领悟（认识）到了酱汤的好处和妙用（「みその良さと活用法」）"。由此看来，例（8）中的「開眼」属于基本义，文章的语境也有助于读者的理解。

【讨论5】 与例（5）相同，对于以汉语为母语的日语学习者来说，例（9）中的「周旋する」在理解上有较大难度。因为此处的「周旋する」表示的是"介绍，斡旋，推荐"（『日中辞典』）之意，与汉语"周旋"的意思相去甚远，即便是取"交际应酬；打交道"（《现代汉语词典》）之意，在「旧知の現地女性が少女を周旋した」这种要求句子谓语是三价动词（如「AがBにCをV」中的V，即"A把C介绍（告诉）给B"中的动词"介绍"等）的句子构造和语境中仍会不得要领。

【讨论6】 比较表1中「応酬（する）」和"应酬"的释义，可以说日语「応酬（する）」的词义内涵比汉语"应酬"要大得多。因为前者属于中性词语，其释义中的「先方からしてきたことに対して、こちらからもやり返すこと」既可解释为"应答，对答，应对"，也可解释为"反驳，还击"，完全取决于具体的语境；而后者主要用于带有褒义性的事物，无论是作为动词还是名词，都与社交活动密切相关，其核心是要讲究礼节，"以礼相待"。由于这一差异，当遇到例（10）这样的用例时，以汉语为母语的日语学习者难免会感到有所不适，因为从汉语的角度来看，「批判に応酬する」这种褒贬混杂的词语搭配令人费解。因此，即便能够理解其意，在译文处理上往往会选用"回答"或"应答"等词语。有意思的是，在笔者以日语为母语的汉语学习者为对象进行的日译汉翻译练习中，除一人将「応酬」译为"答应"外，其余五人均为"应答"。如果我们对例（10）整段文字的内容有了完整、准确的把握话，根据上下文的关系不难判断出划线部分中的「応酬」不是一般意义上的"回答"，而是一种言辞激烈的 "强势回应"，出自于对中方严厉批驳的反应。所以，划线部分应译为"（答辩发言）表明了有反驳中国方面对日本首相此前讲话批判的意图"。

【讨论7】 再来看例（11）。如前所述，与日语的「観念」不同，汉语的"观念"不具备动词词性，只能作名词使用。因此，对于「呼び止められて観念した」这一用法，以汉语为母语的日语学习者不借助词典的释义是无法理解的。从这个意义上说，可以减少因望文生义带来的主观臆想。按照日文词典的解释，「観念」用作动词时，与「諦める」、「覚悟する」、「断念する」同义，因此例（11）的「観念する」可以用「諦める」、「覚悟する」、「断念する」等词语来替换，汉语的意思是"放弃"或"打消念头"。所以，划线部分可译为："为了甩开店员，（我）快步冲向超市的出口，但是被（店员）叫住了，所以只好放弃（打消逃跑的念头）。"

【讨论8】 通过前两节的考察分析，我们知道「再来（する）」与"再来"属于同义关系。虽然中文词典并未收录"再来"这一词条，但是例（1）告诉我们"再来"不仅具有多种用法，而且有时是作为一个独立的词出现的，即表示 "转世"（「生まれ変わり」）之意的例（1）f。而将例（1）f与例（12）加以比较我们会发现，二者表达的意思相同，后者的「再来（する）」也应解释为"转世"或"再现"，即"福原爱再现！10岁少女的快举"。因此说，由于有了具体的语境，例（12）读解的难度大大降低。

【讨论9】 最后来看例（13）。与以上各组词语不同，「炎上」与"炎上"属于同形异义关系。如前所述，现代汉语中的"炎上"语义相对固定，而且主要作为医学术语使用（见例（2）），所以各种汉语词典均未收录。因此，会出现令人不知所云、仅凭句子前后关系的猜测难以理解的问题，甚至在查阅了日语原文词典之后仍不得要领——包括颇具影响力的《广辞苑（第五版）》《广辞苑（第五版）》《大辞林（第三版）》在内的许多词典对「炎上」的解释是「火が燃え上がること」，即"燃烧起来；起火，失火；烧毁"（『日中辞典』）之意，这与例（13）中的语境风马牛不相及。难怪以日语为母语的汉语学习者在进行日译汉翻译练习时，几乎看不到妥当、准确的译文。

由此可以肯定此处的「炎上」一定不是它的基本词义，换言之，「炎上」除了基本义之外，还具有引申义（转义）。幸运的是，在『デジタル大辞泉』中找到了这一词条第三个义项的相关解释：「（比喩的に）インターネット上のブログなどでの失言に対し、非難や中傷の投稿が多数届くこと。また、非難が集中してそのサイトが閉鎖に追い込まれること。祭り。フレーム。フレーミング。」也就是说，作为派生出来的转义之一，「炎上」还有表示"对于某人在使用博客等网络媒体时出现的不当言论，众多回应者以投稿的方式加以指责或诋毁"的用法。上述解释完全符合例（13）的语境，不过对于「批判され炎上した」这样的句子结构，可根据需要在译文处理上灵活处理。在笔者看来，原文划线部分「ネットで「ぼったくり」と批判され炎上した居酒屋「風物語新宿店」を閉店した」可译为："因被指敲诈顾客而在互联网上遭到众人痛批（遭到批判并成为众矢之的）的酒馆'风物语新宿店'歇业（关张）了。"

四、结语

本文重点考察了"汉语词汇同形词"的汉日对比与翻译问题，主要以「二字漢語サ変動詞」为考察对象，通过对选自日文报刊以及现代汉语语料库的实例所做的考察分析，就汉日同形词的语法特征、语义关系和译文处理等方面的差异进行了探讨，同时指出了以往研究中的问题和缺欠。本文的要点如下：

（1）以往的研究对"二字汉语同形词"尚缺乏系统、深入的考察，特别是缺乏基于实际语料和动态观察角度的论证。

（2）日语「二字漢語サ変動詞」无一例外具有名词和动词的双重词性，而与之相对应的汉语词条多为单一词性（其中动词居多），个别为动、名双重词性。

（3）日语「二字漢語サ変動詞」均为多义词（两个或两个以上的义项），而与之相对应的汉语词条既有多义词，又有单义词。二者的词义特征及关联可概括为以下四种：①"包含关系（前者包含后者）"、②"同义近义关系（二者基本重叠）"、③"交叉偏义关系（二者较少重叠）"、④"异义关系（二者无重叠）"。同时指出文化厅（1978）将「観念」置于 S 类（同义近义关系）

是不妥当的。

（4）通过【讨论1】至【讨论9】的考察分析，厘清了日语文章（例（5）～（13））读解和翻译过程中各种问题与偏误产生的原因，着重强调了准确把握词语的基本义和引申义在实际中的应用的重要性（如例（6）b的「消费」、例（7）的「没收（試合）」、例（13）的「炎上」）。

（5）语料调查的结果表明，汉语词典关于部分词语的释义不够缜密（如"开眼"）或缺乏合理性和客观性（如"炎上""再来"）。

作为今后的课题，需要围绕本文的研究对象进行更加广泛和深入细致的考察，同时还要从实证研究的角度、从对外汉语教学（以日语母语者为对象的日译汉教学研究）和日语教学（以汉语母语者为对象的日译汉教学研究）的角度就上述内容和结论进行论证，使之更加客观、完善。

参考文献

［1］莫衡等编（2001）《当代汉语词典》，上海：上海辞书出版社。

［2］潘　钧（1995）中日同形词词义差异原因浅析，《日语学习与研究》第3期。

［3］邱根成（2000）论日语中汉语词汇的多义现象——双音节（二字汉语）复合词，《外语学刊》第4期。

［4］邱根成（2007）论日语中的双重结构二字汉语，《日语学习与研究》第2期。

［5］邱根成（2010）论日语中的汉语动词与同形名词——以二字汉语动词为中心，《日语学习与研究》第4期。

［6］曲　维（1995）中日同形词的比较研究，《辽宁师范大学学报（社科版）》第6期。

［7］夏征农编（2003）《大辞海（语言学卷）》，上海：上海辞书出版社。

［8］新编古今汉语大词典编委会（1991）《新编古今汉语大词典》，上海：上海辞书出版社。

［9］翟东娜（2000）浅析汉日同形词的褒贬色彩与社会文化因素，《日语学习与研究》第2期。

［10］张建华（2014）浅谈汉日同形词的词义对比与翻译——以「痛恨の極み」等词语的汉译为例，《北京语言大学汉语进修学院科研论文集》。

［11］赵福全（1984）日汉同形词的错情剖析，《教学研究》第2期。

［12］中国社会科学院语言研究所词典编辑室（2012）《现代汉语词典（第6版）》，北京：商务印书馆。

［1］相原茂他（2004）『東方中国語辞典』東方書店・北京商務印書館

［2］尹錫南（1996）「現代語における字順交替形の二字漢語の問題」『専修国文』58（pp.53-72）

［3］姜群星（1999）「紛れやすい日中同形類義語——二字漢語20語にしぼって」『和歌山大学教育学部紀要　人文科学』49（pp.37-50）

［4］金田一春彦他（1995）「同形異義語」『日本語百科大事典（縮刷版）』東京：大修館書店（p392）

［5］国語学会編（1980）「同形語」『国語学大辞典』東京：東京堂出版（pp.636－637）

［6］小林英樹（1997a）「二字漢語動名詞の主要部について」『現代日本語研究』4（pp.63-74）

［7］小林英樹（1997b）「自他両用法をもつ二字漢語動名詞の意味体系における分布」『計量国語学』21-3（pp.110-114）

［8］小林英樹（2001）「動詞的要素と名詞的要素で構成される二字漢語動名詞に関する再考」『現代日本語研究』8（pp.75-95）

［9］五味政信・今村和宏・石黒圭（2006）「日中語の品詞のズレ－二字漢語の動詞性をめぐって－」『一橋大学留学生センター紀要』9（pp.3-13）

［10］沈国威（1990）「［V＋N］構造の二字漢語名詞について——動詞語基による装定の問題を中心に、言語交渉の視点から」『国語学』160（pp.134-124）

［11］鈴木丹士郎（2011）「『西国立志編』の逆字順二字漢語」『国語学研究』50（pp.318-301）

［12］鈴木丹士郎（2012）「『西国立志編』の逆字順二字漢語（二）」『専修人文論集』91（pp.67-90）

［13］田島　優（1985）「字順の相反する二字漢語」『名古屋大学人文科学研究』14（pp.1-18）

［14］田島　優（1996）「「新説八十日間世界一周」における字順の相反する二字漢語」『東海学園国語国文』50（pp.32-57）

［15］田辺和子・中條清美・船戸はるな（2012）「新聞コーパスにおける二字漢語動名詞の動詞的名詞的ふるまいについて」『日本女子大学紀要　文学部』61（pp.19-32）

［16］陳毓敏（2002）「日本語の二字漢語とそれに対応する中国語：辞書の記述による調査」『言語文化と日本語教育』23（pp.101-106）（第23回日本言語文化学研究会発表要旨、2002-06-29）

［17］中村亜由（2005）「二字漢語サ変動詞の自他について－国語辞典を例として－」『立教大学日本文学』94（pp.140-154）

［18］那須昭夫（1996）「二字漢語における促音化現象——最適性理論による分析」『音声学会会報』213（pp.27-39）（特集；最適性理論の動向）

［19］日本語教育学会（2005）「同形漢語」『新版日本語教育事典』東京：大修館書店

［20］日本語教育学会（1982）『日本語教育事典』東京：大修館書店

［21］野村雅昭（1988）「二字漢語の構造」『日本語学』7-5（pp.44-55）（特集・複合語）

［22］林　四郎（1982）「二字漢語各字の勢力と意味論上の問題」『文藝言語研究 言語篇』7（pp.59-90）（筑波大学文芸・言語学系）

［23］菱沼　透（1981）「漢字対照研究の試み－学，校を含む二字漢語を対象に－」『早稲田大学語学教育研究所紀要』23（pp.1-15）

［24］菱沼　透等（2002）『日中辞典（第2版）』東京：小学館

［25］文化庁（1978）『日本語教育研究資料　中国語と対応する漢語』東京：大蔵省印刷局

［26］松浦年男（2009）「長崎方言における二字漢語のアクセント型」『九州大学言語学論集』30（pp.29-58）

［27］松村明監修（2012）『デジタル大辞泉』小学館（http：//kotobank.jp/word/）

［28］楊凱郎（2007）「自動詞・他動詞用法に意味的制限を持つ自他両用動詞について－二字漢語動詞を中心に－」『筑波日本語研究』12（pp.65-88）

［29］楊凱郎（2010）「国語辞典における自他認定について－自他両用の二字漢語動詞を中心に－」『筑波日本語研究』14（pp.75-95）

［30］吉川明日香（2005）「字順の相反する二字漢語—「掠奪・奪掠」「現出・出現」について－」『雑誌「太陽」による確立期現代語の研究　「太陽コーパス」研究論文集』国立国語研究所報告 122（pp.143-155）博文館新社

［31］吉川幸修（2013）「撥音の後のハ行子音の半濁音化と濁音化について－「常用漢字表」・『新選国語辞典』と『邦訳日葡辞書索引』における二字漢語の比較から－」『拓殖大学大学院言語教育研究』13（pp.115-126）

［32］吉田雅子（2005）「二字漢語の日中対照－「参考」「参照」を手がかりに－」『専修人文論集』77（pp.135-158）

［33］李家誼（2011）「国語辞書における二字漢語サ変動詞の自他認定——コーパ

スに基づく考察」『日本語教育論集』20（pp.26-33）

［34］李　恵（2012）「中国人日本語学習者による日本語作文における二字漢語サ変動詞の誤用について」『日本語研究』32（pp.117-129）首都大学東京／東京都立大学日本語・日本語教育研究会

［35］李　晶（2001）「中日両国語における同形二字漢語についての一考察——日本製漢語を中心に」『曙光』12（pp.96-103）

［36］渡邊ゆかり（2013）「サ変名詞を後部要素とする「二字漢語＋二字漢語」型複合名詞におけるアクセント句分割の生起要因」『国語国文学誌』43（pp.15-38）広島女学院大学文学部日本語日本文学研究室

基于词频统计的异形词使用考察及规范建议[①]

张熙昌

提要 本文运用词汇计量的方法,对《第一批异形词整理表(试行)》及《264组异形词整理表(草案)》中所收录的全部646组异形词在北京大学CCL语料库中的词频进行调查。统计发现有39组异形词的推荐词词频小于拟淘汰词的词频,之后再以这些词在《人民日报》中的表现加以验证并分析其中的原因。希望以此呼吁语言规范的制定者能主动对那些与实际不符的语言规范进行修订,使之更加科学合理。

关键词 异形词 词频 CCL语料库 "两表" 《人民日报》语料库

一、缘起

2002年3月31日开始试行的《第一批异形词整理表》及2004年1月开始试用的《264组异形词整理表(草案)》(以下简称"两表")是到目前为止,异形词规范工作取得的重要成果。

《第一批异形词整理表》是在对1995—2000年的《人民日报》进行词频统计和分析的基础上制定出来的,语料大约为1.5亿字。而《264组异形词整理表》(草案)是沿用整理《第一批异形词整理表》的方针、原则和方法研制而成的。

本文调查的对象包括"两表"收录的全部646组异形词(含《第一批异形词整理表》附录中的44组),用来进行调查和验证的语料库是北京大学CCL语料库(2016年2月版)。其汉语语料库总字符数为783 463 175,其中现代汉语语料库总字符数为581 794 456,规模比《第一批异形词整理表》所

[①] 本课题为北京语言大学院级科研项目(中央高校基本科研业务专项资金资助),项目编号为15YJ080209。

依据的 1995—2000 年《人民日报》的语料库大得多，不仅包含报刊语言，也包含大量的文学语言。本文调查和验证的目的在于，考察"两表"异形词在更大规模语料库的表现是否与"两表"目前的结论相互吻合，希望从中发现更多与异形词有关的规律，为今后异形词的规范和《现汉》的修订提供一些有价值的依据。

二、两表中的异形词在 CCL 语料库中的表现

"两表"共收录了 646 组异形词，共计 1347 个词语。本文运用词汇计量的方法，对"两表"中所收录的全部词语在 CCL 语料库中的词频（词语出现的次数）进行了调查和分析。由于有些词的词频非常大，不可能做到逐条甄别，而且数据库对词语切分的正确率也不可能做到百分之百，所以有些统计结果肯定会存在一定的误差，但是这些误差均不足以对推荐词与拟淘汰词之间的关系产生本质的影响。

《第一批异形词整理表》"把通用性原则作为整理异形词的首要原则，90% 以上的常见异形词在使用中词频逐渐出现显著性差异"，而且"我们认为（推荐词与拟淘汰词的词频）至少在一倍以上才算显著性差异"（李行健，2002）。因此区别推荐词与拟淘汰词的最关键的因素就在于词频有没有明显的差异。

通过对"两表"所涉及的 1347 个词语在 CCL 语料库中逐一检索，得到的结果是：在 646 组异形词中，有 39 组异形词的推荐词词频小于拟淘汰词词频，其余 607 组异形词的推荐词词频都大于拟淘汰词的词频，这与"两表"对于推荐词与拟淘汰词的判断是基本一致的，说明"两表"的结论基本上是准确的、可信的。

三、对推荐词词频小于拟淘汰词词频的异形词所做的分析

3.1 39 组异形词的词频结果在其他语料库中的表现

为谨慎起见，笔者用《人民日报》的语料对推荐词词频小于拟淘汰词词频的 39 组异形词进行了复查，语料跨度从 1995 年至 2014 年。由于《现代

汉语异形词规范词典》（第2版）的词频统计依据的是《人民日报》1995—2000年的全部文本语料，故笔者直接引用了他们的成果。对于2001—2014年的语料，笔者使用"人民网报刊杂志搜索"对这些异形词在这部分语料中的词频进行了统计。

通过对比发现：有10组异形词在所有的语料库中都显现出推荐词词频不大于拟淘汰词词频的特点。

下表中第一栏为这10组异形词的推荐词和拟淘汰词，从第二栏到第四栏中"/"的前后分别为推荐词和拟淘汰词在CCL、1995—2000年《人民日报》、2001—2014年《人民日报》三个语料库中的词频。第五栏中的11、2分别代表《第一批异形词整理表》中的《附录》及《264组异形词整理表》。为了解说方便，本文将CCL语料库、1995—2000年《人民日报》语料库、2001—2014年《人民日报》语料库分别简称为CCL、《1995库》和《2001库》。

推荐词—拟淘汰词	CCL	《1995库》	《2001库》	所属
撅嘴—噘嘴	60/65	1/1	3/4	11
枝丫—枝桠	124/182	15/42	62/65	11
故步自封—固步自封	88/233	49/79	77/374	2
号啕—嚎啕—号咷—嚎咷	224/412/4/0	17/37/0/0	41/79/0/0	2
黏稠—粘稠	86/250	2/24	46/63	2
黏糊—粘糊	57/113	1/6	1/4	2
黏土—粘土	186/509	6/69	79/147	2
黏性—粘性	87/213	2/18	42/56	2
诿罪—委罪	5/6	1/1	0/0	2
约摸—约莫	237/491	15/17	31/33	2

3.2 对以上统计结果的分析

3.2.1 关于"故步自封—固步自封"与"号啕—嚎啕"

（1）没有世界眼光，就容易闭目塞听、夜郎自大、故步自封。①
（2）无视世界大势、固步自封、作茧自缚，注定导致国家和民族的衰亡。

---

① 本文所有例句均出自1995—2014年的《人民日报》。

（3）六爷的儿女开始号啕大哭，让众人不禁湿了眼圈。
（4）女儿醒来不见了妈妈，一边嚎啕大哭，一边打着门叫妈妈。

从上表不难发现，除了"撅嘴—噘嘴""枝丫—枝桠""诿罪—委罪""约摸—约莫"以外，其它6组异形词的推荐词词频在三个语料库中都明显低于拟淘汰词词频，特别是"故步自封—固步自封""号啕—嚎啕"的表现最为明显。在《2001库》中，"故步自封—固步自封"的推荐词与拟淘汰词的词频之比接近1∶5，而"号啕—嚎啕"的推荐词与拟淘汰词的词频之比也接近1∶2。值得注意的是，这是"两表"制定试行后，对执行国家规范最坚决的《人民日报》进行统计得出的结果。这表明当一些语言文字的规范与使用者的文化心理因素相违背时，这些规范也很难为使用者所认可。

其实针对"号啕—嚎啕"这组异形词存在的问题，苏新春（2002）在对大量语料统计的基础上，指出《草案》中的不少异形词表明俗成性原则尚未得到完全的遵循，如'号啕26.1%—号咷0.9%—嚎啕72.9%'，用'号啕'来代替'嚎啕'，其难度可想而知。'号啕'之所以被选为正体，其原因或是因字形简省而被选录，或是受已有辞书的影响"。"故步自封—固步自封""号啕—嚎啕"这两组异形词在CCL中的词频统计，再一次印证了苏文的观点。

然而这样做就涉及一个根本的问题：国家的语言文字规范一旦制定出来，使用者就应该认真执行。然而当国家的规范由于在制定过程中这样或那样的纰漏，而导致所制定的规范与实际的语言生活尖锐对立时，应该如何解决这个问题。比如，《现代汉语异形词规范词典》（第2版）在《凡例》中就再次声明："有些过去被认定为异形词，但根据国家有关语言文字的规范已有明确标准的词形，有辞书仍作为异形词处理或在有影响的报刊中仍继续使用非规范词形的，本词典酌情选录了若干条进一步加以明确。如'飞扬—飞飏''家具—傢具''树阴—树荫'。"对此苏新春在同一篇文章中指出："现在我们把'树阴—树荫'放到语料库中进行词次调查，结果是'树阴180''树荫288'……这个结果不能不让人感到，当初把'树阴'立为正体，把'树荫'立为异形，是一败笔之举。"

这种规范与语言实际相冲突的问题确实给像《现代汉语词典》这样的辞书出了一道难题。对此，江蓝生（2013）做出了如下的解释说明："《新华字典》和《现汉》做了变通处理，根据历史和语言实际在'荫'字下收了yīn

和 yīn 两个音，兼出'林荫道'和'林阴道'，以'林荫道'为主条，'林阴道'为副条。"

其实无论是《现代汉语异形词规范词典》还是《现代汉语词典》，之所以出现"树阴—树荫"的问题，关键在于《普通话异读词审音表》的存在。"荫"本有阴平 yīn 和去声 yìn 两读，《审音表》规定"荫"统读去声 yìn，只能用于"封妻荫子""荫庇"等词。按此规定，"林荫道"就只能写作"林阴道"，但很多群众出于文化心理等方面的原因不予认可，在实际使用中仍然写作"林荫道、柳荫街"等。

其实对于国家发布的有关规范语言文字的规范，如果与实际语言生活相抵触的话，就应该从实际出发，及时修订规范，而不是强制使用者来适应有问题的规范，否则就成了削足适履。因此对于以上的词频统计结果，最好的办法应该是及时对《264组异形词整理表》加以修订，明确将"固步自封""嚎啕"作为推荐词形，而将"故步自封""号啕"作为逆淘汰词形。

3.2.2 关于"撅嘴—噘嘴"与"枝丫—枝桠"

（5）搂着妈妈脖子、撅嘴撒娇的小章，并未注意到眼前人泛红的双眸。
（6）在微信朋友圈，他偶尔发发自拍，噘嘴鼓腮，表情萌萌哒。
（7）树叶已经落尽了，黛褐色的枝丫疏朗交错，衬着蔚蓝色的天空。
（8）被炸弹炸断的柳树又长出新的枝桠，在风雨中摇曳。

邹玉华（2005）认为"撅嘴—噘嘴"这组异形词之所以将"撅嘴"作为推荐词是因为词语的"标示值受国家语文政策制约。国家语文政策可以限制或引导大众使用，从而使某一词形迅速推广，提高其标示值。……因此词形'噘嘴'标义性强，标示值高。但在1955年发布的《第一批异体字整理表》中'噘'作为'撅'的异体字予以废除，'噘'成为非规范字，从而限制了大众的使用。因长期不用，'噘'在语用中成为生僻字而标义性差。而词形'撅嘴'因语用中较常使用而标义性强，标示值高"。

但是这种情形随着《通用规范汉字表》的公布发生了根本性的改变。2013年6月5日开始实施的《通用规范汉字表》规定"晳、瞋、噘、蹚、溧、勠"不再作为"晰、嗔、撅、趟、栗、戮"的异体字，原来的异体字不但成了规范字，而且还被归入了仅次于常用字表（3500字）的二级字表中。虽然该《字表》对"桠"也做了部分调整，但是规定"桠"作为规范字只可用于姓氏人名、地名和科学技术术语中。对于一般词语，如"桠杈"和"桠枝"中，"桠"仍然作为"丫"的异体字。

《通用规范汉字表》的实施，"撅嘴"失去了表示"噘嘴"的依据。"噘嘴"当仁不让地获得了推荐词的地位。而在"枝丫—枝桠"以及另外两组异形词"丫杈—桠杈""丫枝—桠枝"中含有"桠"的词语仍然作为拟淘汰词。之所以这样安排，可能与"丫"的字形比"桠"更形象、更简单有关。与"桠"的命运相同的还有"淼"和"矇"，它们仍然被视为"渺"和"蒙"的异体字，因此尽管"浩渺—浩淼""蒙眬—矇眬"这两组异形词的推荐词词频与拟淘汰词词频难分伯仲，但是"浩淼"和"矇眬"仍旧处于拟淘汰词的地位。

通过对比上表中的数据不难发现，在《1995库》中推荐词"枝丫"对拟淘汰词"枝桠"的词频还以15∶42处于绝对的落后，但是到了《2001库》时，则仅以62∶65稍微落后。而"枝桠"与"枝丫"之间在词频上所发生的此消彼长的变化恰好与"两表"开始推行的时间相吻合，说明了二者之间的关联系，也再次印证了国家规范对语言实践的影响是显而易见的。

3.2.3　关于"黏稠—粘稠""黏糊—粘糊""黏土—粘土""黏性—粘性"

（9）在靠近储油罐区的海边，黏稠的原油覆盖了超过1平方公里海面。

（10）岩浆如潮水般奔腾而下，但很快就如同蜂蜜般粘稠，流速也慢了下来。

除了"故步自封—固步自封"与"号啕—嚎啕"以外，上表中还有4组异形词的推荐词词频明显低于拟淘汰词的词频，它们是"黏稠—粘稠""黏糊—粘糊""黏土—粘土"和"黏性—粘性"。在这4组异形词中，含有"粘"的词形都对含有"黏"的词形占有明显的优势，因此构成了一个以"黏—粘"为对应关系而形成的一个系统。依据通用性原则为整理异形词的首要原则的规定，这个系统中应该以含有"粘"的词形为推荐词，以含有"黏"的词形为拟淘汰词，这才符合语言生活的实际。

这个系列之所以出现推荐词词频不及拟淘汰词的原因，可能与以下三个原因有关：

首先，与国家的语言文化政策有关。"黏"字在1955年发布的《第一批异体字整理表》中曾作为"粘"的异体字被淘汰，而1988年《现代汉语通用字表》又恢复了"黏"的规范汉字的身份。由于曾经被国家政策长期禁用，后来虽然得以恢复规范字的身份，但是受到的影响是明显的。

其次，与"黏"的字形复杂有关。关于异形词规范的原则，无论是殷焕先（1962）提出的"语音原则、分化原则、通用原则、语源原则、舍繁从简原则"，高更生（1999）提出的"从俗的前提下注意义明、音明、从简和系统"原则，还是孙光贵（1994）等人提出的"约定俗成、易写易记、形义相符"原则，都认为字形简单、易写易记是成为推荐词的重要因素。"黏"与"粘"相比，笔画要多6画，根据舍繁从简的原则，"粘"的优势是非常明显的。

第三，与"黏"与"粘"的形义有关。推荐词的词义要显豁，字形与词义要相符，关系要密切，最好能望文生义。"黏"的形符为"黍"，而"粘"的形符为"米"，用"米"和"黍"来表示"粘连"都是有理据的，而对于现代人来说，"米"对"粘连"词义外化得更明显。

在"黏"字恢复使用以前，"粘"作为动词，读作"zhān"；作为形容词，读作"nián"，本来是一种非常巧妙、科学的处理，因为只有粘（nián）的东西才可以粘（zhān）东西。但"黏"字恢复使用以后，人为地将本来在词义上紧密相连的两个词分别用不同的汉字来表示，不但增加了人们书写、记忆的负担，而且割裂了两个词之间本来的联系。这种将"黏"恢复为规范字的做法是否有必要值得考虑。除了上面提到的系统以外，"两表"未收录的异形词黏度【10】—粘度【57】、黏附【10】—粘附【108】、黏合【44】—粘合【340】、黏糊糊【19】—粘糊糊【83】、黏结【16】—粘结【72】、黏膜【157】—粘膜【222】、黏着【22】—粘着【259】等都有着极为一致的表现。因此，无论依据通用性原则，还是理据性原则、系统性原则，都应该以含有"粘"的词形为推荐词形。

3.2.4 关于"诿罪—委罪"与"约摸—约莫"

（11）台湾当局在向国际社会散发的《中华民国与联合国》的小册子中，将中国暂时分离的责任诿罪于中国共产党。

（12）逃脱罪责是她一路所求，而委罪于皂隶又实非心愿。

（13）登上游艇，约摸一刻钟，便接近小岛了。

（14）约莫一刻钟后，随着佐藤的结束语，听众渐次散去。

"诿罪—委罪"与"约摸—约莫"的共同特点是：其一，每组异形词的推荐词与拟淘汰词在《1995库》和《2001库》中，词频都非常接近，推荐词对拟淘汰词稍处劣势；其二，每组异形词的推荐词与拟淘汰词在CCL古代汉语语料中，词频相差很大，推荐词对拟淘汰词处于绝对的劣势。"诿罪"和"委罪"在CCL现代汉语语料中分别只有5例和6例，而在CCL古代汉语语料中却分别有25例和117例；"约摸"和"约莫"在CCL现代汉语语料中分别有237例和491例，而在CCL古代汉语语料中却分别有103例和326例。

  从以上的词频比值可知，从古汉语到现代汉语，这两组异形词的推荐词对拟淘汰词始终处于劣势，但是劣势在逐渐缩小（诿罪—委罪：25/117→5/6；约摸—约莫：103/326→237/491）。这正好解释了为什么在《人民日报》（1995—2014）中这两组异形词的推荐词与拟淘汰词的词频非常接近，且推荐词对拟淘汰词稍处劣势的原因：由于现代汉语由古代汉语发展而来，在这两组异形词中，拟淘汰词在古代汉语中保有的优势也延续下来，虽然在国家语言文字规范的"打压"下，原来的优势在不断丧失，但毕竟需要一定的时间来"消化"这种优势。不过可以预见，在不远的将来，这两组异形词中的推荐词词频最终将逆转拟淘汰词的词频，从而确立推荐词对拟淘汰词的优势。

  3.2.5 关于《264组异形词整理表》

  综观上表中的这10组异形词，除了"撅嘴—噘嘴""枝丫—枝桠"来自《第一批异形词整理表》中的《附录》以外，其余8组均来自《264组异形词整理表》，说明该词表在确定推荐词与拟淘汰词时还存在一些与实际情况不相符的情况，今后还应该继续加以完善。

四、结语

  "我们认为应该尊重和执行国家的规范标准，但是当少数规定明显不符合语言实际，不为大多数群众认可时，辞书可以做少许变通，为规范标准的修订提供依据，预留空间，这是对待规范标准的实事求是的科学态度。"（江蓝生，2013）

  对比"两表"异形词在CCL、《1995库》和《2001库》的词频统计结果可知，自"两表"规范出台以来，推荐词的词频与拟淘汰词的词频之间的差距正变得越来越显著，这说明人们使用推荐词的比例越来越高，"两表"对于异形词规范的作用是有目共睹的。如果语言文字规范的制定者能够不断地对规范加以完善，使之越来越符合语言生活的实际，规范所产生的效果一定会更明显。

2013年6月5日教育部、国家语言文字工作委员会发布了《通用规范汉字表》，由于《通用规范汉字表》对一些异体字做了最新的修订，所以"两表"可以以此为契机，对原来与《通用规范汉字表》相抵触的地方进行及时的修订。

参考文献

［1］高更生（1999）《现汉》修订本的异体词整理，《语文建设》第1期。

［2］江蓝生（2013）《现代汉语词典》第6版概述，《辞书研究》第2期。

［3］李行健（2011）《现代汉语异形词规范词典（第2版）》，上海：上海辞书出版社。

［4］李行健（2002）异形词整理三题，《咬文嚼字》第3期。

［5］苏新春（2002）异形词规范的三个基本性原则，《厦门大学学报（哲学社会科学版）》第2期。

［6］孙光贵（1994）异形词的定义及词形规范的范围和原则，《语文建设》第11期。

［7］殷焕先（1962）谈词语书面形式的规范，《中国语文》第6期。

［8］邹玉华（2005）异形词的语用值即标示值分析，《语言文字应用》第1期。

论汉语时间概念的空间隐喻

张 卓

提要 本文从认知语言学的研究视角,探讨汉语中表达时间概念的空间隐喻机制。我们得出了如下三个隐喻:1. 时间在移动,人为观察者,"前"表示未来,"后"表示过去;2. 移动中的时间段以内部某一时点为参照,"前"表示该参照时间的过去,"后"表示该参照时间的未来;3. 时间是流动的河流,类比于河流切分上游和下游,"上"表示该时间段中较早的部分,"下"表示该时间段中较晚的部分。

关键词 隐喻 时间概念 空间概念

一、引言

在教学中曾经遇到学生提出这样的问题:

1. 为什么"前"在"前天"中表示的是已经过去的时间,而在"我们要向前看"中却表示未来的时间?

2. 为什么"上周"是过去的一周而不是未来的一周?

3. 为什么"中级(上)"水平跟"中级(下)"相比水平较低而不是较高?

在没有深入研究之前,我们往往会回答这是汉语约定俗成的,但是如果继续追问下去:

1. 问题1中的"前"在时间表达中既可表示过去又可表示未来,这是什么机制在起作用?

2. 问题2涉及的"上、下"表示时间概念是怎么来的?

3. 问题2和问题3是否存在内在的联系?如果存在,联系是什么?

这些问题引导我们深入探讨下去,本文将在接下来的讨论中试图回答这些问题。

二、时间概念的空间隐喻机制

人类语言的语法结构，是人类历史上漫长且复杂的一连串事件的产物，涉及演化与文化两种历程，受到一整套一般认知和社会认知过程的制约而发展出来。（M. Tomasello，2008：224）

时间是一个抽象的概念，我们无法观察到时间本身，但我们可通过自身的经验，借助空间概念来理解时间。空间概念在人类概念中的地位是最基本的，这一点前人多有论述（详见 G. Lakoff & M. Johnson，1980、1999；张辉，1998）。在此只取以空间概念为基础建立的时间概念的表达为研究对象，即讨论将时间概念化的空间隐喻机制。汉语运用了"前、后、上、下"这样的表示空间方位的词语来表达时间概念，下面我们将具体分析空间隐喻机制在汉语的时间概念表达上是如何起作用的。

2.1 "前、后"的隐喻机制

2.1.1 参照点为观察者的隐喻1

隐喻1：时间在移动。

经验基础：我们知道人们在自身运动的过程中是能够体会到时间的。特别是在人们的走路经验中，前面的路是将要走的，如"前途"，前面的景物是将要看到的，如"前景"。它们都是要再经过一段时间才能到达的，所以与将来相联系。而身后的路是已经走过的，身后的景物也是已经看过的，它们都是与人们的经历和记忆相联系，应该属于过去。进而在自我运动中所承载的时间自然就是将来在前，过去在后，这就是观察主体以"前""后"来认知时间的体验基础。（韩玉强、刘宾，2007）

视角1：以观察者——人为参照点，人所在的位置是现在，人面向未来、看着未来，时间从未来向观察者移动，观察者所在的位置为现在，时间经过观察者后变为过去。即人面前的时间是未来，身后的时间是过去，时间从人的面前移动到身后。此时的前、后都是相对于观察者的眼睛而言的。需注意的是在应用这个隐喻的时候，始终有人的参与，并且人始终面对着未来时间，如图1所示。

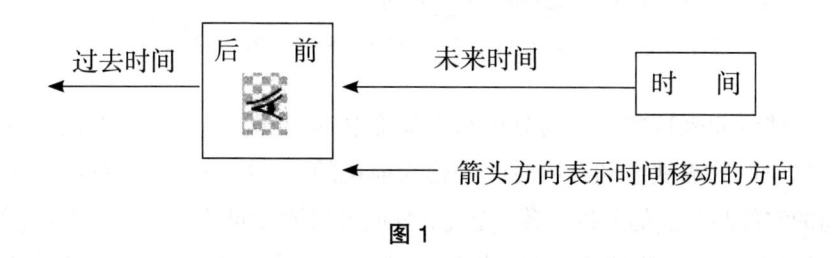

```
过去时间 ← [后 前] ← 未来时间 ← [时 间]
                      ←———— 箭头方向表示时间移动的方向
```

图 1

从下面例句中我们也可以看到句子主语是表示人的，即时间的观察者。

（1）我们要向前看，我们这个事业是千秋万代的事业啊！
（2）我这人有个特点，决不往后看，不走回头路，不吃回头草。
（3）现代科技正在越来越大程度上左右着人类的命运和前途。

G. Lakoff & M. Johnson（1980：44）指出就时间在移动这个隐喻而言，存在两个子系统（subcases），一个是时间在向着我们移动，我们是不动的；一个是以时间的静止为背景，观察者朝着未来时间移动。

第一类，时间在向着我们移动：

（4）2014 年还剩下最后两天，新的一年就将走马上任。
（5）时光飞逝，2015 年即将过去，2016 年就要来了。
（6）往者不可谏，来者犹可追。《论语·微子》

第二类，时间静止不动，我们朝着未来时间移动：

（7）即将步入而立之年的我不免有些慌张。
（8）不管你心情如何，阳光总会坚定地和你一起，伴随着你从 2014 年跨进 2015 年。
（9）哲学立足于现实，引导着我们从现在走向未来。

无论是时间在动，还是人在动，对隐喻 1 而言有三点是保持不变的：其一，人与时间在相向运动；其二，人始终面向着未来时间；其三，要以人作为观察者。

那么既然是相向运动，也可以人和时间都在移动，下面的例子便是证明：

（10）我们张开双臂迎接即将到来的新世纪。
（11）明年1月，遵义人民将迎来遵义会60周年纪念日。

虽然看起来这些句子的分析与空间概念的"前、后"没有直接关系，但这是以空间隐喻映射到汉语时间表达为前提的，从中我们可以看出时间运动方向的定位与我们的分析一致。至此，我们可以解释问题1中"我们要向前看"的"前"表示未来的时间，是因为"我们"（观察者）面向着未来，未来在"我们"（观察者）前面。

2.1.2　隐喻1难以解释的情况

而问题1提到的"前天"的"前"表过去，"后天"的"后"表将来的情况则很难用隐喻1来解释，这个问题也是在学界存在争议较大的。我们先分析以往研究中两种比较有代表性的观点。

第一种比较普遍的解释是认为区别在于"时间在动"和"自我在动"的不同。周榕（2001）指出"自我在动"的隐喻把未来（以后）事件视为"前"，即我们面对的是"前"，从身边过去的已在身后的为"后"，如"考试就在眼前"（自我在动隐喻）；而"时间在动"的隐喻则把过去了的（先发生的）事件作为"前"，把未来的（后来的）事件作为"后"，如"生日在元旦前"（时间在动隐喻）。他认为这两类时间隐喻在时间轴上的"前""后"的指定是不同的。其中"自我在动"的解释与我们的隐喻1的分析基本一致，但我们无法同意的是"前、后"在时间轴上功能的指派存在两种完全相反的情况，过去与未来定位成"前"或定位为"后"并没有解释清楚其内部真正的原因。我们认为不论"时间在动"还是"自我在动"，都不应该影响时间的空间定位，两种用法应该在定位上具有一致性。

第二种观点从社会、民族、思维方面来解释，认为我们古人的时间意识是：人们面朝过去，背对将来，时间从"背后"不断地"向前"流向过去（游顺钊，1994；韩玉强、刘宾，2007）。他们认为汉民族认知时间时更多地朝向过去，即过去在"前"，将来在"后"具有深层的民族、社会心理基础和思维特点，进而影响了人们对时间的心理取向。但这种看似"终极"的解释比较玄虚，很难得到证实或证伪。就如同"约定俗成"一样，实质上并没有深入探讨其深层的原因。

以上两种解释最大的问题还在于，它与我们从自身身体得到的"前、后"

的经验基础相左（见前文），如果人类普遍存在的经验是面向前方还没有走的路、还没有到的未来，那么这种"时间从未来流向过去"的隐喻就已经很明确地定位了，不能再随意更改时间整体移动的方向。如果未来和过去可以随意调换隐喻的方向，那没有了一定之规，也就没有隐喻的必要了。

要想对问题1中出现的矛盾做出合理的解释，我们认为只有隐喻1是不足够的，还同时存在另外一种隐喻机制在起作用（但同时需保证隐喻1的适用性），共同促成了"前天"的"前"表示过去。

2.1.3 参照点在某时间段内部的隐喻2

在隐喻1中我们将时间视为一个移动的整体，只是从外部观察者的角度来看，将未来时间与过去时间进行在人之"前"或在人之"后"的定位，而没有对时间内部进行细分。可是当我们的句子中不出现时间观察者，而只给两个相关的时间进行先后的排序，这就涉及时间内部的时间序列如何定位的问题（如"前天""后天"的次序如何的问题）。那么，我们在隐喻1的基础上提出隐喻2，也就是说在保持时间与人的定位与隐喻1一致的基础上，人这个观察者是隐去不提的，而只将这个移动的时间内部进行细分，给时间内部进行相对"前"与相对"后"的定位，以便用来表达与人无关的时间序列。

隐喻2：时间是移动的物体，就移动着的时间内部而言，具有时间内部相对前和后的定位。

经验基础：时间是抽象的概念，应如何用方位词"前、后"定位时间呢？G. Lakoff & M. Johnson（1980：42）指出移动中的物体依据移动方向具有"前、后"的定位。例如一个球从东向西飞，球体靠近西侧的一端即为飞行中的球的前端，东侧一端则为后端。

视角2：时间从未来向过去移动，移动着的时间的前端更靠近过去时间，其后端靠近未来时间。对时间内部某一时间参照点而言，其"前"表示早于该时间参照点，"后"表示晚于该时间参照点，如图2所示。

过去时间 ←	时间段		
	前（早于参照点）	参照点	后（晚于参照点）

← 箭头方向表示时间移动的方向

图2

当选取的时间参照点是表示某一事件发生的时间时，表达的是较该事件发生的早或晚的时间顺序。句法表现为<u>事件表达＋前</u>或<u>事件表达＋后</u>，如：

（12）上课<u>以后</u>请关掉手机的声音。（参照点：开始上课的时候）

（13）结婚<u>以前</u>他对我特别照顾，要是结婚<u>以后</u>就不好说了。（参照点：结婚的时候）

（14）饭<u>前</u>饭<u>后</u>都要洗手。（参照点：开始吃饭的时候）

当我们选取"现在"为参照点，"现在"往往不需要说出来，是说话人默认的参照点，符合语言的经济原则。可以用<u>时间段表达＋前</u>或<u>时间段表达＋后</u>，来表示跟"现在"相比较早或较晚的时间；这种以"现在"为参照点的时间序列的表达多以词汇表达为主，且构词时多以对举的形式出现，词语汇总见表1。

（15）调查显示，我们每天面对的压力是<u>20年前</u>人们面对的压力的5倍。（较"现在"早20年的过去）

（16）他<u>一小时后</u>准到。（较"现在"晚一小时的将来）

（17）<u>前</u>不见古人，<u>后</u>不见来者。陈子昂《登幽州台歌》（参照点是"现在"）

（18）将恐今之视古，亦犹<u>后</u>之视今也。《世说新语》（参照点是"现在"）

（19）<u>以前</u>他对我特别照顾，<u>以后</u>就不好说了。（参照点是"现在"）

（20）<u>前天</u>没下雨，天气预报说<u>后天</u>有可能。（参照点是"现在"，即"今天"）

（21）<u>从今往后</u>我们就是最普通的陌生人了。（特别强调"现在"这个时间参照点）

表1

一段时间的序列		
较"参照点"早	参照点	较"参照点"晚
以前	现在	以后
之前		之后
先前		今后
前天		后天
前辈		后生
前人		后人

通过分析可以看到，这样即使没有人作为观察者，在移动的时间内部本身的序列也有"前、后"的定位。如果具体指出了某一时间参照点（多为动作性事件），则"前"早于该事件发生的时间，"后"晚于该事件发生的时间，如例（12）—（14）。如果时间参照点没有明确指出则为"现在"，此时"前"表示过去时间，"后"表示未来时间，如例（15）—（20）。如果需要特别强调"现在"这个时间参照点也可特别指出，如例（21）。

这样前面提到的问题1中"前"表过去的用法便通过隐喻2得到了合理的解释，并且保持了与其隐喻1的隐喻基础的一致性，符合人类普遍的认知心理。

2.2 "上、下"的隐喻机制

2.2.1 隐喻3

隐喻3：时间是一条流动的河。

经验基础：河水由源头流出，其自然流动，并依据流淌过的时间人们将河流切分成上游、中游和下游。水流的方向是单向的，流过去了便不会再回来。流动的时间与流动的河水具有相似性。

视角3：将时间段与一条河流进行类比。对应于一条河流上游、中游、下游的切分，对某一时间段我们也相应地采用了上、中、下的切分方式，进而得到该时间段中切分出的三段时间的序列，"上"表示该时间段中最早的时间，"中"段时间晚于"上"早于"下"，"下"表示的是该时间段中最晚的一段。

如果以整个人类历史为观察的时间段的话，我们会说"在历史的长河中"

这样的句子，时间的源头即为人类历史的发源地，代表着最古老的过去，上游处于较早的过去——上古，中游的时间较上游晚——中古。这种隐喻映射可从古代文献或词语的词源得到印证。

（22）子在川上曰：逝者如斯夫！不舍昼夜。《论语·子罕》

（23）上溯：动①逆着水流往上游走。②从现在往上推（过去的年代）。《现代汉语词典（第6版）》

（24）上元节：农历正月十五日，即元宵节。
中元节：农历七月十五日。
下元节：农历十月十五日。　　　　　　《现代汉语词典（第6版）》

隐喻3的应用需要以某一给定的时间段为前提，然后对其进行内部切分，表达内部相对早晚的序列，其能产性较弱，多用于固定的词汇手段，如表2：

表2

流动的河水	→ 某时间段	一天	一个月	一年	一场比赛的时间	"古代"这一时间段
上游→	这一时间段中较早的部分	上午	上旬	上半年	上半场	上古
中游→	这一时间段中中间的部分	中午	中旬	年中	中场休息	中古
下游→	这一时间段中较晚的部分	下午	下旬	下半年	下半场	（近古）

需要说明的是"上古、中古、近古"一组中，"近古"采用的是隐喻1，是以人为参照点的。对这一类相对固定、封闭的词汇，我们对《现代汉语词典（第6版）》中"上"和"下"的词条逐条进行了统计，得出表示时间义的名词词条如下表。

表3

上~	上半场	上半晌	上半时	上半天	上半夜	上辈（子）	上午	上旬	上代	上古	上面	上年	上上（月/星期）
下~	下半场	下半晌	下半时	下半天	下半夜	下辈（子）	下午	下旬	/	/	/	/	/

除了这些固定的词汇手段，"上、下"可与表示时间段的时间单位构成与现在相临近的时间段表达，上+时间单位或下+时间单位，多用于"周、月、季度"等。如表4：

表4

上	较"现在"早的时间段	上一秒	上周	上个月	上个季度	上一年	上世纪
中	（现在）	（现在）	（现在）	（现在）	（现在）	（现在）	（现在）
下	较"现在"晚的时间段	下一秒	下周	下个月	下个季度	下一年	下个世纪

除了上述两种情况外，还有一种常见的是上+动量词或下+动量词，其与动量词构成针对某事件的时间表达，如"上次/下次""上回/下回"等。

通过上面的分析，问题2中提到的"上周"与"下周"哪个是相对于现在是过去便得到了解释。

2.2.2 "中级（上）"与"中级（下）"

最后我们来解释问题3的现象，何以"中级（上）"较"中级（下）"水平低？我们认为这是用学习者的学习时间来衡量学习水平，其引申途径如下：在"中级"这个学习的时间段内可以切分为上和下两段，"中级（上）"为该时间段较早的初期，"中级（下）"为该时间段较晚的后期。在这一学习阶段内，学习时间相对长的学生一般情况下都会较学习时间短的学生水平高。因此这种用法中的"上、下"并非直接描述水平高低，而是描述时间段的早晚相对位置，再转指学习者的水平。

参考文献

[1] 董为光（2004）汉语时间顺序的认知基础，《当代语言学》第2期。

[2] 韩玉强、刘 宾（2007）汉语空间隐喻时间中的"前""后"认知，《修辞学习》第4期。

[3] 游顺钊（1994）《视觉语言学》，北京：语文出版社。

[4] 张 辉（1998）论空间概念在语言知识建构中的作用，《解放军外语学院学报》第1期。

[5] 中国社会科学院语言研究所词典编辑室编（2012）《现代汉语词典（第6版）》，北京：商务印书馆。

[6] 周 榕（2001）隐喻认知基础的心理现实性——时间的空间隐喻表征的实验证据，《外语教学与研究》第2期。

[7] George, Lakoff & Mark Johnson（1980）*Metaphors We Live By*. Chicago：The University of Chicago Press.

[8] George, Lakoff & Mark Johnson（1999）*Philosophy In The Flesh*. New York：Basic Books.

[9] Michael, Tomasello（2008）蔡雅菁（译）《人类沟通的起源》，北京：商务印书馆。

基于语料库的近义词辨析

——以"过分""过度"为例

刘广盈

摘要 对现代汉语近义词的研究,一直为学者所关注,研究的焦点多为汉语本体的理论研究,而在汉语作为第二语言的词汇研究中,虽然有学者涉及对具体近义词的深入分析及辨析的途径和方法,但研究的内容还是基于传统的辞典释义方式的理论分析。本文拟从实证的角度出发,基于 BCC 语料库的研究方法,在不同的语域中,通过对大量真实语境检索结果的分析,发现、归纳以至厘清汉语作为第二语言近义词在语义、句法、语用三个平面中的异同,在促进对外汉语近义词教学的同时,为传统的词典编纂补充新的内容。

关键词 语料库 近义词辨析 语域分析 语义特征

一、研究背景及方法

Politzerm(1978)指出,从语言习得和语言教学的角度来说,词汇是学习第二语言的基础,过少的词汇量会影响第二语言学习者听说读写等各方面的能力。并且,学习者自己认为词汇错误是所有错误中最严重的(骆涵,2008)。敖桂华(2008)明确说明,对外汉语教学实践反映词汇是许多第二语言汉语学习者的主要障碍。近义词由于其义近、难辨,更成了制约留学生汉语水平提高的瓶颈。对现代汉语近义词的研究,不同时期都有学者做了大量的研究工作,但研究的内容大多是对汉语本体的理论分析,从传统的词典释义角度出发,定性地分析近义词的异同,并未将研究的成果很好地转化为实际教学中可操作的内容或方法,汉语作为第二语言近义词的教学与习得研究成果较少。罗青松(1997)在对汉语二语者近义词习得研究中发现,近义词误用占了词语运用错误的很大比例,近义词偏误是二语学习者词汇习得的一大难点(洪炜,2012)。洪炜(2012)指出,传统面向汉语母语者的近义词辨析分析相对简单，偏重词义而略于词语用法的辨析，这种辨析模式无法满足汉语二语学习者的需求，前人的研究缺乏对一组近义词中各种实际用法差异的考察。敖桂华（2008）认为在对外汉语近义词辨析教学中，缺乏针对母语非汉语学习者近义词辨析教学的有效指导。她指出，词语用法的不同源自语义，但就汉语学习者而言，意义的探究是为其正确理解和使用近义词开启的一扇门窗，而捕捉用法的差异之处才是对外汉语近义词辨析的教学重点。

在厘清汉语作为第二语言近义词的教学重点后，我们需要对近义词的辨析方法做一些探讨。传统的近义词辨析教学是通过词典释义来进行的，虽然这种方法在教学实践中能够比较直观地呈现给学生词语意义上的差别，但无法让学生对近义词的用法及细微差别产生全面的认识。当我们的教学对象是来自于不同文化背景具有不同语言习惯或者思维方式的非母语汉语学习者时，纯粹的词典释义是无法满足学习者全面理解所学近义词的深层次用法差异的，会直接影响到学习者的语言交际能力。

本文采用基于语料库的方法，以"过分"和"过度"为例辨析近义词的异同。首先，现代语料库语言学（Modern corpus linguistics）是20世纪中后期兴起的一门语言研究科学。关于语料库语言学的定义，丁信善（1998）引述三例：（1）根据篇章材料对语言的研究；（2）基于现实生活中语言运用的实例进行的语言研究；以语料为语言描写的起点或以语料为验证有关语言的假说的方法。杨惠中（2002）定义语料库是指在随机采样的基础上收集的有代表性的真实语言材料的集合，是语言运用的样本。它以容量大、语料真实、检索快捷准确等独特优势在现代语言学研究和语言教育等领域发挥越来越重要的作用（陆丽华，2009）。国内一些学者利用语料库的方法对英语近义词的辨析作了一定的研究，郝瑜鑫、邢红兵（2010）提出基于语料库和数据库辨析近义词的"三角度"模式（洪炜，2012）。

本文基于语料库不同语域近义词辨析方法，结合了定性和定量分析，用实证的方法科学地考察近义词实际用法上的差异，是对传统定性地分析近义词，依靠感官经验规定近义词用法的重要补充，也为汉语作为第二语言的课堂教学提供新的视角。

二 "过分"和"过度"的词典释义及语料来源

2.1 前人研究综述

肖阁（2010）指出，"过"可以表示超过一定的限度，在这个语义上产生了一些词，如"过于""过度""过分""过量"等。这几个词在语义上都表示程度超过一定的限度范围，是表示"过量"级的程度词，主要用来修饰非定量形容词，近年也发现修饰双音节定量形容词的语料。吴立红（2006）认为，在汉语表达程度的四种方式中，"过分"是处于状语位置的形容词和程度副词的兼类词，"过度"是可以处于状语位置的形容词，它们都表示程度范畴；张谊生（2000）认为"过分"是程度量超过一定限度的过量级绝对程度副词，而肖阁（2010）指出，"过度"虽然不属于程度副词，但可以被看作是表示程度过量的词。朱德熙（1982）在《语法讲义》中说明，程度副词的语法功能是修饰形容词以及少数动词和述宾结构。还有很多学者从不同角度对汉语中表示程度范畴的相关内容进行了研究，限于篇幅，这里不再做过多的论述。

2.2 "过分"和"过度"的词典释义

《现代汉语词典》（第6版，2014）中标注"过分"的词性为形容词，指（说话、做事）超过一定的程度或限度，示例如：

（1）过分谦虚，就显得虚伪了。
（2）这幅画虽然画得不够好，但你把它说得一文不值，也未免过分了。

标注"过度"为形容词，指超过适当的限度，示例如：

（3）过度疲劳／过度兴奋／悲伤过度。

《现代汉语虚词词典》（王自强主编，1998）对"过分"一词的解释是：副词，同"过于"都是"过"的同义词，有"太"的意思，表示程度超过必要的限度，后面多带双音节词。

从上边的词典释义中我们看到，"过分"和"过度"两词在表示"超过适当的限度"这一意义上是同义词。在汉语作为第二语言的实际教学中,教师仅仅依靠上述简单的罗列,给留学生讲授近义词之间的差异显然是不充分的,可能留学生就只注意到了它们相同的意义而不了解这两个词之间的差异。所以,通过考察它们在语料库不同语域内的分布和使用状况,不但可以厘清细微差异,还可以补充词典释义的内容,为未来的词典编纂提供一些建设性的指导意见。

2.3 语料来源

本文的研究语料取自北京语言大学 BCC 汉语语料库。该语料库总字数约 150 亿字,包括报刊、文学、微博、科技、综合和古汉语等多领域语料,是可以全面反映当今社会生活的大规模语料库。同时,BCC 汉语语料库对 100 亿字的报刊、现代文学和微博语料进行了自动分词和词性标注,语料规模足够大,所以这里我们选择报刊(20 亿)、文学(30 亿)、微博(30 亿)这三个语域,保证对"过分"和"过度"两词分析的可信度。下面将会从两词在不同语域内的频率分布、组合搭配[①]、语义特征和语用方面进行详细的讨论。

三、"过分"和"过度"在 BCC 语料库不同语域内的频率分布

通过对"过分"和"过度"在 BCC 语料库报刊、文学和微博三个语域中的词频分布差异进行统计,观察索引行中所呈现的近义词搭配的特征,可以总结出两词实际语言中的组合搭配关系、语义特征及语用特点等。

3.1 两词在不同语域内的词频分布差异

杨春霞(2014)指出,人们在实际的语言活动中出于交际的需要会产生言语变体,这种言语变体被称为"语域"(resister)。近义词由于其内在意义的差异,在不同的语域中往往会呈现出不同的分布特征,所以统计它们不同语域中的频率差异,有助于将它们区分开来。

---

① 参考刘颖、胡海涛(2012)译《语料库语言学》,北京:清华大学出版社,P22:"不用人工排序,通过索引调查词义的方法是看它们的'搭配'。所谓搭配就是经常与目标词共现的那些词。"

表 1 两词在不同语域内的词频分布

语域	语料中字数	词项	原始计数	标准计数（每亿词）
文学	30 亿	过分	24030	801
		过度	11606	387
报刊	20 亿	过分	7526	376
		过度	7996	400
微博	30 亿	过分	45576	1519
		过度	36606	1220
总体	80 亿	过分	77132	964
		过度	56208	702

上表的标准计数表明：语域不同，"过分""过度"两词的分布也不同，进而说明当结合语域来考察两词的分布时，总体的频率计数确实不能够准确反映出任何语域中两词的实际使用情况。① 具体表现在：

（1）从不同语域来看，两词在微博语域里的频率分布都比较高，而"过分"在文学语域内的频率明显要高于在报刊语域内的频率，"过度"在文学和报刊语域内的频率则比较接近。

（2）同一语域中，两词在报刊语域中比较接近，而在文学和微博语域里差距较大，"过分"在文学和微博语域里的频率分布都比"过度"要高。

所以我们初步看到两词实际使用中的异同。

3.2 紧跟两词的左搭配及语义语用特征

搭配（collocation）这个概念最先由英语语言学家 Firth（1957）提出，后来 Sinclair 将搭配定义为"体现词项某种显著的监控范围内组合关系的线性共现"；Krishnamurthy 认为："有意义的搭配词是指在被研究词的两侧 5 个词的范围内出现频次比按均匀分布所期望出现的频数高得多的词"（杨春霞，

---

① 参考刘颖、胡海涛（2012）译《语料库语言学》，北京：清华大学出版社，P23。

2014）。左搭配[①]是那些紧接目标词并在目标词之前的词。

分别以"过分"和"过度"为节点词，跨距 -5/+5 检索两词在三个语域中的左搭配词，观察整理结果如下表所示：

表 2　两词在文学语域中的左搭配

文学语域（30 亿）左搭配					
过分（24030 条）			过度（11606 条）		
搭配词	原始计数	标准计数	搭配词	原始计数	标准计数[②]
太	4907	163.6	惊吓	352	11.7
不	2307	76.9	劳累	336	11.2
有些	1087	36.2	因为	335	11.2
有点	748	24.9	伤心	288	9.6
不要太/不是太	346	11.5	操劳	279	9.3

说明：上表以及下文所列表中搭配词是按照索引结果选取出相应语域中分布频率由高到低的前五个。

从上表 2 中，我们看到在 BCC 语料库的文学语域中：

（1）与"过分"紧跟的左搭配有：a. 与程度副词"太"连用，在语用上表达一种比"超过一定的限度"更高的量、更加强烈的主观态度；b. 与表示否定意愿或者劝阻的否定副词加程度副词连用，如"不""不要太""不是太"等；c. 与含有［+ 数量］语义特征的数量结构"有些""有点"搭配，表示程度超过一定的量。

（2）与"过度"紧跟的左搭配主要是表示心理活动、精神状态的动词或形容词，如"惊吓""劳累""伤心""操劳"等，在表示程度义的同时，在语用上还带有强烈的主观贬义感情色彩，含有不如意、不满的含义；其次是与表因果关系的关联词"因为"连用，表达具体的某种行为超过某种限度。

---

① 参考刘颖、胡海涛（2012）译《语料库语言学》，北京：清华大学出版社，P23。
② 此表以及下文所列表中的标准计数单位均为"每亿词"。

表3　两词在报刊语域中的左搭配

报刊语域（20亿）左搭配					
过分（7526条）			过度（7996条）		
搭配词	原始计数	标准计数	搭配词	原始计数	标准计数
不	576	28.8	劳累	322	16.1
太	256	12.8	疲劳	208	10.4
不要	255	12.7	由于	202	10.1
权利	199	9.95	避免	187	9.35
不宜	158	7.9	操劳	109	5.45

从上表3中，我们看到在BCC语料库的报刊语域中：

（1）与"过分"紧跟的左搭配与在文学语域中的相似。除了与表示否定意愿和劝阻的否定副词或否定结构，如"不""不要""不宜"等连用在句法上做状语外，与本身具有[+程度]语义的抽象名词如"权利"的搭配也较多；同样，与"太"连用，在语用上表达一种比"超过一定的限度"更高的量、更加强烈的主观态度。

（2）与"过度"紧跟的左搭配除了同文学语域中的搭配外，还有表示否定意愿和劝阻的否定副词如"避免"。

表4　两词在微博语域中的左搭配

微博语域（30亿）左搭配					
过分（45576条）			过度（36606条）		
搭配词	原始计数	标准计数	搭配词	原始计数	标准计数
太	10077	335.9	空	7288	242.9
不	2357	78.6	不	1901	63.4
空	2069	69	不要	1220	40.7
不要	1996	66.5	用脑	1215	40.5
有点	1237	41.2	操劳	587	19.6

说明：本文所列表中，"空"表示没有与"过分"和"过度"紧跟的搭配词，它们位

于词组、小句的开头或是句末。

从上表4中，我们看到在BCC语料库的微博语域中：

（1）与"过分"紧跟的左搭配主要有：a. 与"太"连用，在语用上表达一种比"超过一定的限度"更高的量、更加强烈的主观态度；b. 与表示否定和劝阻的否定副词如"不""不要"等搭配，且出现在祈使句中，从语义特征的角度分析，"过分"本身具有[-期望]的语义特征，如果想要变成人们所期望的，语境就要求前加否定词，使其具有[+期望]的语义特征，从语用的角度来讲，即"过分"以前加否定词的形式出现在祈使句中用来表达禁止或劝阻；c. 位于词组或小句的开头，从信息论的角度来说，表示说话人所强调的焦点所在；d. 与含有[+数量]语义特征的数量结构"有点"搭配，表示超过了说话人心理期望的某种程度，从语体上来看，这种组合搭配具有较浓的口语色彩。

（2）与"过度"紧跟的左搭配与"过分"有相似的地方（上述b、c两点），但实际出现频率最高的用法则是位于词组或小句的开头，做信息焦点；还有一点不同的是，在微博语域中，"过度"与具有[+程度]语义特征的述宾结构或动词"用脑""操劳"搭配，在句法上，"过度"都是做补语，在句类上，用在陈述句中表示对某事物或动作属性的说明或评述，语用上都表达不被人期待的、不满的主观感情色彩。

3.3 紧跟两词的右搭配及语义语用特征

为了更全面了解"过分"和"过度"两词用法上的细微差异，我们再考察两词在BCC语料库文学、报刊、微博三个语域中紧跟的右搭配。

分别以"过分"和"过度"为节点词，跨距-5/+5检索两词在三个语域中的右搭配词，观察整理结果如下表所示：

表5 两词在文学语域中的右搭配

文学语域（30亿）右搭配					
过分（24030条）			过度（11606条）		
搭配词	原始计数	标准计数	搭配词	原始计数	标准计数
空	5497	183.2	空	3749	125
了	5029	167.6	的	2044	68.1
的	3050	101.7	紧张	335	11.2
地	540	18	劳累	288	9.6
吧	327	10.9	疲劳	279	9.3

从上表5中，我们看到在BCC语料库的文学语域里，两词的右搭配有相同的地方，但也表现出差异。相同点表现在：

（1）两词的右搭配中，搭配为空的情况也即放在句末的出现频率都是最高的，相较之下，"过分"出现的频率更高一些；

（2）两词都可加形容词标记"的"修饰表示心理活动的动词，具有较强的主观性，词性为形容词，句法上都作定语。

差异在于：

（1）a."过分"与具有[＋已然]语义特征表"已然"和"完成"的动态助词兼语气词"了"连用，出现在句末，表示主观认定超过一定的限度，从语用角度讲，放在句末，通常是说话人主观强调的信息所在，在句法上，主要做谓语；b.加"地"作状语，修饰具有程度义的动词如"过分地推辞"；c.与语气词"吧"连用，放在否定句中，表达主观上认定没有超过某种程度。

（2）"过度"与表示心理活动或精神状态的动词、形容词，如"紧张""劳累""疲劳"搭配，在句法上作状语，带有不满、不期望的主观感情色彩。

表6 两词在报刊语域中的右搭配

报刊语域（20亿）右搭配					
过分（7526条）			过度（7996条）		
搭配词	原始计数	标准计数	搭配词	原始计数	标准计数
的	541	27.1	空	1045	52.25

（续表）

报刊语域（20亿）右搭配						
过分（7526条）			过度（7996条）		
搭配词	原始计数	标准计数	搭配词	原始计数	标准计数
集中	478	23.9	的	732	36.6
强调	458	22.9	疲劳	548	27.4
空	408	20.4	投机	341	17.1
地	328	16.4	劳累	235	11.8

从上表6中，我们看到两词在BCC语料库报刊语域里频率分布特征有与文学语域中相同的地方，但我们也看到，"过分"在报刊语域中加形容词标记"的"作定语出现的频率相较做句末完句成分的频率要高。

两词频率分布的差异表现在：

（1）与"过分"紧跟的右搭配出现频率较高的是表示心理活动的双音节动词如"集中""强调"，在句法上，"过分"为副词作这些动词的状语，在语义上，则表达主观认为超过一定的限度；

（2）与"过度"紧跟的右搭配主要是表示身体或精神上承受度的动词"疲劳""劳累"等，带有主观上不满的感情色彩。

虽然两词在搭配上差异明显，但可以看出两词在报刊语域的右搭配中，与动词成分的组合能力还是比较强的。

表7　两词在微博语域中的右搭配

微博语域（30亿）右搭配						
过分（45576条）			过度（36606条）		
搭配词	原始计数	标准计数	搭配词	原始计数	标准计数
了	10882	362.7	用眼/脑	4837	161.2
空	5135	171.8	空	4645	154.8
的	3713	123.8	的	3155	105.2
依赖	1372	45.7	疲劳	1040	34.7
追求	1087	36.2	了	916	30.5

从上表我们看到，两词在 BCC 语料库微博语域里的右搭配词与报刊语域里有相同的地方，例如：

（1）"过分"可以放句末，也可加"的"做定语，或者是作状语修饰"依赖""追求"等双音动词，表达主观上认为某种行为超过了一定程度；"过度"也可放句末，同样可以加"的"做定语，但是我们也看到，两词相同的右搭配词在微博语域中的分布频率要明显高于在报刊中的，也可以说在微博语域中更常用。

（2）此外，两词在微博语域中，都可以与具有 [＋已然] 语义特征表"已然"和"完成"的动态助词兼语气词"了"连用，出现在句末，强调说话人所表达的语义重点和信息焦点，只是"过分"与"了"的搭配频率更高。

（3）而"过度"在微博语域中与表示程度义且主观上不满不期待的述宾结构或动词如"用脑、用眼""疲劳"的搭配频率是最高的。

四、讨论

我们通过考察"过分"和"过度"在 BCC 语料库三个语域内（文学、报刊、微博）的频率分布、组合搭配，分析两词在句法、语义、语用三个平面内表现出的特征，从搭配方向和不同语域两个角度，归纳、总结了两词在实际语言使用中呈现出的异同。

4.1 两词在搭配方向上表现出的异同

（1）左搭配上，"过分"在三个语域内的左搭配词有相同之处，都可表示主观上认为超过某种限度，带有较强的主观感情色彩，而从总体的频率分布上来看，"过分"在微博语域内与共现词的分布频率最高，其次是文学语域，报刊语域内最低。除了这一点之外，"过分"的搭配词口语化的程度也比较高。"过度"在文学和报刊语域中的左搭配词几乎是一致的，即多与感官动词连用表示精神或者是身体上超过承受的限度，而在微博语域中，我们看到"过度"多用于否定祈使句中，表示主观上的不满、厌恶、禁止或劝阻，口语色彩也较浓。

（2）右搭配上，"过分"在三个语域内的搭配词有相同的地方，从句法位置看，"过分"多出现在句末，或者与表示 [＋已然] 语义特征的动态助词"了"连用，从语用的角度看，主要表达说话者主观上所要强调的语义重点和信息焦点，或者是加形容词标记"的"作定语修饰双音动词。但总体的频率分布显示，三个语域中，"过分"与上述词项或句法成分的搭配频率由高到低依次是微博＞文学＞报刊；此外，在报刊和微博语域中，"过分"还常与表示心理活动的双音动词搭配，在句法上作状语，通常不在句末位置。"过度"在三个语域里的右搭配词一致性比较强，即较多放在句末位置做完句成分，是说话人主观上认为的语义重点和信息焦点；其次是加形容词标记"的"做定语，或者与感官动词搭配，表达精神或是身体承受的限度。但同样的，总体的频率分布显示，三个语域中，"过度"与上述词项或句法成分的搭配频率由高到低依次是微博＞文学＞报刊。

从两词左右搭配上的特征来看，两词都可用在状语位置上，修饰表心理活动的动词，即与动词的组合能力较强。

4.2 两词在不同语域内表现出的异同

（1）两词在文学语域中，无论是左搭配还是右搭配，都有明显的差异。"过分"的左搭配主要用于否定祈使句中表示劝阻和禁止，带有主观不满的贬义色彩，右搭配则主要是用于句末做完句成分，突出语义焦点；"过度"的左搭配和右搭配有一致的地方，搭配表示程度义的心理动词。

不过，两词在右搭配上也表现出相同的地方，即都可用于句末做完句成分或是加"的"做定语。

（2）两词在报刊语域中，"过分"左搭配主要是用于否定祈使句中，表示禁止或劝阻的主观感情色彩。"过度"主要与具有［＋程度］语义特征的双音动词连用，表示超过某种限度。右搭配上两词有相似的地方，都可做完句成分，都可加"的"作定语，但是"过分"还可以搭配表示心理活动的双音动词，句法上作状语，而"过度"主要与表示精神或者身体承受度的述宾结构或者动词连用，同样作状语。

两词虽然在报刊语域中表达的语义特征有相同的地方，但在搭配方向上有差异。

（3）两词在微博语域的左搭配中，表现出一致性，一是用于否定祈使句中表示劝阻或禁止的主观感情色彩，且在语体风格上，有较浓的口语色彩；二是放在小句的开头作状语。两词在微博语域的右搭配中，一是放在句末位置或者加动态助词"了"做完句成分，二是加形容词标记"的"做定语。除了上述相同的搭配特征之外，"过分"主要作状语修饰表达心理活动的双音动词，而"过度"修饰例如"用眼、用脑、疲劳"这样的述宾结构或者动词。

相比文学和报刊语域中两词的使用特点，两词在微博语域中具有较浓的口语色彩。

五、小结

本文基于语料库的研究方法，结合定性和定量的分析，从不同语域、不同搭配方向上辨析了在"超过一定限度"这个意义上相同的一组近义词"过分"和"过度"，并详细地分析了它们在频率分布、语义和语用方面表现出实际语言使用中的具体特点。结果发现，两词并非传统词典释义分析呈现的那么简单，它们在大量真实语料中表现出鲜明的个性和共性。

因此，基于语料库的近义词辨析方法，不仅可以补充传统词典辨析的不足，验证前人通过定性分析得出的某些关于近义词辨析的结论，还为第二语言的教学提供了新的方法和视角。在实际的教学过程中，教师可以在给学生呈现基本的词典释义之后，基于语料库的方法，并借助多媒体工具，引导学生关注实例并进一步发现不同实例中出现的近义词之间用法上的差异，在此基础上为学生讲解具体差异之所在。强化留学生了解近义词的意义之外，还需要关注近义词具体使用环境的意识，从而帮助二语学习者真正从源头上掌握近义词，加深对第二语言的理解，提高利用汉语进行交际的能力。

参考文献

[1] 敖桂华（2008）对外汉语近义词辨析教学对策，《汉语学习》第3期。

[2] 丁信善（1998）语料库语言学的发展及研究现状，《当代语言学（试刊）》第1期。

[3] 道格拉斯·比伯、苏珊·康拉德、兰迪·瑞潘（2012）《语料库语言学》（刘颖、胡海涛译），北京：清华大学出版社。

[4] 洪　伟（2012）面向汉语二语教学的近义词研究综述，《华文教学与研究》第4期。

[5] 洪　炜（2013）汉语作为第二语言的近义词教学实验研究，《世界汉语教学》第3期。

［6］陆丽华（2009）基于语料库的英语近义词辨析，《语言文化研究》。

［7］骆　涵（2008）二语词汇习得研究综述，《外语教学》第2期。

［8］王自强主编（1998）《现代汉语虚词词典》，上海：上海辞书出版社。

［9］中国社会科学院语言研究所词典编辑室编（2014）《现代汉语词典》（第6版），商务印书馆。

［10］朱德熙（1982）《语法讲义》，北京：商务印书馆。

［11］杨春霞（2014）基于语料库的近义词辨析研究，《西南科技大学学报（哲学社会科学版）》第5期。

［12］肖　阁（2010）状语位置上表程度义的"过"类词研究，上海师范大学硕士学位论文。

构式"数量 NP1+ 数量 NP2+VP"的生成机制与语义理解

鲁志杰

提要 汉语中存在"数量 NP1+ 数量 NP2+VP"的结构形式,本文的研究认为构式"数量 NP1+ 数量 NP2+VP"是由"主宾可换位结构"和"双数量结构"承继而来。构式"数量 NP1+ 数量 NP2+VP"能够出现,根本原因是意象图式的作用,它的产生是语言系统与现实交际、句式结构与句式意义、词项与构式相互作用的结果,"数量 NP1+ 数量 NP2+VP"构式内部主谓之间的语义关系是:话题是语义上的受事,与"受事+施事+VP"型主谓谓语句相同,强调凸显受事主语。此构式的特点是:构式"数量 NP1+ 数量 NP2+VP"中两个数量词必须呈一种≥2的函变关系,构式的语义配置为"容纳量—容纳方式—被容纳量"。此构式的语用意义的基本倾向是适用于分配任务或工作、客观地陈述一件事情的语境,多用于非正式的、无准备的口语中。

关键词 构式 生成机制 语义多功能性 主谓谓语句

一、引言

构式"数量 NP1+ 数量 NP2+VP"是指构式"一张沙发三个人坐""一锅饭十个人吃"和"一个房间三个人住"这样的句子,多用于口语中,CCL 语料库中这样的句子并不多见,甚至比"两个人骑一匹马""一锅饭吃十个人"这样的句子出现的频率更少,但这并不代表着这一构式不值得深入研究。国内外的学者们对"数量 NP1+ 数量 NP2+VP"这个构式研究的较少,但不乏相关结构的研究。按照朱德熙(1982:107)对主谓结构作谓语的描述,"S 或 S'是后边动词的受事"这一说法,可将"一张沙发三个人坐"这样的句子看作是主谓谓语句。任鹰(1999)所叙述的表示供用义的主宾可换位结构是"一本书卖两个人""两个人卖一本书"这样的句子,在语义特征上表示一种数量对比关系，与构式"数量 NP1+ 数量 NP2+VP"在形式和意义上有一定的关系。张旺熹（2009：1-26）讨论了两个连续的数量短语构成的句法结构即"双数量结构"的语义问题，提出了"双数量结构"的语义特征是连续性特征、函变关系特征和非动态性特征。

上述几项研究事实上都没有明确说明"数量 NP1+ 数量 NP2+VP"这个构式，对该结构的句法语义特征还缺乏整体的认识。这表现在以下几个方面：第一，构式"数量 NP1+ 数量 NP2+VP"中"数量 NP1"与"数量 NP2"的关系是什么。第二，构式"数量 NP1+ 数量 NP2+VP"中"VP"的语义特征是什么。第三，整体构式的意义是什么。第四，构式"数量 NP1+ 数量 NP2+VP"的语用意义是怎样的。本文希望通过对前人研究成果的吸收和整理，结合我们对此构式的系统观察，能对以上问题做出更全面的认识。

二、构式"数量 NP1+ 数量 NP2+VP"的形成动因和生成机制

"数量 NP1+ 数量 NP2+VP"是一种特殊的结构形式，并不在于它多见或罕见，而在于它超出了常规，有别于其他形式，我们认为构式"数量 NP1+ 数量 NP2+VP"与"主宾可换位结构""双数量结构"有着密切的关系。

2.1 从结构上看构式"数量 NP1+ 数量 NP2+VP"的形成动因和语义结构

崔希亮（2002：79）指出"任何共时平面都是历时发展的结果，所以共时平面上看到的面貌不可能很整齐"。因此，我们有必要对构式"数量 NP1+ 数量 NP2+VP"的历时演变进行探讨。何乐士（2000：347）曾指出："数、量词用在名词之前：[数+量+名]……这种格式由《左传》初起，到魏晋以后，逐步发展成汉语中表示事物数量的最常用格式。"如：

（1）郭先生，自古"一斗米养个恩人，一石米养个仇人"，这是我们养他的不是了。（《儒林外史》7回）

王力（1989：3）提到，量词的发展表现了汉语语法的严密化。通过前人的研究，我们会发现构式"数量 NP1+ 数量 NP2+VP"与"主宾可换位结构"

和"双数量结构"的关系十分密切，因此，我们可以作出这样的假设：构式"数量NP1+数量NP2+VP"可以说是由"主宾可换位结构"和"双数量结构"承继而来的。

2.1.1 构式"数量NP1+数量NP2+VP"与"主宾可换位结构"

沈阳（1995）曾指出"有一种表示'供用'义的可逆移位句式，V前后成分都必须是数量NP。与前面几类句式稍有不同的是这些成分可以互相移位，V后NP也可以单独前移，但不能省略。"例如：

（2）a1 十个人吃一锅饭　a2 一锅饭吃十个人　a3 一锅饭十个人吃
　　 b1 两个人坐一条板凳 b2 一条板凳坐两个人 b3 一条板凳两个人坐
　　 c1 三个人住一个房间 c2 一个房间住三个人 c3 一个房间三个人住
　　 d1 两个人骑一匹马　d2 一匹马骑两个人　 d3 一匹马两个人骑

（转引自沈阳（1995））

以上四组例句在形式上有明显的差异，表达的意义却是相同的。陆俭明（2003：27）曾指出："凡是由实词与实词组成的句法结构里，总是同时并存着两种结构关系——语法结构关系和语义结构关系。相同的语法结构关系可以表示不同的语义结构关系……相同的语义结构关系可以由不同的语法结构关系来表示。"由此可见，"数量NP1+数量NP2+VP"结构是由"主宾可换位结构"经过语序上的移位变换而来的。当强调的内容和焦点有所不同时，便用调整语序的方式达到所需的表达效果。例（2）句中所有的句子都有一个共同的特点，即表达了"数量NP1"与"数量NP2"具有一种明显的函数关系，但是它们所凸显的内容还是具有一定的差异性的：第一纵列强调的是"数量NP1"如何填充、使用"数量NP2"，第二纵列凸显的是"数量NP1"如何被"数量NP2"所分配，第三纵列强调的是"数量NP2"的部分，整体凸显数量上的函变关系。

2.1.2 "主宾可换位结构"与"双数量结构"

任鹰（1999）认为："在特定的语境中，供用句的中段动词甚至可以略去，仅以'双数量结构'的形式表示原句的供用义。"任先生认为语境使整个句子的结构具有"供用"义，且主语是"给予"的对象。我们认为这个说法是不全面的，应对此语境进行更详细地说明：当主语作为"供给者"或是"给予"的对象，整个结构带有"供用"义时，结构中的动词就具备了被省略的可能条件，例如：

（3）a1 十个人吃一锅饭　　　a2 十个人一锅饭
　　　b1 一锅饭吃十个人　　　b2 一锅饭十个人
（4）a1 两个人住一间寝室　　　b2 两个人一间寝室
　　　b1 一间寝室住两个人　　　b2 一间寝室两个人

　　这些例子说明了"主宾可换位结构"与"双数量结构"之间具有一定的转换关系，例句（3）（4）中 a1、b1 省略动词"吃""住"就会变成 a2、b2 这种"双数量结构"的句子。

　　2.1.3　构式"数量 NP1+ 数量 NP2+VP"与"双数量结构"

　　我们先作出假设：部分"双数量结构"后加上一个动词后可形成"数量 NP1+ 数量 NP2+VP"这样的结构，下面我们来作出验证：

（5）a1 十个人一锅饭　　　　a2* 十个人一锅饭吃
　　　b1 一锅饭十个人　　　　b2 一锅饭十个人吃

　　说明只有当主语是"供给者"时，"双数量结构"加上动词后才能变为"数量 NP1+ 数量 NP2+VP"的构式。

（6）a1 一个包子一元钱　　　a2* 一个包子一元钱要（需要）
　　　b1 一本书两个人　　　　b2 一本书两个人看
　　　c1 十朵花两个花瓶　　　c2* 十朵花两个花瓶放
　　　d1 一辆车四个人　　　　d2 一辆车四个人坐

　　由上面的例句，我们可以很清晰地看到：结构整体的意义需要具有"容纳义""供给义"或"处置义"，并且所加的动词在句式中或隐性或显性地具有"动作+给予"义，"双数量结构"才可以转换为"数量 NP1+ 数量 NP2+VP"的构式。

　　索绪尔（1980：191）曾指出"一个组合的价值往往跟它的要素的顺序相关联"。综上我们可以得出结论："双数量结构"整体意义是"容纳义""供给义"或"处置义"，且主语是"供给者"时，"双数量结构"加上在句式中或隐性或显性的具有"动作+给予"义时的动词后，才能转化为"数量

NP1+数量 NP2+VP"的构式。

2.2 构式"数量 NP1+数量 NP2+VP"的生成机制

有必要进一步说明"［［Numeral+Classifier+Noun（物）］+［［Numeral+Classifier+Noun（人）］+VP］"通过什么运作机制生成构式"数量 NP1+数量 NP2+VP"。李福印（2008：41）指出"认知语言学认为，语言形式和意义之间的联系不是绝对任意的，语言具有理据性和象似性的重要特性"。

其实，构式"数量 NP1+数量 NP2+VP"之所以能够出现，根本原因就是意象图式的作用。意象是指人们对客观事物的心理印象，视角不同、认识深度不同、凸显的部分不同，那么人们的这种心理印象也会产生差别。

（7）一锅饭吃十个人。
（8）十个人吃一锅饭。
（9）一锅饭十个人吃。

在认知语言学看来，这三句话的意思是有差别的，而差别并不在客观现实，而在主观的认识上。例（7）句关注于"一锅饭"能供给的容量；例（8）句关注于"十个人"占有的容量；而例（9）句则关注于"一锅饭"的分配与处置情况。陆俭明（2010：109）认为："'十个人吃了一锅饭'——'一锅饭吃了十个人'，从构式语法理论的角度看，都是'数量关系构式'，具体说，是一个'容纳量与被容纳量的数量关系构式'，这种数量关系构式的语义配置总是'容纳量—容纳方式—被容纳量'。"

（10）*十个人一锅饭吃

例（7）—（10）的主语都是名词性成分，四种组合构成了"四缺一"的蕴涵关系，这是一种语言共性现象，表明在构式"数量 NP1+数量 NP2+VP"中，"数量 NP1"与"数量 NP2"的关系是"供应者"和"使用者"的关系，且二者的位置不可互换，"数量 NP1"是"供应者"，"数量 NP2"是"使用者"。

王力（1989：341）指出："逻辑思维的发展在语言结构形成中的具体表现可以有两个方面。一方面是把要说的话尽可能概括起来，成为一个完整的结构。另一方面是化零为整，使许多零星的小句结合成为一个大句，使以前那种藕断丝连的语句变为一个有机联系的整体。"

构式语法理论符合心理学和认知科学关于"整体大于部分之和"的完形（gestalt）原理。构式"数量 NP1+ 数量 NP2+VP"就是将两个数量名的结构与动词有机联系起来，形成一个整体，具有构式自身的意义即"供用、容纳"义，是"供给者＋使用者＋供给/使用方式"的关系。

构式"数量 NP1+ 数量 NP2+VP"的产生是语言系统与现实交际、句式结构与句式意义、词项与构式相互作用的结果，崔希亮（2002：295）认为"语言的形式和意义通过概念结构与外部世界建立起一种映射关系"，并作图：

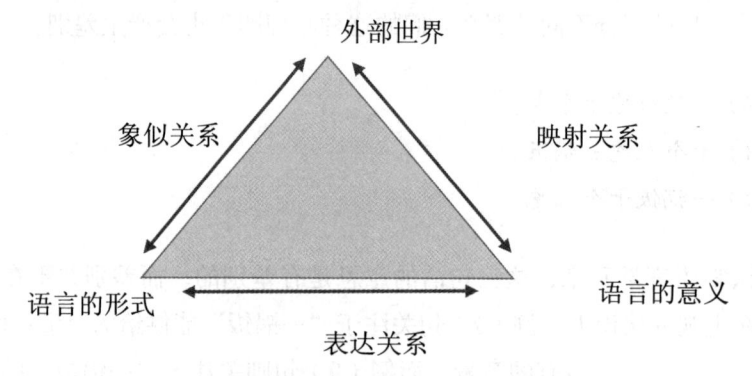

图1　语言的形式、意义与外部世界的关系

我们认为，应该稍作修改，加入内心世界或人脑认知域的部分：

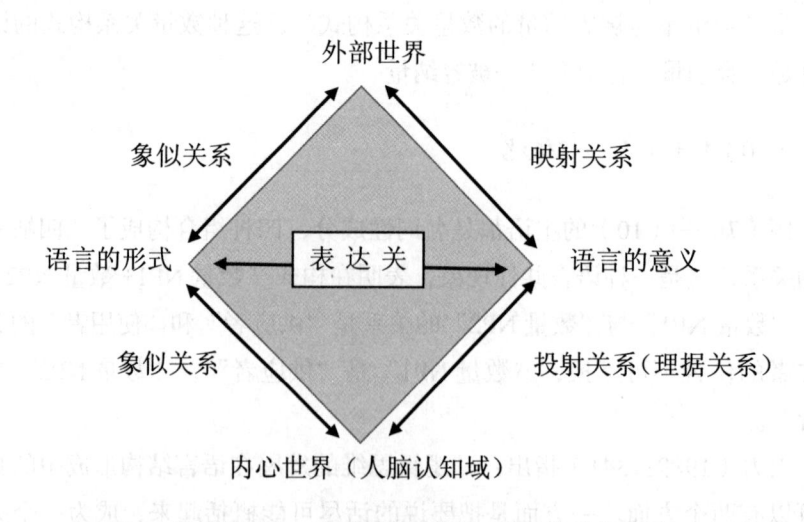

图2　语言的形式、意义与外部世界、内心世界的关系

语言的形式与意义除了与外部世界相关，构成映射关系外，还与人脑的认知域密切相关，可以推测，人类所有的概念化都植根于基本认知域。

三、构式"数量 NP1+ 数量 NP2+VP"语义理解的多功能性

陆俭明（2010：91）认为"词语在结构中的多功能性，是指词语在相同的词类序列中可体现不同的功能，在句法上是如此，在语义上也是如此"。前文在分析构式"数量 NP1+ 数量 NP2+VP"的语义理解时已经指出该结构具有容纳义、供给义和处置义的不同解读，此构式的意义在不同的语境中具有不同的语义理解，陆俭明（2003：7）指出"汉语是无形态标志和形态变化的语言，同一种语法关系可以隐含较大的语义容量和复杂的语义关系"。下面我们将通过具体用例的分析来说明构式"数量 NP1+ 数量 NP2+VP"语义理解多功能性的表现，并借此讨论它跟常规主谓谓语句的关系。

3.1 "数量 NP1+ 数量 NP2+VP"构式语义理解多功能性的具体表现

在现实语境中，一个表达形式很少会出现多解的现象，语义丰富性源自于语境创造的多种可能性，也与句法结构的容纳能力有一定关系。如可以设想"一锅饭十个人吃"有下面这样一些理解：①很多的一锅饭，每锅饭足够十个人吃，表示可容纳义；②一锅饭的量不多，不够十个人吃的，表示不可容纳义；③一锅饭平均分配给十个人来吃，表示可平均容纳义。在没有具体语境的条件下，②中的语义内容更为典型，至于具体的构式义，还要依据出现的语言环境进行判断。施春宏（2013）指出："语义多功能性的实际具体建构结果和解读空间，依赖于语言生活的实际情况和词语选择提供的可能表达之间的互动关系。"因此，在理解此构式的意义时，语境尤为重要。

3.2 构式"数量 NP$_1$+ 数量 NP$_2$+VP"跟一般主谓谓语句的关系

既然"数量 NP1+ 数量 NP2+VP"构式的形式如此特殊，语义如此丰富，那么"数量 NP1+ 数量 NP2+VP"的结构与一般的主谓谓语句的结构存在着怎样的关系呢？一般情况下，我们用找话题、加语音停顿、加修饰语的方法，去判定一个句子是不是主谓谓语句。汉语有着凸显话题的特点，映射到句法上就是话题优先，Ungerer.F.& Schmid.H.-J（2008：200）指出，从语言学角

度来看，表示凸显的方法就是把优先选定的成分放在主语的位置上，潘海华、梁昊（2002）将近距离制约（locality constraint）、话题制约（topic constraint）等六个确定为主语的制约条件。鲁志杰（2015）讨论了主谓谓语句与谓词性谓语句、"把"字句、"被"字句之间的转化关系。主谓谓语句是典型的话题先行句，它的基本句式是"N1‖N2‖VP/AP"，这与"数量 NP1+ 数量 NP2+VP"构式在形式上极为相近。"数量 NP1+ 数量 NP2+VP"构式内部主谓之间的语义关系是：话题是语义上的受事，与"受事+施事+VP"型主谓谓语句相同，强调凸显受事主语。例如：

（10）a1 这部电影我看过　　a2 一台电脑两个人玩
　　　b1 任何困难他都能克服　b2 一匹马两个人骑

陆俭明（2003：23）提到了乔姆斯基对语言提出的三大假设，其中的一个是"人类语言共同遵循的组合原则应该是极为简明的"。由以上的例子我们也能看出二者深层次的组合原则应该是一致的，即两个名词性成分与一个动词性成分相组合，差别仅体现在内部的数量关系上。

四、关于构式"数量 NP1+ 数量 NP2+VP"的特点

4.1 "数量 NP1+ 数量 NP2+VP"的构式义

上文提到在构式"数量 NP1+ 数量 NP2+VP"中，"数量 NP1"是"供应者"，"数量 NP2"是"使用者"，且表示"供应者"义的名词性成分须处在"数量 NP1"的位置，表示"使用者"义的名词性成分须处于"数量 NP1"的位置。构式"数量 NP1+ 数量 NP2+VP"就是将两个数量名的结构与动词有机联系起来，形成一个整体，具有构式自身的意义，即"供用、容纳"义，是"供给者+使用者+供给/使用方式"的关系。

4.2 "数量 NP1+ 数量 NP2+VP"构式中数词的特点

观察以上所述的例子就会发现，数词"一"使用的频率很高，张旺熹（2006：27）曾指出："数量本身就是一个具有量级特征的语义范畴，数量名短语就是直接表现这个量级特征的语言成分。"王力（1985：250）指出"'一'字

因为是数目的开始,所以它能有许多引申的意义和活用法"。王力先生列举了"一"的十种用法,这里涉及的有四种:第一,"一"等于"每一",例如"一间宿舍五个人住"。第二,"一"表示"满"或"整",例如"一张沙发三个人坐"。第三,"一"表示"单独",例如"两个孩子一个人给养大,不容易啊"。第四,"一"表示"同一",例如"一本书两个人都想要"。

构式"数量NP1+数量NP2+VP"中两个数量词必须呈一种 ≥ 2 的函变关系,例如:

(11) a.* 一个房间一个人租
　　b. 一间宿舍两个人住
　　c. 一张沙发三个人坐
　　d. 一锅饭十个人吃

由此可见,似乎函数关系的差值越大,句子显得更具有主观性,更能表达出一定的情感和态度。

4.3 构式"数量NP1+数量NP2+VP"的语用效应

换喻是以相邻性为基础的,这包含容器与内容的关系,如果容器很小,要填充的内容很大,或是容器很大,而填充的内容很小,都会蕴含这样的逻辑联系:容器和内容的搭配的超常量必然会导致整体上结果的偏离性。例如:

(12) a. 一间宿舍住两个人。
　　b. 一间宿舍住八个人。
　　c. 一间宿舍住一个人。

若以例(12a)为标准,一间宿舍住两个人是常量,那么例(12b)和例(12c)就是超常量的组合了,具有偏离性。

根据上文对构式"数量NP1+数量NP2+VP"形成动因及生成机制的分析,我们还能够在一定程度上对"数量NP1+数量NP2+VP"构式的语用效用的基本倾向作出说明。概括起来,大体包括这样几个方面:①该构式的适用对象,用于事件的领导者、参与者或旁观者,指出他们的无奈、不满等。②该构式适用的语境，如分配任务或工作，客观地陈述一件事情。③该构式适用的语体，多用于非正式的、无准备的口语中。

五、余语

本文以认知语言学中的构式语法为理论依据，认为构式"数量 NP1+ 数量 NP2+VP"与"主宾可换位结构"和"双数量结构"之间具有内在的承继关系，运用意象图式和认知域的知识来解释构式"数量 NP1+ 数量 NP2+VP"的生成原因与生成机制，此构式的产生是语言系统与现实交际、句式结构与句式意义、词项与构式相互作用的结果。构式"数量 NP1+ 数量 NP2+VP"的特点是"数量 NP1""数量 NP2"这两个数量词必须呈一种 ≥ 2 的函变关系，构式的语义配置是"容纳量—容纳方式—被容纳量"。本文还对此构式的语义理解的多功能性进行了探讨，有利于大家对"数量 NP1+ 数量 NP2+VP"构式有更深刻的认识。汉语中存在着多种多样的构式，"数量 NP1+ 数量 NP2+VP"构式作为口语中的常用构式，它的价值仍需要我们进一步研究。

参考文献

［1］崔希亮（2002）《语言理解与认知》，北京：北京语言文化大学出版社。

［2］李福印（2008）《认知语言学概论》，北京：北京大学出版社。

［3］陆俭明（2010）《汉语语法讲义研究新探索（2000—2010 演讲集）》，北京：商务印书馆。

［4］陆俭明（2003）《现代汉语语法研究教程》，北京：北京大学出版社，2013 年再版。

［5］鲁志杰（2015）论主谓谓语句的语法认知，《唐山师范学院学报》第 4 期。

［6］潘海华、梁 昊（2002）优选论与汉语主语的确认，《中国语文》第 3 期。

［7］任 鹰（1999）主宾可换位供用句的语义条件分析，《汉语学习》第 3 期。

［8］施春宏（2013）新"被"字式的生成机制、语义理解及语用效应，《当代修辞学》第 1 期。

［9］索绪尔（2007）《普通语言学教程》，北京：商务印书馆，2007 年再版。

［10］沈 阳（1995）数量词在名词短语移位结构中的作用与特点，《世界汉语教学》第 1 期。

［11］朱德熙（2012）《语法讲义》，北京：商务印书馆，2012年再版。
［12］王　力（1985）《中国现代语法》，北京：商务印书馆。
［13］王　力（1989）《汉语语法史》，北京：商务印书馆，2006年再版。
［14］张旺熹（2006）《汉语句法的认知结构研究》，北京：北京大学出版社。
［15］张旺熹（2009）《汉语句法结构隐性量探微》，北京：北京语言大学出版社。
［16］Ungerer，F.& Schmid，H.-J（2008）*An Introduction to Cognitive Linguistics*. Pearson Education Limited Press.

"这么"和"那么"的语用辨析及其教学建议

戚彦君

提要 本文着重分析了"这么"和"那么"两者共现的语境以及各自出现的语境特点。在此基础上，探讨了这两个词在对外汉语教学课堂教学中的教学方法。

关键词 这么 那么 指示代词

一、前言

"这么"和"那么"属于指示代词，存在多个义项，它们可以指示程度，指示方式，指示数量等。"这么"和"那么"在没有上下文语境的情况下往往可以相互替换并且意义基本相同，例如：

（1）小莉已经有你这么高了。
（2）小莉已经有你那么高了。
（3）我就练过这么两次，还不熟。
（4）我就练过那么两次，还不熟。
（5）都这么二十好几了，还说小孩儿话。
（6）都那么二十好几了，还说小孩儿话。

对于这一现象，已有学者进行了研究。彭小川等（2004）指出"这么""那么"都是指示词，它们的意思、作用和在句中的位置都基本相同。吕叔湘（1996）对"这么""那么"进行了具体的释义描写，指出，"那么"的指称用法和称代用法和"这么"大体相当。二者在大多数情况下可以互换，意思基本相同。同时，"那么"还是连词，用于承接上文，一般和"既然……那么……""如果……那么……"构成固定结构。徐秀芬、亢世勇（2003）论述了现代汉语的"这么""那么"的共同的语法特征，如作状语和定语。作状语时，"这么""那么"

能指示程度、方式和指代表述内容。作定语时能修饰"数量"结构和"数量名"结构,当"这么""那么"修饰前者时用来指代数量,修饰后者时用来指代内容或用来指称性质或只起强调作用。王灿龙(2004)提出"这么""那么"分别由"这""那"衍生而来,因此"这么"具有近指性,"那么"具有远指性。在此基础上,作者认为"这么""那么"的使用受到时间、空间和心理距离因素的影响。在单纯受时间或空间距离制约的条件下,"这么""那么"不能相互替换。然而,受心理距离因素制约时,同一个句子里用"这么"还是"那么"没有强制性,二者可以互换,且基本意思不变。杨玉玲(2010)系统分析了"这么""那么"的篇章用法及其不对称现象,并且在大规模统计真实语料的基础上,全面系统地描写了"这么"和"那么"的篇章用法特点及其在使用过程中的明显不对称现象。同时,根据语料统计得出"这么"使用频率低于"那么";"这么"的主要用法是超句回指,而"那么"的主要用法是连词用法;"这么"预指使用频率高于"那么"。"这么""那么"的篇章不对称主要表现在时空距离远近的对立,心理距离远近的对立,现实和虚拟的对立,熟悉度高低的对立等。

目前已有的研究结论大部分都是基于没有上下文语境时分析两者的异同,那么在有上下文语境的情况下,以上结论是否还能成立呢?本文主要针对这个问题展开研究。

二、"这么"和"那么"的语用差异探究

2.1 从时间、空间、心理距离角度分析"这么""那么"的语用差异

首先我们知道"这么"和"那么"可以看成是在两个指示性上对立的词,"这么"具有近指性,"那么"具有远指性。在表达中,如果被表述的事物或动作是当前时间出现或发生的,那么,该事物或动作与表达者的指称距离则相对较近。这时,我们一般用"这么";如果被表述的事物与动作是过去时间出现或发生的,那么,该事物或动作与表达者的指称距离则相对较远,此时一般用"那么"。

当有上下文语境的时候,我们从不同的角度对二者进行分析。因为它们的指示代词词性,所以前人关于二者的使用差异都是围绕指称距离远近的讨

论展开的。下面我们将从时间距离、空间距离、心理距离三种角度分别论述。

2.1.1 时间距离

（7）我蹲在楼脚黑暗处，看到片警晃晃悠悠骑个车过来，他看见黑乎乎的一团，犹疑地走过来，走到跟前，认清了我，大声说："你在这儿干嘛？这么晚了，想劫道呀？"（王朔《一半是火焰，一半是海水》）

（8）说实在的，以前听教练、家长教育那么多，但说起来这次的教训真比哪回挨说都深刻。（《北京青年报》1998年10月15日第10版）

例（7）和例（8）"这么"和"那么"的选取是依据时间距离的远近。在例（7）中片警骑车过来跟"我"说话的时候已经是很晚的时候，"这么"晚说的是此情此景，是当下，时间距离很近。"那么"是远指，不是此时此刻。所以在这里，我们用近指词"这么"而不用"那么"。例（8）中关键词"以前"说明时间是在过去并且距离现在较远，并非此时此刻，所以用的是远指词"那么"。

2.1.2 空间距离

（9）白丽走到沙发前无声地坐下，注视着脸色铁青的刘志彬。"你老看我干什么？难道是我做了什么对不起你的事？""看看不行吗？"白丽轻轻地说，眼睛没有从刘志彬脸上移开，"难道我隔着这么远，仅仅看看你，也会使你不舒服，感到受了玷污？"（王朔《人莫予毒》）

（10）望着远处公园长椅上的两个青年，他说："瞧他们靠的那么近，准是一对情侣。"

例（9）和例（10）是依据空间距离的远近来选取"这么"和"那么"。例（9）中白丽注视着刘志彬说明两个人的距离是很近的，虽然形容词用的是远，但是这个远只是相对距离，而客观上两人的距离是很近的，所以用近指词"这么"而不用远指词"那么"。同理，例（10）中在公园长椅上的两个青年相对于说话者来说是很远的。所以用远指词"那么"而不用近指词"这么"。

2.1.3 心理距离

（11）有时半夜，他把我推醒，问我："你做什么梦？这么拼命哭。"（王朔《浮出海面》）

例（11）在这里实际上我们可以用"这么"也可以用"那么"，代词的选取主要取决于说话者对这件事的心理距离的远近。也就是说当说话者用"这么"的时候可能更多的是对听话人的关切，说话者刻意地缩短了和听话者的心理距离，在这里就是心理距离上的近指。而选择用"那么"可能更多的是责备与惊讶，说话者刻意地拉长与听话者的心理距离，在这里就是心理距离上的远指。

有关于以上分析我们列表如下：

表1 "这么""那么"语用差异表

指称距离	这么	那么
时间距离	刚刚，最近发生或者现在正在发生的事	以前曾经发生的事，不是现在
空间距离	距离说话者空间距离很近	距离说话者空间距离很远
心理距离	说话者刻意拉近与听话者的距离	说话者刻意推远与听话者的距离

2.2 心理距离的主观性

这里需要指出的是，由于心理距离的存在，时间距离和空间距离不是绝对的。如果说话者刻意地要拉近或推远与说话者之间的距离，就会根据需要选择使用不同的指示代词。例如：

（12）刚才你那么说不对。

（13）曾经也有一个人像你一样，对我这么好。

（14）听说到2018年北京到张家口就能通高铁了，这么说来以后见你就很方便了。

通过以上例句我们可以看到。例（12）"刚才"属于刚刚发生，按照时间距离比较近的原则应该用"这么"，但是由于说话者着重强调了对事件的不赞同，刻意地拉远了与听话者的心理距离，选用了"那么"。例（13）"曾经"本来是指过去，应该用"那么"，但是由于说话者刻意想拉近与该事件的心理距离，选用了"这么"。同理，例（14）也是加入了说话者的主观意愿，刻意地将心理距离缩短，以表达对此事件的欣喜。所以，主观上的心理距离的远近造成"这么"和"那么"使用上的非常规现象。

总结上文"这么"和"那么"在时间和空间距离上分别有近指和远指的区别，并且二者在单纯的时间空间指示的过程中不能互换，但是如果说话者刻意拉长或缩短距离，那么二者可以互换，也就是由于主观的心理距离因素的作用，"这么"和"那么"可以互换。这一点我们可以参考交互主观性的理论进行说明。

关于交互主观性，吴福祥（2004）认为"交互主观性指的是说话人/作者用明确的语言形式表达对听话人/读者'自我的关注'，这种关注可以体现在认知意义上，即关注听话人/读者对命题内容的态度；但更多的是体现在社会意义上，即关注听话人/读者的'面子'或'形象需要'"。王敏、杨坤（2010）指出，交互主观性蕴涵着说话人对听话人的认同以及"面子"或"自我形象"的关注。比如，在中国，人们用对别人的尊称和对自己的谦称来表示对听话人的尊重和对听话人的"自我关注"。我们在日常交往中，常用"您"称呼对方，常用"先生""某公""某老"来形容对方的德高望重，而我们常常用"在下""鄙人""不才""晚生"等词来指称说话者自己。以上例（13）中，用"这么"体现了说话人对听话人的感谢和认同，是说话人用话语的形式表达对听话人的"自我的关注"。例（14）用"这么"是说话人表达对该事件的认可，以及可以经常见到听话人的欣喜，也是用话语的形式表达对听话人的"自我的关注"。但是在例（12）中，说话人用了"那么"，表达了说话人对听话人所说话语的不赞同，也是说话者对听话者的不认同。在这里说话者刻意违反了"交互主观性"的原则，表达了对听话者的不认同。所以，由于心理距离的主观性的存在，"这么"和"那么"在使用过程中不一定严格按照客观的指称距离的远近进行选择。更多的时候，在上下文中"这么""那么"的选择以说话者对所述事件或者听话者的态度为准绳。

三、"这么"和"那么"的教学实例探究

"这么"和"那么"属于基础语法点，出现在初级汉语学习者的课本中，要求教师在教授过程和例句选取的过程中，用词一定要简单，并和留学生的生活密切相关。我们通过"这么"和"那么"的近指和远指性分别从时间和空间距离的方面介绍给学生，最后根据由浅入深的原则，介绍"这么"和"那么"在心理距离中的用法。但是需要教师注意的是"这么"和"那么"在心理距离中的用法对初级阶段的留学生来说是比较难的内容，需要教师在中高级阶段进行介绍和讲解，所以本文的教学案例设计分为两个部分，第一部分是初级的教学案例设计，第二部分是中高级的教学案例设计。

3.1 初级教学案例设计

教学案例设计一：大卫买水果。

昨天：苹果6元/斤，香蕉7元/斤。
今天：苹果7元/斤，香蕉5元/斤。

大卫：老板，苹果多少钱一斤？
老板：苹果7元一斤。
大卫：老板，今天苹果没有昨天那么便宜啊。
老板：对，苹果今天有点儿贵。香蕉便宜，今天香蕉5元一斤，昨天7元一斤。
大卫：今天苹果没有香蕉这么便宜，我买些香蕉吧。
老板：好的。

案例解析：以上案例探讨了在单纯的受时间距离的影响下，"这么"和"那么"的选取。苹果今天7元一斤，昨天6元一斤。今天和昨天做对比，当被比较的对象是昨天时，由于昨天的时间距离较远，是时间上的远指，我们会选择用"那么"。而在下文的比较中，被比较的苹果和香蕉的价格都是今天的价格，时间距离很近，是时间上的近指，所以用"这么"。之所以这样安排是因为：第一，买水果和留学生的生活密切相关，留学生不会感到陌生，同时在日常交际中也可以经常用到，是对留学生很有用的语法点。第二，对话中同时出现了"这么""那么"，这样可以更清晰地让留学生了解"这么""那么"的语用差别。

教学案例设计二：你的国家冷吗？

汤姆森来自冰岛。
李明来自中国北京。

北京今天的气温：0℃
冰岛今天的气温：-10℃

李明：汤姆森，好久不见。最近怎么样？
汤姆森：你好李明，最近很好。北京的天气也很好。

李明：这两天北京刮风，天气很冷。
汤姆森：是吗？在我的国家冰岛，现在是 -10℃，没有北京这么暖和。
李明：真的吗？冰岛那么冷？
汤姆森：是的，冰岛的冬天很冷，而且常常刮风，但是那里的风景很漂亮。你以后一定要去看看。

案例解析：以上案例探讨了在单纯的受空间距离的影响下，"这么"和"那么"的选取。案例中北京 0℃，冰岛 -10℃。李明和汤姆森都在北京，北京对于他们来说空间距离很近，冰岛对于他们来说空间距离很远。当被比较的对象是北京时，因为空间距离近，是空间上的近指，所以汤姆森选择了"这么"。而当被比较的对象是冰岛时，因为空间距离远，是空间上的远指，所以李明选择了用"那么"。之所以这样安排是因为：第一，讨论天气和温度是留学生日常生活经常出现的，就像上文提到的一样，留学生不会感到陌生，而且也是非常有用的。第二，在上文中同时出现了"这么"和"那么"也是为了在同一组对话中不同词语的选取可以使他们更清晰地了解"这么""那么"的语用差别。另一方面，通过学习汉语可以了解到各个国家的天气和气候，这样不仅能贴近留学生的生活，也可以增进了解、加深友谊。

3.2 中高级教学案例设计

教学案例设计三：大卫买水果。

苹果 5 元一斤，香蕉 10 元一斤。
大卫：老板，苹果多少钱一斤？
老板：苹果 5 元一斤。
大卫：香蕉呢？
老板：香蕉 10 元一斤。
大卫：香蕉怎么那么贵啊。

案例解析：以上案例中探讨了在受时间和心理距离的影响下，"这么"和"那么"的选取。通过看对话我们知道，大卫询问价格是此时此刻发生的事，如果单纯考虑客观上时间距离的影响本应该用"这么"。但是由于大卫主观觉得香蕉的价格太贵，主观上不认可，刻意地拉远了和价格之间的心理距离，是心理距离上的远指，选择用了远指词"那么"。之所以这么设计是因为，一来想要告诉留学生在时间和心理距离的共同影响下，说话者根据主观的认知和想法有选择性地刻意"拉长"或"缩短"与话题或听话人之间的距离，在这种情况下，客观因素（时间距离）服从于主观因素（心理距离）。二来也是由于案例贴近生活，实用性高。

教学案例设计四：大卫的作文。

大卫：老师，您好。
老师：大卫，你好，有什么事吗？
大卫：是的，老师，我的作文为什么只得了 60 分？
老师：哦，你的作文不应该<u>那么</u>写应该<u>这么</u>写。
大卫：哦，知道了，谢谢老师。

案例解析：以上案例中探讨了在时间、空间和心理距离的影响下，"这么"和"那么"的选取。通过看对话我们知道，大卫去请教老师写作文的事情，从客观上来讲，无论是时间还是空间都是很近的距离。但是老师在回答大卫的时候却分别用了"这么"和"那么"。你的作文不应该"那么"写，"那么"的选取是老师对大卫写法的主观上的不认可，所以刻意地拉远了心理距离，是心理距离上的远指，选择用了"那么"。而你应该"这么"写是老师主观上更倾向于这样的写法，贴近了和这样写法之间的心理距离，是心理距离上的近指，选择了"这么"。例四的设计一来可以给学生一个更加直观的感受，在主观的心理距离的影响下"这么""那么"是怎么选取的。二来由于实用性强。同时上例是综合考虑了时间、空间和心理距离的共同影响，是在客观和主观因素的共同影响下我们讨论"这么""那么"的选取。这是一个更抽象也更为复杂的用法。所以我们把这样的例子安排在中高级阶段，希望留学生可以循序渐进地接受并掌握。

以上四个教学案例的设计思路如下：
1. 每一个案例都是学生日常生活中经常出现的情景，是学生会经常遇到也需要经常使用的交际用语。根据教学内容的设计原则之一的"和学生的日常生活的相关性",首先他们对交际情景不陌生,同时对如何交流、表达也很感兴趣。所以无论是学习起来还是掌握起来都不是很难的语法点。

2. 虽然该语法点属于基本语法点,但是心理距离影响下"这么"和"那么"的使用属于抽象用法,对初级阶段的留学生来讲是很难的内容,所以本文的教学案例分了两部分,分别针对初级和中高级两种水平的学生。

3. 这两个词的学习属于初级阶段,水平有限。所以案例中对话的用语都是在日常生活中会使用到的最简单用语,这样学生理解起来不会太困难。同时也要求初级阶段教师在讲解过程中用比较简单的指导语。

四、结语

本论文是在前人研究的基础上做的"这么"和"那么"教学案例探究。本文认为,在"这么"和"那么"的使用过程中受到时间、空间和心理距离的影响。在这三种影响因素中,心理距离是具有主观性的一个因素。也正是由于心理距离的主观性比较抽象,对初级阶段的留学生来讲内容偏难,所以本文在案例设计阶段对初级和中高级阶段的教学内容做了区分。在初级阶段建议教师只教授当"这么"和"那么"在时间和空间距离影响下使用的教学。中高级阶段建议教师教授当"这么"和"那么"在心理距离影响下使用的教学。同时,根据教材编写的实用性和交际性原则,本文在设计教学案例时都是以学生的日常生活交际为教学背景的,比如买水果、讨论天气等。但是本文的案例只局限于设计和讨论的层面,在课堂教学中并未付诸实践,所以对于案例设计是否可行还是需要一定的实践检验,也希望各位读者教师多多批评指正。另外,还需要指出的是,以上讨论的只是一般情况,在日常生活中也会遇到这样的说法,比如"北京的地铁怎么这么堵啊""北京的空气怎么这么差啊""北京的东西怎么这么贵啊"……这样的说法,大部分带有抱怨的语气,拉远了心理距离,但是仍然选择了"这么"。这里本文认为是由于主观因素服从了客观因素。所以在日常的交际中到底是客观因素占主导还是主观因素占主导需要具体情况具体分析,不能一概而论。如果有留学生提到类似的问题,汉语教师应该给学生一个详细深入的解释。

参考文献

［1］李晋霞（2011）"这么""那么"的逻辑关系差异探析，《语言教学与研究》第 3 期。

［2］吕叔湘（2013）《现代汉语八百词》，北京：商务印书馆。

［3］刘　珣（2000）《对外汉语教育学引论》，北京：北京语言文化大学出版社。

［4］刘悦明（2011）"这／那、this/that"心理距离指示现象分析，《西安外国语大学学报》第 19 卷，第 1 期。

［5］彭小川、李守纪、王　红（2005）《对外汉语教学语法释疑 201 例》，北京：商务印书馆。

［6］宋彦云（2010）"这么""那么"的近现代用法比较，《语文学刊》第 8 期。

［7］吴福祥（2004）近年来语法化研究的进展，《外语教学与研究》第 1 期。

［8］王灿龙（2004）说"这么"和"那么"，《汉语学习》第一期。

［9］王　敏、杨　坤（2010）交互主观性及其在话语中的体现，《外语学刊》第 152 期。

［10］王颖颖（2013）"这么""那么"的指示用法研究，华东师范大学硕士学位论文。

［11］徐秀芬、亢世勇（2003）"这么"与"那么"辨析，《烟台师范学院学报》第 20 卷第 1 期。

［12］杨玉玲（2007）"这么"和"那么"篇章不对称考查，《语言文字应用》第 4 期。

［13］中国社会科学院语言研究所词典编辑室（2014）第六版《现代汉语词典》，北京：商务印书馆。

语言教学与师资培养研究

中级汉语口语教学新模式中的教师角色分析

蔡整莹

提要 本文简要介绍了以学生为中心的中级汉语口语教学新模式，分析探讨了此教学模式中教师的角色定位，概括为七种角色：即设计者、组织与协调者、示范者、指导者、反馈与帮助者、信息提供者和平等参与者，并对教学实践中存在的问题进行了反思。

关键词 中级汉语口语 以学生为中心 教师角色

一、引言

如何提高外国学生汉语口头表达能力，一直是对外汉语教学研究的热点问题之一。传统的口语教学模式以"教"为中心，教师教什么，学生学什么。在课堂教学中，教师是控制者，学生是被动的参与者；在教学环节和步骤上，各教学阶段大都采用学习生词→学习课文→做课后练习→进行一些自由表达的路子，往往是以词语为中心，教师的讲解占了课堂教学较大的比例（张若莹，1997），其结果是将口语课上成了综合课或阅读课，学生在课上积极性不高，不愿意开口说，或不说教师希望他们说的东西（吴中伟，2004）；而当他们走出教室进行实际交际时，就显得力不从心，出现表达不恰当或不得体等问题（常丹阳，2000）。这说明在传统教学模式下，口语课堂并未真正有利于口语技能的提高，课堂上的口语学习与课堂下的口语实践之间缺乏有机的联系（蒋以亮，2006）。

针对传统教学模式的种种问题，我们在中级（上）的话题口语课中进行了教学探索，旨在建立一个符合学生认知特点与学习心理的新教学模式，以实现高效的口语教学，更有效地帮助学生提高汉语口头表达能力。而要达到此目的，教学双方都必须十分清楚自己在这个新模式中应该扮演的角色，特别是作为口语课的教师，应该明确自己的角色定位，有着清楚的角色意识，这是教学模式能充分发挥作用的根本保证。

本文首先对中级口语教学新模式进行简要介绍，然后重点分析此教学模式中教师的角色定位，以及对教师的要求。

二、中级汉语口语教学新模式简介

2.1 理论基础

本教学模式的理论基础主要有两个：建构主义学习理论和人本主义学习理论。

建构主义学习理论认为，知识不是通过教师传授得到，而是学习者在一定的情境即社会文化背景下，借助他人（包括教师和学习伙伴）的帮助，利用必要的学习资料，通过意义建构的方式而获得。"情境""协作""会话"和"意义建构"是学习环境中的四大要素。建构主义提倡在教师指导下的、以学习者为中心的学习。（何克抗，1997）

人本主义学习理论认为，学习是情感与认知相结合的整个精神世界的活动。其代表人物罗杰斯强调教学要发展学生的个性，充分调动学生学习的内在动机，创造和谐融洽的人际关系。人本主义学习理论强调学生本身的学习能力，认为人不仅有认知的主动性，还有很大的潜能。（张庆宗，2008）

2.2 教学新模式的特点

我们所探索的中级口语教学模式，突出"以学生为中心"的教学理念，注重发挥学生的积极性、主动性和创造性。在教学设计中充分考虑学生的需求，尊重学生的选择。在整个学习过程中，学生是活动的主体，他们通过全班集体活动、个人活动和大量的小组协作活动，来完成语言材料的学习、讨论话题和活动项目的选择、活动计划的制定和实施、活动结果的呈现与汇报、活动的评价，等等。中级汉语口语教学以话题为基本单元，每个单元的教学一般为4~6学时，以围绕单元话题的讨论或相关活动为中心来展开，分2~3次课完成。第一次课主要是学习教材中的相关内容，包括生词、课文和口语句式，进行语言上的准备。然后教师布置讨论主题或活动任务，学生们以小组为单位进行协商，确定本组具体的讨论或活动的题目，制订活动计划。课后学生要根据所定的计划进行相应的活动，完成表达资料的准备。第二、三次课主要是学生进行讨论、汇报和评价，教师做适当的总结和点评，并针对学生表达中较为集中和突出的语言问题，组织学生进行必要的操练，以提高他们口语表达的准确性和得体性。

在此新模式中，教师的活动看起来减少了，而实际上教师的任务更加繁重了，作用也更为重要，教师从课堂控制者变成了活动组织者、指导者、帮助者和促进者。如果教师没有明确的角色意识，就很容易变成旁观者，使学生的活动失去有效的组织、监控和及时的帮助，课堂教学就难以达到应有的效果。

三、中级口语教学中教师的角色定位

所谓角色，是指一个人在特定的社会关系中的身份及其相应行为规范和行为模式的总和。对于教师这一角色身份有着各种不同的定义，但人们在使用教师角色这一术语时，一般包含三个方面的意思，即教师的行为、教师的社会地位以及对教师的期望（皮连生，2006）。本文所讨论的教师角色是指教师在教学过程中的行为和作用。

在不同的教学模式中，教师的角色是不同的，能否真正实现教学模式理想的教学效果，教师的角色定位至关重要。

我们认为，在以学生为中心的中级口语教学模式中，教师的角色主要可以归纳为以下几种：设计者、组织与协调者、示范者、指导者、反馈与帮助者、信息提供者以及课堂活动的平等参与者。

3.1 设计者

在任何教学模式中，教师首先扮演的都是课堂教学设计者的角色，教师不但要设计自己的教学环节和内容，还要设计学生的活动。与传统口语教学相比，我们的中级口语课中，学生的活动占有非常大的比重，因此，这个部分的设计就显得尤为重要，主要包括：学生活动的主题，为学生提供哪些必要的补充材料，对学生进行预先的分组设计，每个活动环节时间的安排，可能产生的问题以及应对方案，等等。

3.2 组织与协调者

在课堂上，教师通过自己的指令，组织学生进行教学各个环节的活动，如：教材内容的学习、练习、讨论、汇报发言等等，而具体的活动则由学生以全班、小组、结对或个人等不同形式展开。在学生结对或小组活动前，教师要先确定各小组的成员，以保证活动的顺利进行。此外，我们还有实践性的口语教学活动，比如：组织学生参观老北京的胡同与四合院，对北京的传统文化进行实地的了解和体验，这种活动更需要教师的精心组织与安排。

教师的协调作用体现在处理小组内部成员的矛盾和协调小组间的活动两个方面。

由于小组成员可能来自不同文化背景，有不同的性格特点、认知水平、兴趣爱好、宗教信仰等，对于同样的活动任务，彼此间意见不同是很自然的，一般的小组成员都能进行较好的协商，最后找到大家共同感兴趣的话题，或是就某个活动任务达成一致的意见，彼此能较好地进行分工与合作。然而有个别学生个性很强，或性格孤僻，不易与人相处，给小组活动带来困难；也有学生是因为不认真完成小组分配的任务而引起其他组员的不满。此时教师必须进行积极的协调，才能使小组的活动得以顺利开展。

另外一种情况是，几个小组拟定的讨论题目或活动主题过于接近，甚至完全相同，比如，全班5个小组里有3个小组打算讨论离婚问题，或两个小组都打算去同样的饭馆体验饮食文化。在此情况下教师应及时与学生沟通，通过协调，有的小组就会主动寻找并确定新的题目，有的几个小组虽然题目仍相同，但侧重点各有不同。

3.3 示范者

教师领读生词、课文等，示范正确的语音和语调，特别是语句的节奏、停顿、重音和句调，以及部分口语句式的正确用法，这与传统模式中的教师角色是相同的，但从教师的课堂控制量来说要小于传统的教学模式，因为所用教材的局限性，我们对课文采取了淡化处理，而加强了口语句式部分的学习，增加了大量的运用性练习。

3.4 指导者

中级口语课以学生的活动为主，而如何开展活动，需要教师进行具体而明确的指导。比如：口语句式的运用性练习中，有每组学生用规定的句式进行对话或用几个句式编一段话的方式，刚开始常有一些学生不知道这样的练习该怎么做。因此在最初的几次课中，教师应该详细地进行说明，并在学生练习过程中进行指导，使每个学生都清楚该做什么，怎么做，达到什么样的要求。

又如，调查报告类的活动比较复杂，涉及调查主题的确定，调查方案的设计，调查表的设计，调查的实施，调查结果的统计和分析，准备调查报告等等一系列过程，这些都需要教师在布置活动任务时进行明确的指导，并提供一些范例。

此外，教师还应在学习策略上为学生提供指导。现代语言教学的一个重要理念是，外语教学的目标应该是以学生语言技能、语言知识、情感态度、学习策略和文化意识的发展为基础，培养学生的综合外语运用能力。因此，我们的口语课除了语言知识的教学、语言技能及交际技能的训练和交际文化教学，也应该包括对学生学习策略的指导。

3.5 反馈与帮助者

对于学生的表达，教师要做出及时的积极的反馈，这样学生才能知道自己说得对不对、好不好。教师要充分肯定学生正确的表达，而对于学生的错误，则要适时、通过适当的方式进行纠正。

中级口语课上有大量的学生分组活动，在此过程中，教师要不断巡视，就学生出现的问题，特别是语言表达方面的困难提供及时的帮助。另外，学生在口头报告的过程中，也可能因为一时找不到恰当的表达词句而求助于老师，这时教师应给予及时的提示和帮助。这些情况下的语言帮助可能是最有效的，由于学生所要知道的是其表达中急需的，因而也是最容易记住的。

学生的课堂活动必须在教师的有效监控之下，否则就会变得拖拉、涣散。教师必须控制好活动的时间和节奏，并提醒学生注意时间的安排。另外，教师还要关注在小组活动中，是否每个成员都有说话的机会，并且要提醒说得多的学生给其他组员平等的发言机会。当发现某个小组气氛不够活跃时，教师应及时了解问题所在，提出一些启发性的问题等，帮助学生进行调整，使小组活动顺利开展。

3.6 信息提供者

教师为学生提供活动需要的信息支持，帮助学生多渠道获得信息，准备相关资料，使得活动能顺利进行，并取得较好的效果。比如，有哪些常用的中文搜索引擎，如何上网查找需要的资料，114查号台的使用等通用信息。另外，根据每个专题学生活动内容的不同，教师为学生提供相关的补充材料。如：饮食专题中，我们给学生提供了学校周边的一些饭馆、茶馆、素菜馆以及北京有名的小吃店（小吃街）的名称、地址和电话，并教学生如何使用电子地图查找具体的地址。又如：教育专题中，有的小组要去调查中国小学生的情况，教师可提供一些必要的信息：附近有哪些小学，学校放学的时间，进校采访通常有什么手续等等。

3.7 平等参与者

教师可作为平等的一员参与学生的小组讨论，通过师生间的互动交流，既便于教师了解小组活动和学生语言表达的情况，发现学生的问题，也有利于学生了解中国人的看法，增加了正确的语言输入机会。

四、教学反思

在教学实践中，我们对教师角色的定位是否恰当？与学生的需求是否一致？教师在教学过程中是否发挥了应有的作用？我们通过课堂观察、访谈、问卷调查等方法来进行了解。问卷内容包括学生对口语课的总体感受、对每课话题的感兴趣程度、对各种课堂活动方式的评价、对小组合作的看法、完成任务过程中存在的问题、对教师的评价和希望、自己的收获和建议等八个方面。在期末考试之后请学生完成调查问卷。

4.1 调查结果

在两个学期中，我们共收回来自45个国家的112名学生的有效问卷。其中，学生们对口语课的总体感受和教师作用的意见如下：

绝大部分学生口语课学习积极性很高，并且认为自己学习口语课后有了明显的进步，分别表现在以下的一个或几个方面：比以前愿意说话了；说得比以前多了；说话的正确性和流利性得到提高；语音语调方面有进步；学会了与别人合作；掌握了一定的交际策略；学到了更多的词语和句型等。一些性格非常内向的学生，通过口语课上大量的口头报告活动提升了表达的勇气，大大提高了表达的能力。

学生希望在以下情况下得到教师的帮助：想知道自己的表达对不对；不知道怎么表达；小组成员发生矛盾；不知道怎么做一个活动（比如：怎么调查采访）；不知道用什么学习策略；不知道从哪儿可以找到需要的信息；纠正自己的语音语调。

接受问卷调查的学生中，49%希望教师参与小组的讨论，46%觉得无所谓，5%的学生不希望教师参加。

由此我们可以得出，中级口语课的教学是得到学生的肯定的，学生对教师角色的需求包括了反馈与帮助者、指导者、组织与协调者、信息提供者及活动参与者等，与我们对教师角色的定位有很大程度的一致性。

4.2 问题与思考

在口语课教学过程中，尽管大部分学生的态度很积极踊跃，但也存在一些问题。主要表现为：

（1）有的学生没有按教师的要求完成规定的活动，而是自作主张改变活动方式。比如：饮食专题中，学生没有按要求以小组为单位去体验中国的饮食文化，而是个人单独行动，甚至以介绍自己做的早餐代替去外边的饮食文化体验。

（2）分组合作问题。有的学生认为小组活动很麻烦，不太喜欢外出体验、调查等活动。有的学生性格孤僻，难以与人合作。

（3）有的学生在其他人汇报时没有认真听。通过了解我们发现，其中的原因包括：听不懂别人的发言；自己的报告内容还没准备好；发言者准备得不好，使听者觉得没有收获。

（4）学生完成练习的速度不同。比如：要求学生结对用规定的句型进行对话，差生需要很长时间，而程度好的学生很快就做完了，然后开始闲聊。

以上口语课中存在的问题，反映出我们在发挥教师角色中存在方法和技巧问题，也促使我们进行认真的反思：在教学过程中，对每一种不同的角色我们应该注意什么；教师应该具有哪些基本的素质；学生出现的问题固然与学生本身有关，但从教师方面来说，需要如何改进。我们就上述具体问题进行细致分析，得出以下结论：

针对（1）学生不按要求完成任务的问题，教师应该意识到：也许是任务的难度不适合学生的水平，或是在任务的目标上与学生的需求不同，难以引起他们的兴趣。虽然我们的任务设计是经过多个学期的实践逐渐成熟的，学生普遍反映良好，但是每个学期学生的具体情况都在变化，我们必须在了解学生的基础上不断地调整任务设计。此外，在教学过程中，教师有必要详细了解学生的活动计划，特别是一些学习态度不够认真的学生，这样才能进行有效监控，在发现问题时及时解决。

针对（2）学生的分组合作问题，教师应使学生了解合作的意义，指导他们如何进行合作，提供一些具体的策略和办法；对于学生成功的尝试，教师应及时鼓励，使他们体会到合作的快乐。

针对（3）学生不认真听别人发言的问题，教师应考虑到：是否给学生的准备时间不够。如果很多学生没有准备好，就需要适当延长准备的时间。教师也可以明确要求学生在课前必须准备好自己的报告。有的学生准备得不充分，或语音语调较差，使听者失去兴趣。因此教师要加强语音语调方面的训练，可对学生进行有针对性的个别指导和帮助。此外，在口头报告环节中，教师要给学生布置明确的任务，让他们知道在听的时候应该做什么，比如：根据评价标准或评价表格，给发言者打分或做评价。

针对（4）学生完成练习速度不同的问题，教师应灵活进行处理：对完成任务快的学生，应给他们安排新的任务；对做得慢的小组要给予必要的帮助，而课堂时间有限，因此对于实在有困难的学生，可让他们在听完其他小组的对话之后进行重复，这样也是一种练习。

五、结语

在教学中，教师要充分发挥好自己的角色作用，必须积极地与学生进行沟通，及时了解学生的反馈信息，了解学生的基本情况和学习心理，教师还必须不断学习，提高自己的能力，并在教学过程中不断地反思，及时改进，只有这样才能实现高效的口语教学的目标。

参考文献

［1］贝文力（1997）外语教师的职业角色,《国外外语教学》第4期。

［2］常丹阳（2000）教材的淡化与高级口语教学,《语言文化教学研究集刊》北京：华语教学出版社。

［3］程晓堂（2004）《任务型语言教学》, 北京：高等教育出版社。

［4］何克抗（1997）建构主义——革新传统教育的理论基础,《电化教育研究》第3期。

［5］蒋以亮（2006）现代教育技术与中级口语教学模式初探, 张普主编《数字化汉语教学的研究与应用》, 北京：语文出版社。

［6］李玉香（2005）合作学习原理下英语教师的角色定位,《湖南工业职业技术学院院报》第4期。

［7］皮连生主编（2006）《学与教的心理学》, 上海：华东师范大学出版社。

［8］谭春健（2003）口语教学中的角色定位及教学话语选择,《云南师范大学学报》第3期。

［9］吴中伟（2004）浅谈基于交际任务的教学法——兼论口语教学的新思路,《第七届国际汉语教学讨论会论文选》, 北京：华语教学出版社。

［10］张庆宗主编（2008）《外语教育心理学》, 武汉：湖北教育出版社。

［11］张若莹（1997）试论高级口语教学中的几个问题,《第五届国际汉语教学讨论会论文选》, 北京：北京语言文化大学出版社。

［12］中华人民共和国教育部（2004）《全日制义务教育英语课程标准》（修订稿）, 北京：北京师范大学出版社。

高层次来华留学人员中国专题研究教学模式构建

李小丽

提要 教学模式既是教学过程理论体系的具体化，又是教学实践经验的系统总结。本文以"高级研修生中国专题研究"课程为例，针对高层次来华留学人员的特点和需求进行教学设计，并在"高级研修生中国专题研究"课程基础上，对教学实施过程和学习者的学习成效进行分析，以期构建高层次来华留学人员中国专题研究的教学新模式。

关键词 教学模式　高层次来华留学人员　中国专题研究

一、引言

随着国家汉语国际推广战略的实施，越来越多的外国学习者加入到汉语学习行列中来，尤其是具有较高汉语水平的高层次留学人员的数量逐年增加。这种发展趋势使以高级汉语水平为基础、带有"中国学"研究特殊目的的汉语教学模式研究成为当前国际汉语教学的一项重要任务。

众所周知，二十世纪的国际汉语教学主要是"请进来"式的来华留学生教育，教学对象主要以汉语进修教育（学说中国话和了解中国文化）以及部分汉语预科教育为主。二十一世纪以来，随着孔子学院建设的日新月异，汉语"走出去"的规模不断扩大，国内对外汉语教学的对象也在从汉语低水平层次向高水平教育发展。现在的来华留学生既有汉语进修生，又有以汉语作为工具攻读专业的学历生，还有具有一定的汉语水平和专业领域知识、有志于从事中国学研究的高层次来华留学人员。这些高层次来华留学人员虽然来华时间不长，半年至一年不等，但都想通过在中国的亲身经历和生活体验，客观地认识、理解中国。通过他们，可以让世界更多地了解中国，更客观地认识中国社会。扩大中国学教育市场，培养具有国际视野和中国经验的国际人才，已成为未来国际汉语教学的发展目标之一。

鉴于此，本文拟针对高层次来华留学人员的特点和需求进行教学设计，并在"高级研修生中国专题研究"课程的基础上，对教学实施过程和学习者的学习成效进行分析，以期为高层次来华留学人员提供有效的学习模式。

二、教学对象分析

2.1 基本情况

高层次来华留学人员（或称高级研修生），是指在本国已具有较高学历，有一定社会地位和职业层次，同时具有较高汉语水平的外国留学生。他们大多在母语国已完成本科学历教育，有各自的专业领域，其汉语水平在 HSK 四级以上。他们来中国并不为获得学位，而是希望在继续提升汉语水平、加深对中国文化了解的同时，实地感受中国社会的方方面面，对自己感兴趣的中国专题进行调查研究，较客观地认识、理解中国。2010—2015 年间，在本课程学习的 49 名学生中，均具有本科以上学历，其中硕士以上学历的占 32%。虽然专业背景各不相同，但都对中国传统文化抱有浓厚的兴趣，有感受、了解中国社会的强烈愿望，希望通过半年至一年的学习考察，能就中国社会的某一专题进行调研，并有相应的后期成果产出。

2.2 学习动机

与普通汉语进修者相比，这些高级研修生具有明确的学习目的和学习动机，基本素质较高，学习能力较强。他们来中国的主要目的并不是学习专业，而是对中国的传统文化抱有浓厚的兴趣，对中国当代社会的发展保持高度关注，希望能在中国背景下对中国传统文化和中国社会现象，尤其是对中国当代社会的热点问题进行考察，或对比研究或案例分析，以期进一步地认识、理解中国社会。

因此，对他们的学习目标定位就不能以语言文化知识和语言技能的提高为上，而是要突出特色，根据学习者的学习需求和学习预期设置目标明确的系统课程，并根据学生的水平和特殊需求进行有目的的针对性教学。

2.3 认知能力

高级研修生具有较高的汉语水平，同时也接受过各自专业能力的训练，具备一定的认识、分析问题的能力。他们不再满足于汉语文化知识的课堂学习和中国文化的实地体验，而是善于以一个外来者的身份，从独特的视角来审视中国社会，对中国的传统文化、时事政治、经贸往来、当代社会现象等热点、重点问题进行观察思考，并能从跨语境、跨国别、跨文化等比较研究的角度阐述个人见解，而且主动收集资料，进行实地调研，使问题探讨具有一定的针对性、客观性和深刻性。

因此，本模式的教学应充分利用学习者的认知能力、生活阅历和专业经验，为他们提供实地考察、参观座谈的活动策划，帮助他们完善问题调研提纲和执行方案，引导他们逐步发现问题并分析、解决问题。总之，要敢于创新，在充分了解学习者的基本情况、分析学习者的目标需求和认知能力的基础上，想方设法调动他们中国专题研究的积极性，主动利用已有经验和知识构建新知识，以收到有效的教学效果。

三、培养目标定位和教学目标分析

《中国教育改革和发展纲要》指出："谁掌握了21世纪的教育，谁就能在21世纪的国际竞争中处于战略主动地位。"（中发〔1993〕3号）也就是说，培养面向21世纪的国际高层次人才是人才培养的发展目标。十多年来，孔子学院建设由遍地开花向可持续发展转型，其目的就是要架起中国与世界沟通的桥梁，培养具有国际视野、人文关怀和中国经验的国际人才。我们的教学对象在本国具有较高学历，接受过专业能力的训练，具备一定的认识、分析问题的能力，他们对中国的过去、现在和未来抱有极大的兴趣，对中国国情和社会现象有自己的思考，希望亲身体验并进行更深入的调查分析，我们的目的就是要使他们运用已有的专业知识和认知能力，客观地认识中国国情，正确了解中国的过去、现在和未来；同时鼓励他们从其独特的视角观察、分析中国社会，并通过亲身体验和实地调研以及自己的思考，客观评价中国，进而加深对中国的了解，更加亲近中国，知华才能友华。

教学目标是培养目标的具体化，是教学过程在学习者身上产生效果的预先估计和设定。经过上述分析我们认为，该教学模式的教学目标设定应体现特定性和需求性原则，将特色教学方式与教学成效结合起来，在此基础上实现教学总目标。即以一定的汉语水平为依托，调动其认识问题和分析问题的能力，利用学习者不同文化背景差异，以其独特的视角，在中国背景下对中国社会问题或对比研究或案例分析，以形成他们自己对于中国的分析和判断。在此基础上，激发其热爱中华文化的热情，更深入地了解中国，进一步关注中国与世界各国的现在和未来，培养具有国际视野、人文关怀和知华友华的国际人才。

四、教学模式设计

4.1 理论基础

所谓国际汉语教学模式，就是从汉语独特的语言特点和语言应用特点出发，结合第二语言教学的一般性理论和对外汉语教学理论，在汉语教学中形成或提出的教学（学习）范式。它既是理论的体现，又是具体教学方法的实施，具有可操作性。[1] 在对外汉语教学模式中，起关键作用的理论是学习理论，它描述、解释和预言学习的过程和规律，为模式构建提供具体的指导。[2]

在国际汉语教学中，目前较有影响的是建构主义学习理论以及"后方法"教学思想。建构主义学习理论认为，学习是在一定的社会背景下，通过人们之间的协作活动，运用已有的经验，对所得到的信息进行新的意义构建的过程。它强调学生的主动性，重视学生的主体作用，主张教学应该是一个学习者主动利用经验和已有知识建构新知识的过程。它强调知识的情境性、整体性，强调知识在整体任务的大环境中出现，强调"真实的学习"，即学习应发生在现实情境中，教学模式应由以教为主转变为以学为主。"后方法"教学思想的核心理念是"学习自主"和"教师赋权"。所谓"学生自主"，就是强调学生能在教师的帮助下自我调控，最大化地实现自我潜力。它提出的社会

---

[1] 赵嫚（2010）对外汉语教学模式研究述评，《合肥师范学院学报》第 1 期，第 116 页。
[2] 汲传波（2006）论对外汉语教学模式的构建——由美国明德大学汉语教学谈起，《汉语学习》第 4 期，第 65 页。

可行性原则，强调语境对教学的重要，尤其强调社会、政治、教育制度等因素对语言教学的重要影响，主张开发利用带入课堂的社会政治意识，满足参与者语言和社会双重方面的要求。

任何教学理论指导下的教学模式，都是教学经验的提升，能为教师选择合适的教学法和出色地完成教学任务提供有益的帮助。针对高层次来华留学人员的特殊需求，我们认为在教学设计和教学过程中，应更多地借鉴建构主义学习理论和"后方法"教学理念，要注意调动学习者本身所具有的学习优势，发挥其主观能动性，在学习中发现问题、研究问题并解决问题，用已有经验在知识的运用中构建新的知识。与此同时，要把学习和社会实践结合起来，尤其是对水平较高的汉语学习者来说，要把他们的语言学习需求与社会需求结合起来，为他们创造社会政治、经济、文化的大背景，满足他们汉语学习和参与社会的双重要求，在语言运用的过程中去发现问题、研究解决问题。因此，课程设计既要重视教学过程本身，也要重视学习的最终状态，教师指导是基础，实地调研是关键，课堂教学是辅助，完成研究报告是目标，而且要"因材施教"，给每位学习者量身打造实地考察和调研计划，帮助其完善调研提纲和执行方案，以利于调研过程的顺利进行和后期固化成果的产出。

4.2 课程设计

教学设计过程是教学模式构建的一部分，教学模式涵盖教学设计和教学具体实施过程。本模式的教学设计针对教学对象的特点，发挥其汉语特长，在中国背景下对中国社会的热点问题进行观察思考、实地调研和理论分析（即"过程学习"），最终得出调研结论，撰写研究报告（即"成果产出"）。整个学习过程分四个重要环节：

4.2.1 选修课程

占总教学时间的25%。课程内容为学生所需以及所缺的相关知识，如当代中国经济、中国社会概览、中国国情、中国人文地理、中国文化、中国习俗、中国现当代文学作品等。

4.2.2 专门指导

占总教学时间的15%，采取"一对一"导师制。每位学生配备一位导师，学生在选题、确定研究方案、实施研究计划与实地调研、撰写研究报告等各个环节，均在导师有针对性的、导向性的指导下进行并完成。

4.2.3 调查实践

占总教学时间的 30%。在此期间，学生就个人选题到有关机构、部门和实地进行调研或实践，了解有关情况，收集相关资料、数据。此环节作为后期成果背景资料的收集和梳理，是调研报告研究材料或重点部分的论述依据。

4.2.4 撰写报告

占总教学时间的 30%。学生在了解有关情况，收集相关资料、数据，完成调查研究的基础上完成一篇具有一定理论深度和研究价值的报告（不少于 8000 字）。研究报告最终择优结集出版。

4.3 教学策略和手段

教学策略是为完成特定的教学目标而采用的教学活动的程序、形式、方法等因素的总和。针对教学对象的特殊需求，我们采用了以下教学策略和手段。

4.3.1 "一对一"导师制

由于文化背景差异和所学专业各异，高级研修生对中国问题的兴趣点不同，观察、思考问题的视角也不同，因此，该模式的教学内容就不能统一划一。据此，我们为每位学生配备一位导师，就其感兴趣的问题进行专门指导。在导师的选择上，大多为博士研究生导师和硕士研究生导师，他们长期在国际汉语教学第一线工作，不仅有丰富的教学经验，而且在各自的学术领域里学有专长，术有专攻，专业范围涵盖面广。在教学安排上，从选修课程、讨论选题，到确定研究方案、实施研究计划，包括策划实地调研、执行调研方案、撰写研究报告等各个环节，均在导师有导向性的指导下完成。这种"一对一"教学形式针对性强，要求教师为各个教学对象制订个别教学计划，并用不同的方式交替呈现，比如，收集资料、实地调研、专题采访等。教学模式由以教为主变为以学为主，引导学生采用自主学习的策略，按照自己的认知结构选择自己需要的知识，同时利用汉语水平优势，把语言学习与实际运用结合起来，观察思考问题，同时研究、解决问题。对较高层次的来华留学人员而言，将导师指导与深入实地调研结合在一起，能拓展课堂教学的深度。

4.3.2 社会实践活动

即实地调研。是一种完全以课堂之外形式组织的课程，从教学目的、内容到环节都自成体系，是课堂教学的延伸和补充。针对教学对象的需求，我们有目的、有计划地安排社会实践活动，通过各种方式为学习者提供专项调研、亲身体验、数据采集等活动。比如，实地调研、专题采访、专家讲座、问题论坛等。通过参观、访问、座谈、论坛等形式，让学生到社会大环境中了解中国国情，实地感受中国社会、文化、历史、经济、风俗，为自己感兴趣的问题取得第一手资料和数据。活动前教师提出明确的任务，学习者要想完成任务必须结合自己的知识和经验，完成对新知识的意义构建，达到对新知识反映的事物性质、规律的深刻理解，并在导师指导下确定调研目的，设计调查问卷和访谈提纲，制定任务执行方案，调研活动结束后要撰写调研报告，反馈教学效果。

4.3.3 个人调查

是社会实践活动的补充和延伸。高级研修生生活在中国，有各自的朋友圈和社交圈。在教学计划安排的社会实践调查之外，与普通中国人零距离接触，获得第一手资料，也是教学设计的重要组成部分。

五、教学评价

教学评价是以教学目标为导向的，并且要适合本模式的特点和标准。高层次来华留学人员中国专题研究教学模式强调以学生为主，强调自主学习，相应地，教学评价标准也从知识转向了能力，评价方法是考察学习者是否按照自己的认知结构和需求进行学习，学习和研究能力如何，是形成性评价，而不是依靠考试来评价学习效果。

本模式学习者最后的学习评价由两部分组成：课程学习成绩和中国专题研究报告。课程学习由学习者在高级课程中自由选择，需通过该门课程的考试并获得相应学分：日常出勤情况（10%）、课堂学习情况（30%）、测试成绩（60%）。中国专题研究报告内容须涉及有关中国社会的某一专题研究，选题要求具有一定的研究价值，个人论点要鲜明，论证要有数据支撑，提倡案例研究，字数不少于8000字。

六、教学效果

从2010年至今，已有来自19个国家的49名高级研修生参加了"中国专题研究"课程并取得了较好的效果。他们的研究内容涉及面广，包括中国历史和传统文化、当代中国教育、中国文学艺术、中国经贸发展、中国当代热点问题等各个方面。论文作者眼光犀利，思路清晰，论证翔实，语言表达流利。

从研究成果来看，中国经济影响力大以及所显示出的发展前景可能是高级研修生希望对此深入了解的原因，因此研究中国经济贸易发展的选题最多；中国教育现状和一些社会热点问题也是他们关注的焦点，数量紧随其后；其次是文化、文学艺术和国际关系问题。由此可见，高级研修生把兴趣点更多地放在当代，对中国的现在和未来寄予着更多的关注，反映出他们对当代中国社会的思考和认识。另外，研究的问题不仅来自高级研修生在中国的亲身感受和观察思考，而且还进一步深入到各自的文化背景中，在更深广的范畴里对感兴趣的问题进行对比、分析，并有一定的理论提升，言之有理，论之有据。这些研究报告有助于我们了解当代海外青年对中国的关注热点和研究兴趣，也有助于国内外学界了解外国人眼中的中国形象变迁，而且对我国相关部门的资料收集和研究也具有一定的参考价值和意义。另外，用世界的眼睛看中国，用世界的嘴说中国，应该更具说服力。

由于汉语水平所限，这些研究报告还不是严格意义上的学术论文，存在语言表达不够规范、语义表达不够明确等问题。但是，通过课程学习，学习者初步掌握了中文学术资源的利用方法以及用汉语写作学术论文的格式、学术规范等，也为高层次来华留学人员的学习提供了借鉴。

七、结论

高层次来华留学人员中国专题研究教学模式充分考虑高水平汉语学习者自身的特点和需求，利用其具备的经验和较高的研究能力，采用课堂教学与问题研究相结合的教学方式，充分发挥"一对一"教师指导作用和学生的学习主动性，观察思考、分析研究问题。同时通过实地调研、专题采访、专家讲座、问题论坛等各种方式为学习者提供专项调研、亲身体验、数据采集等便利。另外，以有效的教学管理措施为辅助手段来保证教学实施和教学效果，从而保证学习者高效率地完成学习任务。从我们的教学实践来看，这一教学模式专题化突出，时效性强，锻炼和培养了学生用目的语分析问题、解决问题的能力，教学效果令人满意，很受学生欢迎。教学成效表明本模式具有可操作性和规范性，为高水平来华留学人员的汉语学习和中国学研究提供了可借鉴的教学模式。

参考文献

［1］汲传波（2006）论对外汉语教学模式的构建——由美国明德大学汉语教学谈起，《汉语学习》第4期。

［2］Joyce，B.，M.Weil& E. Calhonn，荆建华等译（2002）《教学模式》，北京：中国轻工业出版社。

［3］孔子学院总部、国家汉办（2015）《国际汉语教师证书考试大纲解析》，北京：人民教育出版社。

［4］Kumaravadivelu，B.，陶健敏译（2013）《超越教学法》，北京：北京大学出版社。

［5］李晓华（1998）教学模式的定位及其特点，《青海师范大学学报》（社会科学版）第6期。

［6］马箭飞（2006）以"交际任务"为基础的汉语短期教学新模式，《世界汉语教学》第4期。

［7］毛　悦（2010）海外企业人员短期汉语教学模式研究，《世界汉语教学》第1期。

［8］赵　嫚（2010）对外汉语教学模式研究述评，《合肥师范学院学报》第1期。

初级汉语经贸阅读课翻转课堂模式的设想

牟世荣

提要 本文拟介绍翻转课堂的特点，指出翻转课堂模式下的教学通过将预习时间的最大化来延长教与学的时间，为不同学能、不同水平的学习者建构自己的知识结构提供了可能。由于对外汉语初级汉语经贸阅读课进行同步化阅读、讲练的教学效果不很理想，我们提出了将初级汉语经贸课的教学环节、内容等翻转过来的设想，尝试引入翻转课堂教学的模式，以期改善本课程的教学效果。

关键词 翻转课堂　自主学习　初级汉语经贸课

一、翻转课堂的特点

2011年萨尔曼·可汗在TED大会上的演讲报告《用视频重新创造教育》中提到：很多中学生晚上在家观看可汗学院的数学教学视频，第二天回到教室做作业，遇到问题时则向老师和同学请教。这与传统的"老师白天在教室上课+学生晚上回家做作业"的方式正好相反的课堂模式，我们称之为"翻转课堂"（the flipped classroom，国内也有其他学者译为"颠倒课堂"）。自此，翻转课堂成为教育者关注的热点，并被加拿大的《环球邮报》评为"2011年影响课堂教学的重大技术变革"。

传统教学过程通常包括知识传授和知识内化两个阶段。知识传授是通过教师在课堂中的讲授来完成，知识内化则需要学生在课后通过作业+操作或者实践来完成。在翻转课堂上，这种形式受到了颠覆。知识传授通过信息技术的辅助在课前完成，知识内化则在课堂中经老师的帮助与同学的协助而完成，从而形成了翻转课堂。随着教学过程的颠倒，课堂学习过程中的各个环节与角色也随之发生了变化。教师由传统教学模式下的知识传授者转变成为了学习指导者，学生从被动接受知识者变成了主动学习者和探究者，教学形式由课堂讲解+课后作业变成了课前学习+课堂探究，教学内容由知识传授讲解变成了问题探究，教学方式从课堂展示变为了自主学习+交流反思。

翻转课堂模式下的教学强调课下学生对所学知识的自主吸收，课堂上师生共同完成探究。教育者可以利用各种技术工具高效地为学生提供丰富的学习资源，学生也可以在网络资源中获取自己所需的知识，在技术支持下完成个性化的学习。在这种教学模式下，学生真正成为自定步调的学习者。他们可以根据自己的情况控制对学习时间、学习地点的选择，可以自主控制学习内容、学习量。

"充足的时间与高效率的学习是提高学习成绩的关键因素"（张金磊、王颖、张宝辉，2012）。翻转课堂模式下的教学通过将预习时间的最大化来延长教与学的时间，为不同学能、不同水平的学习者建构自己的知识结构提供了可能，保证了学习者对知识的吸收。

二、对外汉语教学翻转课堂模式的可行性

基于上文对翻转课堂特征的分析，我们认为将翻转课堂引入对外汉语经贸阅读课具有较强的可能性和可行性。

1. 教学进度固定、教学内容集中、教学班学生数较多等因素致使课堂教学环节环环相扣不可断裂、教学时间紧张，底线目标是完成词语、语言点、课文等基本教学要素的机械讲练，至于进行更高层次的交际活动要视课堂时间的多少。时间多则有充分的时间进行交际活动练习，时间少就不能保证。如果引入翻转课堂，则可以将传统课堂的教学主体内容如词语、语言点、课文、练习等环节翻转至课前，由学生自主学习，课堂时间可以用来进行教学重点的操练、难点的解惑、师生、生生的合作探究活动，从而更有效地达成语言教学交际化的目标。

2. 留学生来自不同的国家和地区，他们的文化、思维、智力发展等千差万别，造成同一个班级学生的学能、水平存在差异。在传统的课堂教学模式下，重要的教学内容都是在课堂上呈现的，要求不同能力的学生在课堂上完成同步化的吸收，这就违背了人本主义教育思想，也不符合客观学习规律，其结果就是学生的水平进一步两极分化，能力强的学生吸收快，要等其他同学，浪费了宝贵的学习时间；能力差的学生跟不上节奏，进步甚微，情绪焦虑、

丧失信心、绝望放弃。同时教师在教学进度、教学要求的"裹挟"下，很难兼顾各个水平学生的需求。而在翻转课堂模式下，问题找到了一定的解决办法。不同水平的学生可以在家通过互联网自主完成知识的学习，他们用适合自己的方式学懂知识，在这个基础上回到课堂上完成作业，课堂成为老师与学生之间和学生与学生之间交流互动的场所，包括答疑解惑、知识的运用等等。课堂翻转后，水平差的学生可以在课下多花时间吸收基本知识，不懂的留待课堂上与老师交流，水平高的学生在课堂上可以更多地进行活用、交际的练习。教师好像学生身边的"教练"，因人施教，这样学生各得其所，教师也不再纠结，可以使学生的个性化学习成为可能，实现学能不同的学生对知识吸收效果的最大化。

三、初级汉语经贸阅读课翻转课堂的必要性

翻转课堂尤其适用于初级汉语经贸阅读课。

1. 从学生的层次看，选修这门课的学生层次、水平差别较大，他们中有不少是初级（上）水平的，他们还没学完汉语的基础语法，还没有接受分技能的训练，因此语法知识、词汇量、阅读技能等各方面的积累偏少。这个层次的学生学习这门课困难较多，需要较长时间的适应；还有初级（下）水平的，这部分学生水平也有差别，一部分学生是刚进入初级（下）学习的，开始接触读写课了，但词汇量不够、阅读技能需要训练；还有一部分人是在前一学期就开始初级（下）的学习了，语言知识、词汇量、阅读技能等有了足够的储备，适应本课困难不大。

2. 从三个层次的学生人数看，前两个层次选本课的人数占多数，最高层次的班级比另两个层次少得多，选修这门课的学生人数就更少，也就是最易适应本课的学生人数是最少的，不足三分之一，多数选修这门课的学生的情况是词汇量不足、阅读技能欠缺。

层次的差别造成了学生水平的不同，学生的个体差异更是参差不齐，使这门课的课堂教学举步维艰：课上阅读课文限制时间，有的学生读得很快，有的却总也读不完，等所有的学生都读完了，做练习的时间就被推后了，甚至有的重要练习没时间做。这样步步推后，造成了教学环节拖沓，课堂气氛混乱，课时、进度被耽误，教师、学生都不满意，教学效果大打折扣，这样

的教学现状应有所改善。

3.这门课现用教材是自编的讲义,与市场上销售的经贸类阅读教材相比,自编的讲义是根据学生的词汇量、语言知识情况编写的。

考虑到多数学生的汉语知识量和阅读技能,讲义的课文没有一开始就呈现语篇,而是将课文分为小语篇、中语篇和长语篇三个单元,从小语篇开始,每篇150字左右,内容和语言结构较为简单;中语篇每篇250字左右,文章的内容和语言结构复杂一些;长语篇每篇800字左右,内容和结构较为复杂。三种单元的课文各占学期的三分之一。即便这样有针对性的教学内容,依然有一些学生进步甚微。我们认为应该从教学方式上做一些调整。可以尝试将教学内容、教学环节和教学形式进行翻转,学生课下自主完成课文的阅读理解及必要的练习,课上进行答疑解惑、知识运用等,那么"好学生总得等、差学生总被赶着""好生无聊、差生糊涂"的问题就会得到解决。好学生花较少的时间就可以完成,其他的时间自己做主;差学生也不必那么焦虑,多花时间看懂课文、做练习,课堂上教师要做的是检查学生的理解情况,引导他们进行更高层次的知识运动。这样可以从整体上改善教学效果,所以有必要在初级汉语经贸课引入翻转课堂。

四、经贸汉语阅读课翻转课堂模式的设想

《对外汉语教学初级阶段课程规范》的阅读课课程规范指出:"阅读课是为配合综合课的教学而设立的技能训练课……学生通过大量的阅读实践,学习分析处理语料的方法,掌握阅读理解的技能技巧,逐步积累汉语阅读的经验,使学到的语言知识最终转化成言语能力。"阅读教学的最终目标是培养学生如何通过语言获得各种信息的能力。就经贸汉语阅读课的教学目标而言,就是通过经贸汉语的阅读实践,使留学生熟悉最基本的经贸汉语的词汇、句式和知识,为他们进一步的学习打下基础。

邵彤(2011)认为,经贸汉语的语体具有日常交际性、专业正式性和跨文化性三大特征,根据这三个特征,她把经贸汉语课的课程内容分为三个部分,即普通汉语语言知识、经贸专业语言知识和经贸文化知识。普通汉语语言知识即汉语的基础词语、句法、结构、篇章等内容;经贸专业语言知识包括经贸专用词汇、经贸活动中的专业句式表达等;经贸文化知识包括政治文化、

经济文化、心理文化、习俗文化、民族文化背景及历史知识等跨文化交际内容。这三方面不是平行并列的，而是按照其知识特征分为由低到高三个层级：普通语言知识属于基础层级，是经贸汉语课的前提；经贸专业语言知识则处于第二层级，是经贸方面专业词语及句式表达的基础；经贸文化知识则处于第三个层级，涉及经济形势、现象、背景、心理等，是进行经贸深入沟通的保障。本文论及的学生处于经贸汉语入门级的学习阶段，因此对他们的教学内容应定位在经贸专业语言知识这个层级。

依据这一教学内容和特点及翻转课堂的理念，从笔者长期进行课堂教学和观察的经验出发，设计了初级汉语经贸课翻转课堂的教学模式。

4.1 课前教学阶段

课前教学阶段是翻转课堂的一大特色，它颠覆了我们传统的教学过程，将原本一直在课堂上进行的知识传授阶段翻转到了课前，在信息技术的辅助下通过教师提供的学习资源来完成（李燕，2014）。就初级汉语经贸阅读课而言，知识包括经贸专用词汇、经贸活动中的专业句式表达等，知识的讲授包括课文内容、重点、难点句式的讲练以及经贸相关知识的介绍，因此这门课应该给学生提供以下学习资源：

4.1.1 教学视频

教学视频是课前学习资源的重中之重，其内容、形式、时长等直接关系到学生能否在课前通过深度学习扫清语言障碍，从而保证课堂协作探究学习的有效顺利开展。教学视频内容我们主要定位在生词和课文的理解上。形式可以是ppt加音频，也可以是视频短片。学生在上课前一两天观看并学习，根据自己的情况暂停、回放或选择反复观看，达到对本课生词和课文的理解。

4.1.2 自测练习

教师根据教学视频中的生词和课文内容编写针对性的自测练习，学生在看完教学视频后完成自测练习，以巩固所学知识并检测知识掌握情况。练习形式可以多样化，如选择、判断、排序、连线、回答问题等，根据本课生词和课文内容选择练习形式。练习数量和难易程度要适中。

4.1.3 知识点链接

教师可以自己编写本课涉及经贸知识点的文字介绍，配上图片和英文翻译，帮助学生更好地把握语言和经贸知识。也可以选择商务部（www.mofcom.gov.cn）、外经贸局（www.nbfet.gov.cn）、中国经贸网（www.cntrade-news.com）等网站上"对外贸易""外商投资""投资资讯"等频道的资源进行中外文对照阅读，满足学生更深层次阅读的要求。

4.2 课堂教学阶段

4.2.1 课堂答疑

我们在课前教学视频学习、针对性练习自测等环节之后，又设计了课堂现场答疑环节，目的就是为了保证语言知识的学习质量。课堂答疑包括学生间和师生间，教师会在此环节反馈并重点讲授学生在课前学习过程中反映出的普遍性问题，然后通过问答等方式强化和巩固本课重点的词语、句式。

4.2.2 重点词、句的讲练

翻转课堂通过课前阶段的自主学习实现了对课堂活动的时间的延长。由于课前我们已经把本课的生词和课文进行了处理，学生对生词和课文已基本理解，这样也就减少了课堂上教师讲授这些知识的时间，课堂上的教学重点就应该放在经贸汉语专用词汇、经贸活动中的专业句式表达等的训练上。

4.2.3 综合复习和总结

课堂上还要进行简单的综合复习和总结。因为本课在编写中注意各课之间话题的连贯，同一话题分两次完成，所以课与课之间在经贸汉语专用词语、课文内容方面有一定的关联，进行综合复习和总结一方面可以帮助学生扩大词汇量，强化经贸知识和句式的记忆，另一方面也可以为下一课相关内容的学习做好必要的铺垫。

五、结语

本文简单介绍了翻转课堂的特点，指出它将业界强调的自主学习、差别化教学的理念落到了实处。由于对外汉语初级汉语经贸阅读课进行同步化阅读、讲练的教学效果不很理想，我们提出了将初级汉语经贸课的教学环节、内容等翻转过来的设想，尝试引入翻转课堂教学的模式，以期改善本课程的教学效果。

参考文献

［1］韩梅波（2014）"翻转课堂"理念下阅读教学难点突破策略，《小学语文教学会刊》第11期。

［2］赖文继（2012）简论"翻转课堂"的价值，《广西教育》第10期。

［3］李　燕（2014）基于任务的初级汉语口语翻转课堂教学模式初探，《数字化汉语教学》。

［4］邵　彤（2011）经贸汉语课教学目标与内容定位，《理论界》第2期。

［5］叶华利（2014）翻转课堂在对外汉语教学中的运用，《湖北经济学院学报》（人文社会科学版）第11期。

［6］应机巧（2014）英语阅读课翻转课堂教学设计，《教学管理》第5期。

［7］张金磊、王　颖、张宝辉（2012）翻转课堂教学模式研究，《远程教育杂志》第4期。

对高级口语教材练习编写的思考[①]

李小丽　卢晓敏

提要　练习编写是对外汉语教材编写的关键。本文首先对口语练习研究的现状进行简单梳理，并对高级口语教材现有的练习设计进行考察，认为高级口语教材的练习编写应关注学习者本人的情感和经验需求，淡化对课文内容的检查处理，编排模式要有利于教学模式的导入，用相应的教学模式带动教学内容的进行，让学生在解决问题的"过程"中学习语言。

关键词　高级口语　教材　练习编写

一、引言

练习是教材编写中的重要部分，只有通过练习，学生才能把在课堂上学到的言语知识内化成言语技能。一部教材练习的好坏，对课堂教学质量有直接的影响。李扬（1993）指出："在参加评估、检查教学时，看一部教材编得好不好，除了看语料的选择、整体框架安排外，主要看练习的编排。"赵金铭（1998）也把练习编排的质量作为教材评估的一项重要内容。目前，练习的重要性日益受到人们的重视，但相对于教材研究的其他方面（如编写理论、编写原则、编写体例、编写内容等），练习的编写仍是研究中的薄弱环节，尤其是对高级口语教材的练习编写研究。本文首先对口语练习研究的现状进行简单梳理，并对高级口语教材现有的练习设计进行考察，在此基础上对高级口语教材的练习编写提出一些构想，希望能对高级口语教材的编写有所帮助。

[①] 本研究得到北京语言大学青年骨干教师项目的资助。

二、高级汉语口语教材练习研究现状

2.1 高级汉语口语教材研究的主要内容

在本文的写作过程中，我们搜集了近十年来有关高级汉语口语教材研究的文献。从目前的研究情况来看，对高级汉语口语教材的研究主要包括以下几个方面：第一，从教学理论和教学实际出发，对教材内容，主要是在话题编排、语料选择等方面进行比较分析。达成共识的是：高级口语的话题选择应有用、有趣，而且不能仅仅出自于教材编写者单方面的考虑和认识，还应该来自学习者的兴趣和需求（王若江，1999；王小曼，2005；汲传波，2005；兰彩苹，2005；刘元满，2008；武荣强、宋青，2009）；在以往的教材编写时没有引起足够重视的关于个人信息、留学生本国和语言文字类的话题，其实也是学生比较关注的问题，应该纳入教材内容（汲传波，2005）。第二，在分析现有教材的基础上，对高级口语教材的编写体例进行了大胆构想。认为现有的体例与综合课教材的编排体例趋同，没有区分不同课型的特点，建议以话题为中心，以任务代替课文，让学生在执行或完成任务的过程中学习和使用语言（吴勇毅，2005；吴海燕，2010）。第三，从教学实际出发，对口语教材的编写原则进一步进行研究，从宏观上提出建议（王小曼，2005；兰彩苹，2005；王丕承，2009；孙雁雁，2010）。

2.2 汉语口语教材练习编写研究

专门谈论汉语口语教材练习编写的文献目前并不多。谈论教材编写的文章，常常附带地论及练习（武惠华，2002；王小曼，2005；吴勇毅，2005；吴海燕，2010）。吴勇毅（2005）把汉语口语教材的练习形式总结为21类，包括语音语调练习；替换练习；填空练习；完成句子练习；改说句子练习；造句练习；改错练习；根据课文回答问题；快速说话练习；理解（意义、内容、用法）练习；完成对话练习；模仿对话／说话练习；对话练习；看图对话／说话练习；模拟表演；复述练习；成段表达练习；讨论、辩论；活动；"噱头"等。王小曼（2005）研讨了本科高级口语教材的练习形式，我们可以将其归结为以下几种：朗读句子、语段（涉及语气、语调、停顿、重音、节奏等技巧）；填空；改换说法；完成句子；完成对话；模仿造句；回答课文问题；课文读后感；看图说话；座谈；演讲；报告等。

在研究练习形式的基础上，研究者对口语教学进行了重新审视，普遍认为口语教材的练习提供的教学手段单一，缺少足以激发学生说话欲望的手段。而且练习形式和方法与综合课雷同，大量时间用于课文、生词、语法的讲练，学生没有时间开口说话（吴勇毅，2005；吴海燕，2010）。另外，所设计的语段练习，虽有表达框架和常用格式的设置，但仅仅是提供框架，缺乏"血肉"，更缺少交流对象和语境的刺激，交际任务不明确（吴勇毅，2005；王小曼，2005）。

2.3 练习题型的分类研究

在我们搜集的有关汉语口语教材研究的文献中，还没有针对口语教材练习形式的专项研究，排除单项技能课课型，业内一些学者对汉语教材的练习题型做过分类研究。吕必松（1992）将练习形式归纳为理解性练习、模仿性练习、记忆性练习和交际性练习。杨寄洲（1996）主张练习形式应分为三个层次：语言知识的理解记忆练习、语言技能练习和语用练习。不管如何分类，达成共识的是：练习形式不同，其功能不同；练习形式应遵从语言习得规律，即理解、模仿、记忆、应用这一训练过程。从上述吴勇毅（2005）和王小曼（2005）关于口语教材练习形式的分类也不难看出，口语教材练习形式的设计目的在于复习强化和拓展提高，即模仿记忆和交际运用。

借鉴前人有关口语教材以及练习题型的分类研究，结合口语教学的目的要求和高级口语教学的特点，我们拟将练习编排形式分为模仿记忆性练习、联想创造性练习和任务交际性练习三类，在考察三部高级汉语口语教材练习形式的基础上，结合学生问卷调查，就高级口语教材的练习形式进行统计分析，进而对高级口语教材的练习编写进行思考并提出建议。

三、对高级口语教材练习设计的考察

3.1 教材练习题型考察

口语交际能力的培养在学习的不同阶段其课堂活动的设计和练习形式的编排各有不同。高级口语的练习形式应适应高级学生的水平，尽量淡化模仿记忆性练习，突出任务交际性练习，强调语言交际技能训练的"过程"。哪些口语练习方式受学生欢迎，对高级学生的口语训练帮助最大？为了对高级口语教材的练习形式有一个较详细的了解，我们对三部高级汉语口语教材的练习形式进行了较为全面的考察。

3.1.1 教材情况说明

三部教材分别是：《高级汉语口语（1）（2）（提高篇）》（北京大学出版社，1997）；《发展汉语—高级汉语口语（上）（下）》（北京语言大学出版社，2005）；《汉语口语速成——高级篇》（北京语言大学出版社，2006）。

《高级汉语口语（1）（2）（提高篇）》的练习分为课文、句式、讨论与调查三个部分，每课的练习题量分布较均匀；《发展汉语—高级汉语口语（上）（下）》《汉语口语速成——高级篇》的练习编排与其略有不同，没有分部分归类，但均增加了"交际策略"的学习训练。

3.1.2 教材练习题型分类

三部教材的练习题型量分别为：《高级汉语口语》15种，《发展汉语—高级汉语口语》17种，《汉语口语速成——高级篇》22种。为了便于统计，我们将所涉及的题型进行对比归纳，分成模仿记忆性练习、联想创造性练习和任务交际性练习三类。

模仿记忆性练习包括：用正确的语调读句子；用正确的语气、语调朗读句子/对话；说出句子中划线部分的含义；判断正误；根据课文内容回答问题；概括课文某段大意；复述课文内容；课文角色扮演等。

联想创造性练习包括：词语搭配练习；选择适当的词语填空；用所给词语改说/完成句子；讨论与课文相关的问题；模仿表达；阅读短文用指定词语谈想法；将书面语转换成口语等。

任务交际性练习包括：讨论相关话题；调查汇报；演讲；采访；辩论；配音表演；续说故事；补充出省略的部分；针对相关话题自由表达等。

按照上述高级汉语口语练习编排的分类形式，三类练习形式相对应的训练内容是：模仿记忆性练习——课文内容的理解训练；联想创造性练习——词语、句式、语段的模仿训练，任务交际性练习——相关话题的自由表达训练。

三部教材练习类型统计数据结果如下：

表1　三套教材练习类型统计数据

教材名称 练习形式	《高级汉语口语》	《发展汉语—高级汉语口语》	《汉语口语速成—高级篇》
模仿记忆性练习	5	3	7
联想创造性练习	5	6	7
任务交际性练习	4	7	7

3.1.3 统计结果分析

3.1.3.1 三部教材针对课文内容部分的练习出现的频率较高。如"根据课文内容回答问题""复述课文""选择适当的词语填空"等，说明对掌握课文内容的要求非常重视，练习也较扎实，尤其是句式、语法的练习很充分。但大部分练习是为了检查课文内容，而不是完成交际任务，数量过多容易影响学生的主观表达愿望。

3.1.3.2 练习题型较为丰富，能调动学生的学习兴趣，也为教师的教学提供了更多的选择。但如果安排不均衡或者欠合理，容易产生杂乱无章的感觉。如果一本教材选用了十几种练习样式，但每种只用了一两次，这种低重现率现象使练习设计的目标性不明确，影响练习效果。

3.1.3.3 "交际策略"的练习更能突出口语教学的特点，对学生口语交际能力的培养很有益处。可惜的是，只有《发展汉语—高级汉语口语》将其贯穿于教材练习始终，其他两部教材涉及不多。

3.1.3.4 虽有任务交际性练习的设置，如讨论相关话题、自由表达、调查汇报等，但仅仅是给个题目或是表达框架和格式要求，教师只等结果，不注重完成的"过程"。同时，教师也不能有效地考察课下任务的完成量和完成效度。

3.1.3.5 "小组学习"和"集体合作"的练习形式少之又少，即使出现了这样的练习，也没有提供明确的说明和要求，学生完成练习的随意性较大。

3.1.3.6 从表1的统计结果可以看出，在《发展汉语—高级汉语口语》的练习编排中，任务交际性练习明显多于模仿记忆性练习，即模仿记忆性练习——联想创造性练习——任务交际性练习的排列呈明显递增趋势，而其他两部教材的练习编排差别不大。哪种编排模式更具实用性和针对性，更受学习者欢迎，还有待进一步的调查研究。

3.2 学生使用练习情况考察

上述结论只是对教材的客观统计分析。而学生是教学的主体和中心，研究练习形式，还应该把关注点放在学生身上，以兼顾学生的兴趣和教学效果。

3.2.1 被试情况说明

此次调查的被试（学生）是北京语言大学汉语进修学院高级进修生。发放调查问卷100份，收回有效问卷91份。这91位学生来自30个国家，其中亚洲国家13个，学生54人，占总人数的59%；欧美国家17个，学生36人，占总人数的40%；非洲学生1人，占总人数的1%。91位被试中年龄在30岁以下的占总人数的80%以上，其他被试年龄在30岁以上。

3.2.2 问卷调查结果

为了调查结果的客观性，真实反映学生对自我学习意识的认知，并从学习者角度来审视、验证高级口语教材在练习编排上存在的问题，我们在设计调查问卷时，有意淡化模仿记忆性练习、联想创造性练习和任务交际性练习等概念，而将练习形式重整为词语练习、句式练习、语段练习和话题练习四个部分，以对应课文内容的理解训练，词语、句式、语段的模仿训练以及相关话题的自由表达训练等练习内容。并从"喜欢""不喜欢""不喜欢但有帮助"三个方面对三部教材里的练习形式逐一进行考察，结果如下表：

表2 留学生喜欢的口语练习形式统计

练习类型	练习形式	喜欢(%)	不喜欢(%)	不喜欢但有帮助(%)
词语练习	辨析词语	55.32	10.64	10.64
	朗读词语（辨音）	53.19	14.89	19.15
	用所给词语对话	48.94	10.64	19.15
句式练习	用正确的语气、语调朗读句子/对话	53.19	17.02	14.89
	运用所给句式讲述某个话题	48.94	12.77	8.51
	组词成句	40.43	17.02	12.77

（续表）

练习类型	练习形式	喜欢（%）	不喜欢（%）	不喜欢但有帮助（%）
语段练习	用所给句式或结构表述或作对话，话题不限，自己设置场景	42.55	10.64	14.89
	回答课文问题/朗读一段材料并复述	32.55	50.43	17.02
	给出一句话或一段对话，说出使用的语境	40.43	14.89	27.66
话题训练	谈相关的话题	63.83	8.51	14.89
	给出话题，不受语法结构限制，随意说	51.06	4.25	8.51
	根据所给题目选用给出的词语、句式与别的同学讨论、辩论等	48.94	10.64	14.89

3.2.3 统计结果分析

3.2.3.1 最受学生欢迎的练习形式是"谈相关的话题"（占63.83%），而且最好是"给出话题，不受语法结构限制，随意说"（占51.06%）。这说明在高级口语课堂上，学生更倾向于开放性的练习形式，需要"自主学习""合作学习"。

3.2.3.2 在高级口语课堂上，我们往往重视课文内容的练习，生怕"输入"的量不够，于是在每课的练习编排中与课文内容相关的练习设计得较多。但调查发现，"回答课文问题""朗读一段材料并复述"这类练习形式并不怎么受欢迎，不喜欢该练习形式的学生超过了一半（50.43%），这说明学生不愿意在口语课上花过多的时间回答与课文有关的问题，而更倾向于主观表达。

3.2.3.3 三部教材提供的练习形式达20种之多，但并非都受学生欢迎。我们认为，编写教材练习形式不能只顾编写者自己的教学经验和喜好，还应该顾及学习者的感受。高级口语教材提供的练习形式不必过多、求全，要有针对性。不全用，但最好用足。

3.2.3.4 出乎我们预料的是，不少学生都重视语音、语气、语调的正确运用，喜欢"朗读"这种练习形式的学生占一半以上，认为"不喜欢但有帮助"的所占比例也不小。这说明学生已经注意到了正确运用声音技巧的重要性，对自己汉语语音准确性的期望值比较高，这在高级口语教学中应该引起我们的重视。

四、对高级口语教材练习编写的思考

以上我们就高级口语教材练习形式的编排形式，以及学生对各练习形式的兴趣需求进行了统计分析，其目的并不在于批评议论，而是期望在分析现有口语教材的练习形式上，结合学生的情感需求，为学生喜欢、教师好用的口语教材的编写提供一些启示和有效的帮助。我们认为，高级口语教材在练习编写时应考虑以下几点：

4.1 练习模式的编排应关注学习者本人的情感和经验需求

从学习者的需求来看，综合语言运用能力的形成，是建立在学习者语言知识、语言技能、学习策略、情感态度以及文化意识整体发展基础上的。语言知识和语言技能是综合语言运用能力的基础，文化意识是得体运用的前提，学习策略是提高学习效率、发展自主学习能力的保证，而情感态度则是影响学生学习发展的重要因素。对外汉语教材往往注重教材的针对性、科学性、系统性，也重视语言技能的培养与训练，但对学习者的情感态度、文化意识的关注却不够。比如教材内容是否符合学习者的口味，能否满足学习者对百科知识的追求，对教材的文化取向是否认同等，这往往又影响着学习者对学习的积极性。（赵金铭，2004）拿高级口语教材来说，目前学界普遍认为，高级阶段的口语课应贯彻话题交际原则。但话题的选择应以学习者为主体，开发出年轻人真正感兴趣的话题领域，不能仅凭编教者的认识和经验，把介绍中国传统思想和文化观念以及中国人的现代生活作为语料的主要内容。同样，口语练习的编排也应以学生为中心，选用学习者乐于接受并对提高口语表达能力有帮助的练习形式。高级阶段的学生已掌握一定的词汇、语法，对于中国文化的理解也有了较大的进步，很多东西早已内化，也就是说，"输入"了很多，问题是如何得体地产出，这就需要一个触发点，而这个触发点来自于恰当的练习方式，甚至可以说，练习的编排是否能兼顾学习者的兴趣需求，能否极大地调动学习者的积极性，直接影响学生口语表达的进步。

调查结果显示，"谈相关的话题"是最受学生欢迎的练习形式（占

63.83%），而且最好是"给出话题，不受语法结构限制，随意说"（占51.06%）。这说明在高级口语课堂上，学生更倾向于开放性的练习形式，使口语表达变成言语技能操练与逻辑思维能力锻炼的"过程"。如果限定词语和表达格式，要求学生就某一个具体话题用一大串词连句，只能使"说话"练习变成一堆生词和语法的拼凑，其结果既人为地扼杀了学生的表达欲望，又束缚了学生逻辑思维的发展。因此，口语练习的编排应兼顾学习者的情感态度，设置练习形式时尽量淡化词语、语法形式的限制，给学生提供更大的自由度。如果非要练习词语、表达式不可，最好让学生用所给句式或结构表述或作对话，话题不限（调查中此项受学生欢迎度高，占51.06%），而且让学生自己设置场景，把话语控制权交给学生，相信这对活跃课堂气氛、激发学生表达欲望能起到积极作用。

4.2 练习的编排应有利于教学模式的导入，用相应的教学模式带动教学内容的进行

从教师的需求来看，练习设计、编排的可操作性强是选择教材的基本原则之一。口语教材应体现口语教学原则和教学方法，让口语教学过程成为一个交际过程。在这个交际过程中，教师的作用不是传授语言知识或是指挥句型操练，而是要通过各种方式和途径组织学生进行交际活动。时至今日，口语教学方法日趋多样，不可能有什么最佳教学法，而应该开展对具体教学模式的研究，一种模式一部教材，好的教材应该是一种教学模式的展示。

口语教材的练习形式是训练口语技能的主要方法。根据练习的不同目的，练习一般可分为理解性练习和运用性练习两类。理解性练习主要包括理解课文和语言规则的较机械性练习，运用性练习主要包括结合特定情境、语言规则与语料内容的语言运用练习。

理解性练习通常是直接结合课文中的语言规则进行操练，通过模仿、重复来强化学生对课文内容、词语和口语表达句式的印象。从统计结果来看，目前在高级口语练习设计中，理解性练习仍占有相当分量，而且有些练习的设计显得过于机械，如"用指定词语回答课文问题""用所给词语对话""用所给词语改写句子""组句成段"等，做这些练习时学生根本不需要动脑子，只需照本宣科即可。不能否认，这种练习对学生掌握词语、语法表达式的训练确实有帮助，而且是初级阶段必要的训练方式，但将其作为一种通用型练

习形式用于高级口语课的训练，我们认为违背了理解性练习的初衷。高级阶段的学生词汇量较丰富，也具有一定的语言表达能力，他们更愿意边想边说，如果不顾学生的意愿，强迫学生把一串词堆积在一起说一些"违心"的话，学生练习以后就不会有什么收获。这也是为什么一半以上的学生更倾向于"用自己的话复述课文内容"的原因。

运用性练习一般是学生比较乐意接受的练习形式，通过话题、语料的理解，词语以及表达式的学习，学生可以就相关话题畅所欲言，在语言的运用过程中提高口头表达能力。但是，运用性练习中的某些形式，如"根据所给话题对话""根据所给话题作报告"，看似侧重于高级口语的表达训练，其实只有一个话题，缺乏其他要求和指导，学生可以随心所欲地说，教师也是随机做些纠正，到底对口语表达起到了多大的作用，教师心里并无多大把握。虽说这些在调查统计中是最受学生欢迎的练习形式之一，但实际课堂上因练习目的不明确，同样效果不佳。因此，对于有关话题内容的报告、讨论、演讲、辩论等运用性练习，我们建议在练习形式中必须给出明确的要求和可操作性模式，如：话题——主题句——如何提起话题——怎样说明观点——举例说明——如何结束等。要给学生适当的表达框架，或图示或表格，使运用性练习既有明确的要求，又有一定的自由度，在调动学生说话欲望的同时，给学生适时的提示，以有效地帮助学生进行口头表达训练。

4.3 练习形式和内容应该淡化对课文内容的检查处理，注重在解决问题的"过程"中学习语言

用不同的方法训练不同的语言技能，是语言教学的基本规律之一。口语课的教学目的就是要训练学生的口头语言表达能力，需要调动各种手段让学生开口说话。与综合课相比，由于口语教材以话题为纲，不承担综合课的语法操练任务，使得学生真正参与语言交际的机会增多，一直以来口语课成了较受学生欢迎的课程之一。学生对口语课也给予了较高的期望。尽管师生的初始愿望是好的，但事实上口语课上的开口率和课堂氛围并不尽如人意。从调查结果来看，许多学生希望的练习形式是"用自己的话复述课文内容"，而不愿意用"指定的词语、表达格式复述/回答"。出于教学任务的要求，教师总是将课文内容的完成和掌握作为教学要求和目标，把课文内容的处理作为教学重点，认为没有一定量的输入就不会有质的输出。于是，学生在口语

课上就会按照教师的要求，反复操练相关的语言形式和话题内容，并不关注有关话题的语料是否真实自然，是否能适应学生本人的情感和经验需求，表达方式和结构是否实用，能否让学生体会到真实语境中人们的口头表达方式，等等。以致于口语课过多机械的练习让学生在练习过程中缺乏主动性，产生疲劳倦怠的学习情绪。

我们并不是说语言形式的训练不重要，而是主张在高级阶段应重视形式训练与表达的关系。语言是交际工具，人们使用语言是用来表达的，人们各自的背景不同，工作学习的环境不同，持有的信息不同，对待人和事物的态度、情感、想法自然不同。高级阶段的学生，已具备一定的语言交际能力，他们希望用自己的语言知识和生活经验观察、思考问题，在用语言做事情的过程中解决问题，以展示、锻炼、提升自己的语言能力。相应地，高级口语练习形式的编排，应把完成任务活动的"过程"放在重要位置上，在解决问题的过程中学习语言。

五、结语

综上所述，高级口语教材的练习编写应适应高级阶段学生的口语表达需求，练习形式应兼顾学习者本人的情感和经验。一方面，将口语中的各种语言规则融入练习之中，但同时又要淡化对课文内容的检查处理，突出交际性练习；另一方面，注重在练习形式中设置适合学生进行交际活动以及合作学习的练习形式，同时为其提供使各种学习活动顺利进行的框架，让学生在用语言做事、解决问题的"过程"中学习语言。

附注

本文调查涉及三部教材：
［1］《高级汉语口语（1）（2）（提高篇）》（1997），北京：北京大学出版社。
［2］《发展汉语—高级汉语口语（上）（下）》（2005），北京：北京语言大学出版社。
［3］《汉语口语速成——高级篇》（2006），北京：北京语言大学出版社。

参考文献

［1］黄方方、孙清忠（2010）浅析对外汉语初级口语教材的课文编排，《华文教学与研究》第 2 期。

［2］汲传波（2005）对外汉语口语教材的话题选择，《云南师范大学学报》（对外汉语教学与研究版）第 11 期。

［3］兰彩苹（2005）论汉语口语教材"实与活"的编写原则，《中南民族大学学报》第 1 期。

［4］李　杨（1993）对外汉语教学的定性、定位和定量研究，对外汉语教学学会成立十周年学术讨论会论文，北京。

［5］李海燕（2001）从教学法看对外汉语初级口语教材的语料编写，《语言教学与研究》第 4 期。

［6］李绍林（2001）谈泛化、分化及其有关的练习样式，《汉语学习》第 12 期。

［7］刘颂浩（2009）对外汉语教学中练习的目的、方法和编写原则，《世界汉语教学》第 1 期。

［8］刘元满（2008）高级口语教材的话题、情景和话轮，《北京师范大学学报》（社会科学版）第 5 期。

［9］吕必松（1992）《对外汉语教学概论》（讲义），北京：北京语言学院出版社。

［10］其米格（2008）对《高级汉语口语》教材选用的几点看法，《新疆广播电视大学学报》第 1 期。

［11］孙雁雁（2010）对外汉语口语教材编写与研究，《云南师范大学学报》（对外汉语教学与研究版）第 8 期。

［12］王丕承（2009）汉语口语教材中陌生人之间会话开头分析，《社会科学家》第 3 期。

［13］王小曼（2005）论汉语本科专业高级口语教材的编写原则——从口语教学实际谈起，《云南师范大学学报》（对外汉语教学与研究版）第 5 期。

［14］王若江（1999）对汉语口语课的反思，《汉语学习》第 2 期。

［15］吴海燕（2010）对外汉语非独立性口语教材编写体例研究，《外语艺术教育研究》第 3 期。

［16］武惠华（2002）谈口语课课堂活动及课下练习的设计，《汉语学习》第 5 期。

［17］武荣强、宋　青（2008）试析建构主义理论对中级汉语口语教材的要求——以《阶梯汉语——中级口语》为例，《现代语文》第 2 期。

［18］吴勇毅（2005）从任务型语言教学反思对外汉语口语教材的编写，《国际汉语

教学动态与研究》第 3 期。

　　[19] 杨寄洲（1996）编写新一代基础汉语教材的构想，对外汉语教学学会第五次学术讨论会论文，北京。

　　[20] 尹　怡（2007）新时期对外汉语教材编写问题——兼议《汉语中级口语教程》，《双语学习》第 10 期。

　　[21] 曾　玉（2008）也评《汉语口语速成（基础篇）》，《长沙大学学报》第 7 期。

　　[22] 赵金铭（1998）论对外汉语教材评估，《语言教学与研究》第 3 期。

　　[23] 赵金铭（2004）跨越与汇通——论对外汉语教材研究与开发，《语言文字应用》第 2 期。

　　[24] 周　健、唐　玲（2004）对外汉语教材练习的考察与思考，《语言教学与研究》第 4 期。

"案例教学"在国际汉语教师培养中的实践与应用[①]

骆健飞　胡丛欢

提要　案例教学最早在1870年由哈佛大学的法学院开始使用,其后医学院和商学院也采用案例教学的模式,经过近150年的推广,目前在全球范围内被广泛应用于各行业的培训。本文结合汉语全球热的现状及目前全球范围内国际汉语教师培养存在的诸多问题,提出以案例教学的模式,通过讨论对案例教学与国际汉语教师培养的接口问题、参与培训的汉语教师目标人群、用于国际汉语教师师资培养的案例教学的设计、对案例教学活动的评价标准、案例教学在实施过程中可能出现的问题及解决办法等五个方面的讨论,提出国际汉语教师师资培养的新方式。

关键词　案例教学　国际汉语教育　师资培养

一、引言

1.1 案例教学的起源

案例教学最早由哈佛大学法学院使用,1870年,法学院院长克里斯托弗·哥伦姆布斯·朗德尔创立了案例教学法（case method）,同时哈佛医学院也开始引进使用案例教学。在哈佛法学院和医学院两大学院案例教学都取得了成功实践,1921年,哈佛商学院也采用案例法教学,经过其完善推广,最终在全球范围内产生了广泛的影响。

[①] 项目基金:教育部人文社科青年项目(14YJC740083);北京社科基金一般项目(14WYB020);北京语言大学院级科研项目(16YJ080207)。

1.2 案例教学的定义解析

杨光富（2008：2）指出，"案例"一词，英文为"case"，汉语可以译为"个案""个例""实例""事例"等。从英美法律学的角度来看，案例一般指的是"判决后的案件"。从这里可以看出，案例教学最初运用在法学教学领域里，它最初主要以判决的案件作为教材，在教师的指导之下，让学生运用掌握的理论知识，分析思考和讨论案件中的各种疑难情节，逐步形成具有各自特点的处理法案，它能培养学生系统地掌握与运用专业理论，提高综合分析与解决问题的能力，养成开拓进取的良好品质。郑金洲（2002：37）则对案例教学进行了广义的定义：案例教学可界定为通过对一个含有问题在内的具体教育情境的描述，引导学生对这些特殊情境进行讨论的一种教学方法。在一定意义上它是与讲授法相对立的。张新平（2002：56—61）认为案例教学的本质是指教育者本着理论与实际有机整合的宗旨，遵循教学目的的要求，针对教学内容，选择恰当案例，并以案例为基本素材，将学习者引入一个特定的真实情境中，通过师生、生生之间的双向和多向互动，积极参与，平等对话和研讨，促使学生充分理解问题之复杂性、变化性、多样性等属性的教学形式。案例教学重点培养学生的批判反思意识、分析和解决实际问题的能力及团体合作能力，从而实现理论联系实际、学以致用的教学目的。

1.3 国内案例教学法的现状

我国从 1980 年引入案例教学，目前已在管理学、法学、地理及工程类学科领域的教学中得到应用，MBA 教学更是广泛采用了案例教学模式。目前的国内案例教学应用多为实践类较强的领域，在教育方面多为教师的培养，但目前除了 MBA 课程外，其他领域的应用都还处于探索阶段，不管是理论成果、实践操作或者实施过程等都不成系统，毕竟案例教学是从国外引入的，想要完全适应中国教育的具体情况，还有很长的路要走。

1.4 案例教学在对外汉语教学行业的现状

案例教学目前在国内各领域的学科教育方面都呈现出"热潮"的趋势，在教育领域内也出现通过"案例教学"的途径进行师资的培养，比如：郑金洲（2002：36）指出案例教学作为教师培训的重要途径，以案例的运用以及讨论为特征。这种教学形式的运用，可以发展被培训教师的创新精神和实际解决问题等能力和品质；可以使被培训教师获得的知识真正内化和高度整合化；可以帮助被培训教师理解教学中所出现的两难问题，掌握对教学进行分析和反思的方式；可以大大缩短教学情境与实际生活情境的差距；可以促使被培训教师很好地掌握相关的理论等。但是经过笔者的考证，虽然目前的教育行业已经采用"案例教学"的模式，但是在对外汉语教学的行业目前还基本处于空白阶段，但这并不代表没有发展的空间，相反，"案例教学"在对外汉语教学行业会有很大的发展空间和前景。下面笔者主要从案例教学与对外汉语教师师资培养方面进行详细论述。

二、案例教学与对外汉语教师师资培养

2.1 案例教学与对外汉语教师师资培养的接口

由于近年来的汉语热，对外汉语教师的全球需求量也在呈逐年上涨的趋势，国家汉办及对外汉语类的相关院校每年都派出大批的志愿者及正式教师以满足全球的汉语教学需要。但是我们也应该看到这些外派教师自身专业知识及综合素质的欠缺，比如：专业基础知识薄弱、跨文化交际方面冲突、语言要素教学的国别化差异、课堂管理经验不足及专门用途汉语教学的经验不足等问题。因此对外派汉语教师的培训就是一个非常重要并亟须解决的问题，目前虽然国内的外派教师出国前都进行培训，但是培训时间短（多为1—1.5个月）、培训内容多等，很多的培训都是流水般地进行，多为速成的形式，培训的很多知识很少内化，多流于形式。因此，在这样的师资培训的背景下，以案例为基本素材，学生以小组为单位，对案例进行认真阅读和自主分析，在教师的引导下，学生通过共同讨论、相互启迪，培养和提高其表达能力、思维能力和分析解决问题能力的案例教学必将起到重要作用。

2.2 对外汉语教师师资培养的目标群体分析

对外汉语教师师资培养的主要目标群体：一是汉办外派志愿者教师；二是汉办公派教师及国内高校外派教师；三是通过中介等机构出国的汉语教师；四是国内高校及汉语辅导机构的汉语教师等。原因如下：第一，这些教师尤

其是外派的教师脱离汉语的大环境，又受语言环境的限制，国外的教学资源不足，所以外派的汉语教师需要良好的专业知识。第二，外派的汉语教师在海外的培训机会较少，因此很多语言技能的教学都是依据自身经验及在教学过程中总结摸索出来的，这样教学效率较低，学生的学习效率较低，所以外派教师需要进行语言技能教学方面的培训。第三，外派的汉语教师面对跨文化冲突及一些突发现象，可能由于经验不足而不能较好地处理，会对自身及学校双方造成不良的影响。第四，随着中国汉语热，现在有越来越多的外国人来中国留学，有的是在高校系统地学习汉语，有的可能是在辅导机构进行辅导，辅导机构的教师素质也是参差不齐，教师综合素质较低会严重影响辅导机构的生源及名誉，因此提高辅导机构的教师素质也是目前辅导机构亟须解决的一个重要问题。

三、案例教学课程的设计与实践

3.1 案例的选取

既然是案例教学，那么必然要对案例的质量进行筛选，不能盲目地选择案例，因此，一个优秀的案例应该包含以下几个方面的内容：

一是材料典型性（王浦劬，2001：15—16）。案例的典型性既表现在案例所选择的特定事件在社会实践中具有代表性，也表现在案例所描述的情景与所需要说明的原理和分析具有代表性的紧密联系。

二是信息适量性（陈福松，2009：82）。信息是决策的依据，学会解读信息和运用信息解决问题是创新型人才必须具备的能力之一。一方面，欲使学生做出高质量的分析和推理，案例必须具有足够的赖以进行深入分析的信息。另一方面，考虑到学生处理信息的能力，案例的信息量又必须控制在一定限度内，超出学生信息处理能力的案例对学生的参与热情是一种打击。

三是案例适用性（陈福松，2009：82）。合适的案例是成功案例教学的前提。从学生的角度看，案例必须与学生有较高的相关度，即案例所描述的情景应该是学生可以根据自己的知识背景、经验乃至想象力而置身其中的。从教师的角度看，案例能否达成特定教学目标的实现，案例难度能否控制在教学能力所及范围之内，案例是否与案例讨论的时间安排以及物质方面的设施相适应，是教师选择案例时必须要考虑的因素。

四是案例的真实性。用于课堂教学的案例一定要求是真实发生的，杜撰出来的故事即使再有趣生动也不可以作为课堂讨论的案例，因为案例教学对案例最根本的要求就是真实发生的，否则不具有现实意义。

以上回顾了案例选取的一些原则，下面我们以朱勇（2013：187—188）其中的一个案例为例，详细分析案例教学的实施过程。

案例：教学地点：意大利罗马　教学对象：成人中级业余班

本次课的一个任务是操练程度补语，本来以为这个语言点意大利教师已经讲过了，我主要负责操练就可以了，但是在操练时我发现学生好像完全不明白怎么用，所以我当即决定再花时间讲一讲。不过，我觉得意大利教师讲过，大家还是不明白，那么光讲结构肯定不够，所以我选择了让学生们自己发现规律和用法。我给出了很多例子，让学生发现规律，比如"睡觉睡得很晚，起床起得很早，考试考得很好，写汉字写得不好，发音发得很准，说汉语说得很流利"。学生们觉得自己发现并归纳出了规律，都特别开心，做课后专项练习的时候，非常认真，还抢着说答案，改错的时候甚至能说出两个答案，问我哪个答案更好。我说第二种改得很地道，得到肯定后学生们特别开心，还欢呼起来。

3.2　案例教学的实施过程

3.2.1　课前准备阶段

首先，布置学员通读案例，找出案例中的关键问题或独一无二的问题。如在上述案例中，学员们可能找到的有：汉语程度补语的特点，讲授—操练法的优劣，操练课的授课方法，课堂练习的运用手段等等，这些可以由学生自主找出，供课堂使用，教师可以做开放性处理。

第二，教师对课堂讨论进行事前评估：是否会出现一种观点占上风的现象，或是否会展开真正的讨论。如果是一边倒，就要想办法扭转，扮演起与学生的观点相对立的角色等等。比如学生通读上述案例后，如何评价"讲授—操练"教学法，是否会有一边倒的倾向，是一致赞成还是反对这种教学法，还是各有不同看法，那么教师应该在课前对各种情况均有所准备。

第三，对学员的评估：从对学员已有技能及背景等的了解中，思考他们在这个特定的案例上到底能做些什么。如果案例对学员来说过于复杂，可能就要准备对他们予以引导；如果不是太复杂，可能就要更多地督促学员进行多种多样的参与。例如这批学员中，有多少是以语言学或相关专业为基础的，还有哪些是非专业学员，那么对于语法点的挖掘程度则有很大的不同。

最后，撰写教案。以上述准备为基础，写出简单的组织教学的教案。这类教案与一般学科教学的教案不同，主要反映的是教师打算如何组织教学，设计了哪些问题引导学生讨论等。

3.2.2 课堂实施阶段

3.2.2.1 案例引入

在案例的引入阶段，教师首先可以介绍一下关于案例本身的背景或者趣闻等以引起学生的注意，还可以向学生介绍本案例想要达到的教学目标、本案例讨论的难度、花费的时间等。

以上述案例为例，教员可以先引入一些学生使用这个语法常出现的偏误，让学生对该案例的教学难点有一定体会，并引导学生本课讨论的焦点与目标，如：

（1）我写汉字得很快。

（2）他睡觉得很晚。

（3）他说汉语得很流利。

这些句子如果按照其他语言对应翻译的话，似乎是好的句子，如：

（4）I write Chinese characters very fast.

（5）He sleeps very late.

（6）He can speak Chinese fluently.

那么教师如何引导学生说出正确的句子，避免说出（1）中的错句，则可以引导学员进行思考，并由此引入本课的教学。

3.2.2.2 案例讨论

这部分将是全课的重点，是培训教师应该花最多时间，也是最大精力投入的环节，具体说来，可以从如下两个角度入手：

一个角度是教什么：对外汉语教学，说到底是一门语言教学，不管使用何种技巧，面对哪种对象，对于该语言点的掌握，是一名教员必不可少的基础。

第一，结构。对于案例中的"程度补语"来说，无论是何种专业背景的学员，首先需要了解的是，"程度补语"语法点的形式结构是什么样的，这个结构所表达的语义功能是什么，以及在何种典型语境中使用这个结构。如果不知道这些内容，即使教给学员再多的教学技巧，也无法真正讲授好这个语法点。

回到这个语法点，教师可以让学生尽量多地写出程度补语可能有的表达结构，对于非专业的学员，如果能抽象出（7）这样的语法结构，已经算是可以达到要求了：

（7）S+V+得+Adj（他写得很快）

对于更高水平的学员，则可以要求他们写出更为复杂的结构，如：

（8）S+V+O+V得+Adj（他写汉字写得很快）
（9）S+O+V+得+Adj（他汉字写得很快）
（10）Topic，S+V+得+Adj（汉字啊，他写得很快）

甚至预测出留学生可能出错的语言结构：

（11）？ S+V+O+Adj（？他写汉字很快）[①]
（12）*S+V+O+得+Adj（他写汉字得很快）

第二，功能。
对于非专业学员，只需掌握以下内容即可：
a）补语部分是句子要表达的中心意义；
b）补语部分是整个句子的信息焦点；
c）补语部分对动作进行描写、评价等。
如果学员水平较高，则可以做下列引申：如果是整句的信息焦点，则一般是整句重读的部分。

教员可以引导学员比较：

[①] 这个句子在汉语中似乎也可以说，关于详细的讨论，参考刘月华等所著《实用现代汉语语法》，北京：商务印书馆，2001：604。

（13）他#跑得快。

（14）他跑得#快。

两句在不同重读①模式下的区别：

（15）他#跑得快跑不快？——可能补语。

（16）他跑得#快不快？——程度补语。

第三，典型语境。

第一条已经讨论了该语法点的表达功能，下面教员就可以引导学员说出，在什么场合下，最常使用这个语法点，也就是"典型语境"，这可以让学员自由发挥，结合自己的生活经验，畅所欲言，在头脑风暴过后，教员给出评价。

另一个角度是怎么教：学员在从结构、功能、语境三个角度讨论完"程度补语"及其相关知识点后，则可以开始讨论，如何选择最合适的教学法进行教学，并讨论这种教学法的科学性和适用性。

以结构为例，这个语法点看起来结构较为简单，但如果穷尽性描写后也会发现分支较多，学生不可能一次性接受这么多形式，教员也无法展开教学，那么，这个语法点的核心是什么？最容易出错的一个环节是什么？则是在教学中需要考虑的问题。

首先，教员可以让学员探索这些结构形式的共同点，即都有"V+得"结构，不管是否有宾语，主语位置如何，如：

（17）他写得很快。

（18）他汉字写得很快。

（19）汉字他写得很快。

（20）他写汉字写得很快。

而学生容易出错的地方也就在此：没有将"V"和"得"连在一起使用，造成（21）这样的偏误：

（21）*他写汉字得很快。

---

① 其中#后部分表示重读部分，下同。

那么，教师可以引导学员讨论，能否做出这样一个假设，即"V"与"得"是黏合在一起出现的，它们甚至可以黏合成一个"词"一样的成分，进而在教学中，可以处理为：

（22）［V 得］$_{合成词}$：写得、说得、跑得、考得……

这个处理方案有优点，也有争议点，教师可以继续引导学员讨论，优点是：

a1）［V$_单$＋得］，组成双音节结构，在语感中，更像一个词的单位；

b1）在人们实际语流中，在［V 得］和后续成分中，会有停顿，而不是在 V 和"得"中间；

c1）可以避免（11）类偏误的出现，因为［V 得］本身是一个词，必然不能拆分使用。

可能存在的争议有：

a2）假设［V 得］是一个词汇层面的东西，但是在词典中却不能找到对应的词项；

b2）如果［V 得］是一个词汇，那么这个词汇项目将会非常多，因为有无限多个组合，这也不符合词汇的特点；

c2）在语法切分上，V 是谓语核心，［得＋……］是补语，将 V 和"得"直接组合，有跨层组合的嫌疑；

d2）上文说［V$_单$＋得］是一个双音节结构，语感上更像词，但是［V$_双$＋得］构成三音节结构，如何解释？（如"收拾得……""考虑得……"）

教员不必将以上优劣直接呈现给学生观看，而是让他们自主评价，学员评价的范围也不限于文章中所提到的几点，而是畅所欲言，在学员充分讨论的基础上，教员可以对他们的意见进行总结和归纳，并提出进一步研讨的方向和参考书目。针对以上讨论内容，教员可以进行总结和提示：实际上核心问题是两个：

a3）［V 得］在语法上形成一个单位，有无充分的科学性和理据性？

b3）像［V 得］一类双音节成分，能否认为是一个词？如果是，它们是何种词语？

实际上，对于以上问题，已经有学者进行了理论和实践上的探讨，教员也可以将相关参考文献提供给学员，如对于（a3）的问题，黄正德（2013：

85—92）已经从理论上证明，V 确实是与"得"先组成一个直接成分，再与其他成分组合，对于 b3），冯胜利（2001：167）、庄会彬（2015）等也提出过"句法词"的相关理论，来解决这类问题，限于篇幅原因，本文不再详述。

3.2.2.3 概括总结

概括总结虽然是案例教学的收尾阶段，对于讨论的总结往往能起到画龙点睛的作用。对于案例的总结可以由学生进行，也可以由教师进行，但这个阶段一定要揭示案例中包含的理论等，一是强化完善之前讨论的内容；二是提示后续的案例。总之，案例的总结阶段是需要重视的。

3.2.3 案例评价阶段

3.2.3.1 案例教学的科学性、理据性

前文谈到，在案例教学中，学员可能有本专业与外专业之分，对于不同学员，教学难度应有所不同，但其中特别值得注意的问题是：无论学员基础如何，教学难度如何，教学内容必须保证科学、合理。具体说，就是教员教授给学员的语言知识、教学知识必须符合理据，不能为了教学的方便，采取一些"俗法"去教学，就如同我们在汉字教学中的"俗文字法"一样，编一些不符合造字理据的小故事来帮助记忆，这样虽然教学难度降低了，但对学员的长期发展不利。以上述语言点为例，教员可能会觉得将［V］和［得］处理为一个词［V得］更容易讲授，但是教员在这样讲以前，必须先确认，有没有理论支持将其处理为一个词，这样做的科学依据为何？如果这样处理不符合理据，即使这样讲更容易，也不能用此方案。这些可能不需要在案例教学中讲授，却是作为一个教员，必须在课下认真做的功课。

3.2.3.2 案例教学的设计符合学员水平

无论志愿者岗前培训还是海外教师培训，学员背景、水平都会有较大的差异性，这与学历教育有很大不同，因此，对不同水平的学员使用不同的教学方法则显得更为重要。我们在教学设计时，也尽量准备出多套方案，特别是在引导学员讨论、学习时，将教学内容分为不同层次，不同水平的学员只要掌握到相应的内容即可，不必强求所有学员都进行深入研究和挖掘。

3.2.3.3 教员所培训的内容真实、有效

在案例教学中，教员一定要保证所讲授的案例真实有效，因为这些案例很可能在学员的实际课堂上再次出现，如果学员发现在课上所培训的内容无法应用到课堂中，或者在备课中仍然感到困惑，那么学员很可能开始怀疑所

培训的内容，也就使培训的效果大打折扣。因此，教员必须本着"从课堂中来，到课堂中去"的原则进行培训，尽量使所选用的案例贴近真实，所讲授的方法也行之有效。

3.2.3.4 案例教学中可能出现的问题及解决办法

在对外汉语师资培养的案例教学过程中可能会出现以下三个问题：

第一，教师缺乏案例教学的实务基础。

国外的案例教学的教师都是经过正规培训和严格训练的，因此，开展案例教学的高校，一是可以外派教师出国学习，接受正规的培训；二是可以从国外请正规的教师来学校授课并且进行师资培训；三是承担案例教学的教师一定要有主动学习的精神，充分利用网络资源，多学习多思考，在不断的教学和反思中总结出适用于中国国情和中国人学习特点的案例教学模式。

第二，部分学生不适应案例教学的模式。

由于中国多年来一直实行应试教育的模式，虽然现在正在逐步向素质教育的改革发展，但由于中国人口众多，学生的升学压力较大，目前很多学生的学习观念依然是以考试为主，学生更愿意接受教师主导课堂填鸭式的教育，部分学生不适应案例教学这种学生主动思考、主动发现问题、解决问题的模式是可以预见的。为了解决这个问题，一是教师做好引导工作，积极鼓励发言，减轻学生的胆怯；二是改变评分制度，加大课堂讨论的个人表现及发言率的分数，教师如能做好这两点工作，相信学生的表现会很好。

第三，缺少适合的案例。

案例教学中案例肯定是教学的最主要因素之一，如果缺少适合的案例，那么案例教学就没有办法进行，但目前对外汉语教学行业的情况现状确实极其缺乏案例，这是行业现状，那么我们的解决办法是建立对外汉语教学资源库，从事对外汉语教学及研究的教师都知道语料库是非常重要的教学及研究的辅助工具，因此我们可以参考语料库的模式建立对外汉语案例教学的资源库，综观国外的案例教学及国内的 MBA 课程教学发现，提供充足多样有针对性的案例是必要的，王应密、张乐平（2013：168）曾经指出，案例教学资源库的作用是极大的：第一，提供优质的教学案例，提升教师的教学能力；第二，强化基础条件，提高实践能力培养的有效性；第三，推广最新教改成果，带动院校专业建设；第四，拓展自主学习空间，改变学生学习模式；第五，共享优质教学资源，推进教育公平高效。

四、总结

首先，案例教学在国外是一门比较成熟的教学方式，在国内也已经开始在各行业的培训及学习中尝试使用；其次，案例教学在国内对外汉语教学行业还没有大面积推广，但是从个人观点出发，案例教学是完全可以应用于汉语国际教育师资培养方面的；最后，案例教学一定会成为一种全新的教育模式。因为它的优势、作用我们都已经讨论过。当然考虑到行业现状，完全实施在案例教学模式下对国际汉语教师的培养还需要一段时间，作为一名汉语国际教育专业的学生或者教师，我们觉得有必要从现在开始多关注案例教学，不仅是在师资培养方面，还要多思考实践怎么把案例教学和对外汉语教学有效有益地结合起来，更好地为对外汉语行业服务。

参考文献

［1］陈福松（2009）案例教学与创新人才的培养，《扬州大学学报（高教研究版）》第10期。

［2］冯胜利、施春宏（2015）《三一语法》，北京：北京大学出版社。

［3］冯胜利（2001）论汉语"词"的多维性，《当代语言学》第3期。

［4］黄正德（2013）《汉语句法学》，北京：世界图书出版公司北京公司。

［5］刘月华等（2001）《实用现代汉语语法》，北京：商务印书馆。

［6］王浦劬（2001）试论公共管理案例的基本特点，《中国行政管理》第7期。

［7］王应密、张乐平（2013）全日制工程硕士案例教学资源库建设探析，《高等工程教育研究》第4期。

［8］杨光富（2008）案例教学：从哈佛走向世界——案例教学发展历史研究，《外国中小学教育》第6期。

［9］张新平（2002）论案例教学及其在教育管理学课程中的运用，《课程·教材·教法》第10期。

［10］郑金洲（2002）案例教学：教师专业发展的新途径，《教育理论与实践》第7期。

［11］朱　勇（2013）《国际汉语教学案例与解析》，北京：高等教育出版社。

［12］庄会彬（2015）韵律语法视域下汉语"词"的界定问题，《华文教学与研究》第2期。

体悟式文化教学的新实践
——文化教学的"翻转课堂"

陈 莹

提要 文化教学的目标是理解与沟通。汉语教师在文化教学中就要试着从外国人的视角来重新审视中国文化。从实际社会生活中的文化现象入手，如社会习俗及文化产品，将其与更为深层的文化观念联系起来，从而使外国学生逐渐认知并理解中国文化，并能够在中国文化环境中得体地进行交际，最终可以成为文化交流的使者。文化教学的目标决定文化教学是体悟式的教学，"翻转课堂"的实践使得文化教学突破了知识教学局限，使文化理解与沟通成为可能。

关键词 文化教学 体悟式 翻转课堂

一、文化教学的目标：理解与沟通

我们从文化习俗、文化观念与文化产物这三个方面来了解中国文化。文化习俗指人们的日常生活模式，包括衣食住行，岁时节日，人生仪礼等，这些展示了文化作为生活的本来面貌，其中物质层面的差异也是在异质文化接触时最容易感知的部分。文化观念包括神话思维、哲学思想、信仰、艺术与美感，这些反映出一个民族的历史文化、精神气质与思想内核。文化产物则是凝结着文化观念，在文化习俗的展示中起着标志性作用的东西，如在中外文化交流中的"中国符号"。这些往往是外国人了解中国的起点，也是最佳的切入点。

中国人从小就生长在中国文化的环境中。中国的文化习俗与文化产物已经成为司空见惯的日常生活常识，正所谓"习而不察"。但是对外国人来说，那些中国人习以为常的东西可能是非常特别的，而且从中可以获得非凡的文化体验。下面我们先来看一段外国人学习中国文化的个人体验。瑞典人林西莉跟着中国老师王迪学习古琴。她有着二十多年古钢琴和六年的中世纪双弦鲁特琴的经验,所以认为练习古琴也是一样的,然而她发现情况并非如此。

"几个星期之后,我问王迪是否可以要音阶或其他练习带回家弹。她不明白我的意思,这不只是因为我的中文蹩脚,我试图解释:和弦、音阶、练习曲、大调、小调、整个键盘、练习所有的指法,像弹钢琴那样。她无比震惊地盯着我。怎么可以如此对待乐器!在我的国家我们真是这么做的吗?我们难道尊重我们的乐器?我想,那是我第一次真正理解到古琴在中国文化中的地位。

用古琴来练音阶当然是对它的亵渎。这种乐器的品性可谓独一无二,它发出的音能使人类与大自然沟通,触及人的灵魂深处。如果能够把它在恰当的时候恰如其分地弹出来的话,其实一个音也就够了。但完美地弹出一个音决不是目的,关键在于弹琴者通过音乐达到对人生的领悟。古琴不单是一件乐器,更是一面心灵的镜子。

经过很长时间,我才逐渐体会到这种态度如何贯穿于整个中国文化,就像书法一样。这是一种再创的文化,追求强烈的投入感,轻松的和谐与祥和,通过模仿、迎合和放弃自我,从而达到得心应手、驾驭自如的境界。"

从这段记述中可以看到,作者发现中国人练习古琴的方法之所以与钢琴不同,是因为两种文化的观念不同。她通过学习古琴领悟了中国人对音乐的独特态度,并逐渐发现这种态度贯穿整个中国文化。古琴如此,书法之类的文化技能也如此。

汉语教师在文化教学中就要试着从外国人的视角来重新审视中国文化。有一些内容在中国人的文化教学中是不重要的,甚至是不需要学的,但是在对外的文化教学中却是非常重要的。中国人学习书法文化时,都是在学书法作为艺术的部分,老师要让学生们了解不同时期名人名家的风格与特色。至于书写的工具、汉字的结构、普通人学习书法的过程以及中国人对书法的态度则被视为日常生活经验而忽略不谈。但对外国人来说,这忽略的部分恰恰是他们最需要了解的中国文化:只有看到毛笔柔软的笔尖,看到墨汁在宣纸上逐渐浸染,才能理解汉字的"笔锋"是什么意思,明白"提"与"撇"有什么不同;只有了解几千年来中国人将书法作为中国人的启蒙教育的历史,才能明白书法不只是艺术,更是一种文化传承方式。中国孩子通过学习书法来学习做人的道理。练习书法时用的红色的九宫格,代表着"规矩"。一笔一画都不能越出红框，写了就不能再改了。人既要学习直线的耿直，也要学习曲线的委婉，甚至有字如其人的说法。这种教育塑造了中国人性格中的谦虚谨慎。在此基础上再让他们来欣赏千姿百态的书法作品。对外国人而言，相比了解中国书法的流派与特点，他们更愿意了解中国人是如何用书法来抒发自己的个性与情感的。因此，给外国人介绍艺术作品时，重在介绍时代的背景、作者的人生经历与性格、当时的情景以及作品的内容这些具体的信息，帮他们了解作者想述说什么，为什么中国人欣赏这样的作品。至于作品美在哪里却是不需要说的，应该让学生自己去品味。

　　文化教学就是从实际社会生活中的文化现象入手，如社会习俗及文化产品，将其与更为深层的文化观念联系起来，从而使外国学生达到认知中国文化的目标。举例来说，中国人重视家族，这是文化观念。中秋节一家人团圆赏月，分食月饼，这是文化习俗。中秋节的月饼是文化产物。中国人的家族观念是如何反映在中秋节的习俗与一块月饼当中的呢？这就是汉语教师所要关注的文化内容。在中国人的眼中，圆月象征着团圆，但在别的国家，圆月并没有这样的含义。因此，在文化教学中，文化比较是汉语教师必须具备的意识。比如，在具体的教学中可以从这个"圆"字入手，引导学生思考如下问题：

（1）从"一轮明月"这个词可以猜出中秋节的月亮是什么形状的？
（2）月饼是什么形状的？
（3）中国人为什么选择圆形？
（4）由"圆"组成的词有哪些？（团圆、圆满……）
（5）怎么切月饼？（家里有几个人切几块，象征着全家团圆）
（6）中国人看到圆月想到什么？（"举头望明月，低头思故乡"）

　　在这个具体的教学个案中，学生通过月饼与中国人分食月饼的习俗了解到中国人浓厚的家庭观念以及圆月的象征含义。以后再看到中餐厅的大圆桌，听到中国人"花好月圆"的祝福就会觉得是很自然的事。甚至在打"愤怒的小鸟·季节版"游戏时，玩"中秋节"那一关时会开心地一笑，有机会还会听一听中国民乐《春江花月夜》。

　　概括来说，国际汉语教学中文化教学的目标是要让语言学习者了解中国人如何理解与看待自己的文化，能够在中国文化环境中得体地交际，并建立一种更加广阔的文化视野，以正面的态度来对待与本国文化不同之处，学会欣赏不同文化的独特之美。

二、体悟式文化教学：以理解与沟通为目标的文化教学方式

文化教学与语言教学不同。相对于语言本体的严谨，文化确实是"玄之又玄"。文化教学有点像学太极拳：首先确立一个范围，不管是多少式，都得按套路模仿练习；接下来，在练习中体悟每一个招式的精髓，每个人能力与阅历不同，收获也不同；最后，是要忘掉原来的范式，一招一式随心所欲，进入自如的境界。简言之，文化教学是体悟式的教学，老师"举一"，学生要会"反三"。继续前面"圆月"的例子，看看在文化教学中教师如何举一反三：

师："圆月"象征"团圆"，那么元宵节吃"元宵"呢？

生：也是象征"团圆"吧？

师：如果月亮不圆，中国人会想什么呢？

生：应该是家人分别，事情不圆满。

师：所以中国人说"人有悲欢离合，月有阴晴圆缺，此事古难全"。不过中国人还说"但愿人长久，千里共婵娟"。因为就算不在一起，家人也可以看到同一个美丽的月亮。

生：中国人看问题很有意思，好和不好都一样。

师：对，中国人看问题讲辩证，比如"阴阳"……

体悟式的文化教学主要有以下三个特点：

一是虚实结合。文化的观念都是虚的，但文化习俗与文化产物都是实的。一个观念可以有无数个例子来证明它。比如中国人的家族观念，除了可以从中秋节分月饼的例子体现出来，还可以从大学生宿舍里喜欢按照排行（老大、老二、老三、老幺等）称呼室友体现出来。同样的，一个文化习俗或者一个文化产品它可能反映出许多文化观念。比如说，中秋赏月，除了家族团圆，还包含有中国人的女性意识、阴阳观念等。月饼除了浓缩家族亲情之外，还起着协调社会关系的作用。中国人送月饼的方式，也体现了中国人对"礼物"的看法，礼物本身的意义远不及它的象征意义。在文化教学中"虚"的观念，

可以用鲜活的生活来说明，同样"实"的习俗与产物，可以留下广阔的空间，让学生去感悟。

　　二是动静结合。文化教学不但要有静态的文化知识介绍，还需要有大量的动态文化实践。以京剧为例，只在课堂中介绍京剧的脸谱、唱腔、表演程式还远远不够，如果可以去看看京剧表演，亲身感受舞台的气氛，效果会好得多。如果还能亲自画画脸谱，穿穿戏装，学几个经典动作，那就更有感觉了。最后有兴趣的学生，还可以拜师学艺，自己尝试表演京剧，那滋味应该是非常难忘的。文化教学的关键是要把静态的部分与动态的部分有机地结合起来。在介绍文化知识时不是泛泛而谈，而是结合之后的文化活动。比如将表演中人物的脸谱作为介绍脸谱知识的例子，学生在看表演时就会觉得又熟悉又新鲜。在看表演时，要让学生带着问题看，比如京剧的乐器与乐队是什么样的。看完之后让学生做报告，还可以与本民族的特色乐器进行比较。在进行文化活动的过程中，进一步加深对文化知识的了解并引发学生更大的兴趣。此外，除了静态的传统文化知识，教师要特别提点动态的交际文化。比如看京剧怎么叫好，中国人怎么一边喝茶一边看表演。这有助于学生理解中国式"热闹"以及中国人对戏剧表演的态度。学生会觉得除了正襟危坐地欣赏歌剧之外，还有别的有意思的欣赏艺术的方式。

　　三是内外结合。相对于语言教学，文化教学中教师的角色很特别，他必须学会用不同的视角来解释文化现象。当异质文化接触时，会存在局内局外两种视角。比如说，对于一边吃东西一边看京剧这个现象，中国人会觉得京剧就是娱乐，这样欣赏非常放松；而外国人则可能觉得这样做不尊重艺术，没有教养。前者是中国人用自己的思维与传统理解本族的文化，是局内人的视角；后者则是外国人用本民族的思维与传统来理解中国的文化，是局外人的视角。不同的视角可能会得出不同的结论。文化教师既要站在局内人的视角，解释中国人的想法；又要站在局外人（学生）的视角，理解外国人的想法；最后要站在第三个视角，同时以局内人和局外人的观点来与学生进行有效的文化沟通：首先承认吃东西可能会影响别的观众或者演员的表演；接下来希望学生仔细观察中国人看京剧时的反应。比如说，当演员精彩亮相时，喧闹的戏院会一下子变得鸦雀无声，然后中国观众会爆发出惊天动地的叫好声。中国人显然不是不尊重艺术，而是有不同的表达方式。这样做的目的不是要让外国学生认同中国人的做法，而是为了让他们逐渐意识到所有人都会表现出由文化所决定的行为。在评价别的文化之前，首先要想一想他们为什么这么做，是不是有他们自己的理解方式。然后再想一想，我们的方式是最好的吗，我们的方式是不是适合别的文化。这种换位思考，使国际汉语教师在文化教学中获得更开阔的视野，通过与异文化的对话，老师更深刻地理解了中国文化。同时，这也实现了文化教学的目标：一方面学生了解了中国的文化，慢慢开始用中国文化的框架来理解中国人的想法；另一方面通过中国文化这面镜子，学生逐渐意识到本国文化的独特之处。最终，他们可以用更加开放的文化心态来面对多元的社会，在面对文化冲突时能用协商来代替对抗。

总而言之，文化教学的目标决定了它的特点。文化教学培养的不仅仅是外在的知识与技能，更重要的是培养内在的态度与意识。态度与意识的形成是一个很漫长的过程，它的效果可能很久之后才能显现，但它的影响力却非常深远，因此文化教学不能急于求成。

三、体悟式文化教学的新实践：将"翻转课堂"引入文化教学

"翻转课堂"教学模式指学生在课下完成知识的学习，课堂变成了老师和学生之间以及学生和学生之间的互动。老师更多的责任是去理解学生的问题和引导学生去运用知识。这种新的教学模式与体悟式文化教学非常契合。可以将课下的文化实践和体验与课上的文化现象分析和讲解有机地结合起来。学生自己在实践中发现文化差异，在互动中理解文化内涵，在交流中开阔文化视野。

下面以汉语进修学院《中国文化》课为例，看"翻转课堂"是如何引入文化教学的。

教学流程：

第二周在网络平台上发布本学期十个文化专题，并在课堂上做简要介绍。每一个专题都配有相应的实践课题与具体要求。所有的题目都要求学生亲自体验，不能只是阅读相关文献。给学生两周时间考虑，选择自己感兴趣的题目，并组织小组成员。

第四周确定每个报告小组的内容与成员，并指定每一组的报告时间。在网络平台上教师对各组的计划予以指导。

第六周开始各组依次报告，要求制作PPT，有现场拍摄的照片、视频等

第一手资料，并为大家提供资料的来源。报告后每组设计若干问题，请在座的同学现场回答。

学期结束前整理PPT并发布在学习平台上，并以此作为平时成绩的主要依据。

期末考试要求学生将文化实践的内容与课堂学习的内容结合起来，撰写文化报告，并发布在网络平台上。

该课程利用"翻转课堂"模式将小课堂延伸为大课堂，将课堂文化教学与课外文化实践有机地结合起来。学生不但制作了文化体验的PPT，还撰写了文化实践报告。

充分利用北京丰富的文化资源，寓教于乐。解决文化教学与文化活动脱节的问题，开阔学生的眼界。例如学生利用课余时间去分组考察北京的老字号，了解同仁堂的中医文化、吴裕泰的茶文化、咸亨酒店的酒文化、稻香村的饮食文化等。

体验与感受当代中国人的文化生活，能在真实的环境中使用语言，实现学以致用。例如很多学生选择去国家大剧院看表演，去798艺术中心了解当代艺术，去各大博物馆看展览，在那里他们不但了解了中国文化，还结交了不少中国朋友。

满足学生的不同需求，发挥学生的自主学习能力，体现各自的特长，真正实现为兴趣而学，并愿意继续学习。例如有的学生在国内的专业与宗教有关，他通过文化课教学互动选择白云观与道教作为自己的研究课题。

充分利用多媒体网络平台，增加资源利用率。学生在选题、制作PPT、小组讨论、撰写报告的过程中，不断地提出问题，并利用网络查找资料。同时他们也将自己的研究成果通过网络分享给大家。

还有一些学生成为了文化志愿者，为北京市国际汉语推广中心的"外交官文化体验项目"做策划与翻译，真正实现了从文化理解到文化交流。学生在课外文化体验的基础上，开始了文化传播实践。可以说创造机会让学中文的外国学生成为中国文化的传播者正是文化教学的最高目标。

参考文献

［1］陈　申（2001）《语言文化教学策略研究》，北京：北京语言文化大学出版社。

［2］亓　华（2003）中国对外汉语教学界文化研究20年述评，《北京师范大学学报（社会科学版）》第6期。

［3］竹露茜（2000）全美中小学中文学习目标大纲，《文教新潮》第5期。

［4］祖晓梅（2003）跨文化能力与文化教学的新目标，《世界汉语教学》第4期。

［5］［美国］柯顿［美国］达尔伯格（2011）《语言与儿童：美国中小学外语课堂教学指南（第四版）》，唐睿等译，北京：外语教学与研究出版社。

汉语习得研究

留学生汉字习得国别化差异研究

陈天序

提要 本文以215名初级阶段来华留学生为研究对象，以《汉字书写试卷》为研究工具，对不同母语（地域）的学生在习得相同汉字时存在的不同特点进行分析。我们发现：1.笔画数多少影响留学生习得汉字的难易度，但对于不同母语留学生，汉字笔画数存在不同难度等级；2.结构差异影响留学生习得汉字的难易度，且这种难易度对不同母语学生来说在总体趋势上一致；3.学习时间越长汉字记忆效果越好。4.留学生可能倾向于整体记忆汉字、词语的加工模式。

关键词 留学生 汉字习得 国别化

一、引言

在汉语作为第二语言的教学中，汉字教学一直以来是对外汉语教师和学者们公认的重点和难点。针对"如何让留学生更加有效地习得汉字"这一课题，学者们选择从不同角度进行研究。有些研究关注汉字的笔顺、笔画和部件结构对第二语言学习者习得的影响（肖奚强，2002；尤浩杰，2003；冯丽萍等，2005；郝美玲、舒华，2005；何洪峰，2006；安然、单韵鸣，2007；刘丽萍，2008；郝美玲、范慧琴，2008等）；有些研究关注第二语言学习者的汉字学习策略和方法（江新、赵果，2001；柳燕梅、江新，2003等）；有些研究讨论对外汉字教学的方法（周健、尉万传，2004；万业馨，2007等）；有些研究讨论汉字认读与书写的关系及学习顺序（宋连谊，2000；江新，2007；严彦，2013等）。其中，随着近年来汉语国际教育的迅速发展，汉字习得的国别化研究开始受到越来越多人的关注。例如：尉万传、毕艳霞（2007）对东南亚华裔学生，陈琴等（2009）、童平（2012）对泰国学生的汉字偏误分析；张金桥（2008）对印尼华裔学生的汉字正字法意识的讨论；夏迪娅·伊布拉音（2007）对维吾尔族学生汉字习得的偏误分析，范祖奎（2009）对中亚留学生汉字学习特点的调查；贾鑫（2013）对蒙古留学生汉语写字教学的研究；徐帅（2013）对智利学生汉字学习状况的调查与分析等。

然而，虽然近几年针对不同国别汉语学习者的汉字习得研究开始逐步细化，但是对于不同国别学习者之间的对比研究相对较少。而且，研究对象大多集中在东亚、东南亚和美国地区的学生，例如：江新（2003）对日本、韩国、印尼和美国学生的汉字知音和知义之间的关系进行了对比研究；吴门吉等（2006）对欧美学生和韩日学生的汉字认读与书写习得进行了比较；张金桥、王燕（2010）对韩国和印尼留学生汉字识别进行了比较等。而对于日益增加的俄语地区、西班牙语地区和阿拉伯语地区学生汉字习得的对比研究还比较少。

我们注意到，不同地域、母语背景的汉语学习者在学习风格、策略及自身学习特点等方面存在明显差异（陈天序，2010），因此我们认为有必要在研究汉字习得时，将国别化特点作为一个重要变量加以分析、讨论。由于篇幅限制，本文将重点讨论汉字笔画数、结构、学习时间对于不同地域（母语）背景的初级阶段汉语学习者习得汉字时的影响。

二、研究方法

我们采用问卷测试的方法和统计分析的手段，首先将《汉字书写试卷》分发给初级阶段来华留学生填写，然后统计不同学生在试卷不同部分的相应得分，使用SPSS19.0作为统计分析工具，对调查获得的数据进行描述性统计、T检验、Anova检验等统计分析。

2.1 样本说明

本研究的测试时间为初级阶段"零起点"留学生来华学习2个月后，共收到有效测试卷215份。参加测试的学生分别来自78个国家。其中女生86人，男生129人。22岁以上103人，22岁以下112人。母语为俄语的70人，英语39人，西班牙语34人（以下简称"西语"），阿拉伯语22人（以下简称"阿语"），东亚、东南亚地区语言24人，法语14人，中欧、北欧地区12人。

我们参考陈天序（2010）的研究，将学生母语与他们的国别、地域相结合，例如：哈萨克斯坦在地域上趋近俄罗斯，他们的官方语言是哈萨克语，但俄语也是通用语言，类似这样的情况，我们将学生的母语计为俄语。东亚、东南亚地区的学生都属于汉字文化圈范围，为了表述方便，我们将他们统一称为"华语"学生。而由于法语地区和中北欧地区的学生人数相对较少，我们没有将他们计入本次比较研究的范围。

2.2 测量工具

《汉字书写试卷》采取看拼音写汉字的形式，为了帮助学生确定需要书写的汉字，每个拼音后都进行了简单的英文注释，例如：píng guǒ（apple）_____（目标汉字为"苹果"）。

本次测试共包括50个汉字，22个词，分别是：五、支、笔、中、国、照、片、不、用、谢、很、难、起、床、可、以、找、钱、四、零、八、游、泳、太、极、拳、图、书、馆、老、师、打、篮、球、同、学、考、试、那、种、公、园、咖、啡、我、家、前、边、问、题。

上述汉字参加测试的学生都已经学过。除"咖啡"外，全部为《现代汉语常用字表》中的常用字。其中从结构上分，包括独体字11个，左右（左中右）结构字17个，上下（上中下）结构字9个，包围结构字4个，半包围结构9个。从笔画数上分，包括4笔以下的字11个，5笔的字4个，6笔的字6个，7笔的字6个，8笔的字5个，9笔的字3个，10笔的字6个，11笔的字4个，12笔以上的字5个。从学习先后上分，包括开学前两周学习的汉字4个，第三周学习的汉字15个，第四周学习的汉字10个，第五周学习的汉字8个，第六周学习的汉字8个，第七周学习的汉字4个。

2.3 计分方式

学生试卷的计分方式如下：完全错误、没有写，记0分。只写出一个形旁或声旁，如"游泳"，只写出"氵"，记0.5分。写出汉字结构，但部件写错，如"馆"，左边写成"亻"，右边正确，记1分。汉字部件正确，但结构错误，如"题"，两个部分都正确，但是写成左右结构"题"，记1分。汉字结构、部件基本正确，但出现多笔、少笔等情况，如"球"写成"球"，记1.5分。完全正确，记2分。

三、留学生汉字书写特点分析

我们对不同母语区学生的汉字书写成绩进行了分类统计,具体成绩如下:

表1 留学生汉字书写测试成绩

	平均分	俄语组	英语组	西语组	阿语组	华语组
得分	70.1977	67.2857	68.5769	67.6176	69.0227	83.1458

我们对上述五组成绩进行了单因素方差分析,结果显示5个组别之间存在显著相关($F_{(4, 188)}=2.998$, $p < .05$)。但在随后的多重比较中,我们发现俄语、英语、西语和阿语4个组别之间都不存在显著差异($F_{(3, 164)}=.056$, $p=.982$),但都与华语组存在显著差异。也就是说,华语组的汉字书写成绩明显优于其他四组,而母语为俄语、英语、西语和阿语的学生在汉字书写方面总体上没有显著差异。然而,随着进一步的研究,我们发现虽然不同母语地区的学生在汉字书写方面总体上没有差异,但是在面对不同汉字时,特别是不同笔画数、不同汉字结构以及不同学习时间的汉字时,不同母语地区的学生或多或少都存在认识差异。

3.1 笔画数差异对留学生汉字书写的影响

我们对留学生书写不同笔画数汉字的得分进行了分项统计,具体得分如下:

表2 留学生书写不同笔画汉字的成绩

	4笔以下	5笔	6笔	7笔	8笔	9笔	10笔	11笔	12笔以上
平均分	1.5994	1.5581	1.5690	1.3725	1.4195	1.2516	1.2612	1.1250	1.1437
俄语组	1.5273	1.4518	1.5405	1.2905	1.3743	1.3333	1.2083	1.0840	1.0471
英语组	1.6072	1.5000	1.5300	1.3761	1.3128	1.2692	1.2308	1.2500	1.3026
西语组	1.5762	1.6213	1.5049	1.3039	1.4029	1.1426	1.1495	1.1985	1.1853
阿语组	1.5723	1.4659	1.5795	1.3561	1.4727	1.1591	1.2500	0.8920	0.9682
华语组	1.7955	1.8073	1.8021	1.6667	1.5958	1.5764	1.5625	1.5156	1.4792

如表2所示,我们发现,总体上随着汉字笔画数的增加,学生的得分逐渐降低,也就是说,笔画数越多的汉字对于留学生书写的难度越大。同时,通过两两配对样本t检验,我们进一步发现:笔画数为7笔以下的汉字学生得

分彼此差异不显著（p=.709），7笔与8笔的汉字得分差异不显著（p=.059），9笔与10笔的汉字得分差异不显著（p=.313），11笔与12笔以上的汉字得分差异不显著（p=.318）。但是，7笔以下的汉字与7笔的汉字得分差异显著（t（214）=7.517，p<.001），8笔的汉字与9笔的汉字得分差异显著（t（214）=3.863，p<.001），10笔的汉字与11笔的汉字得分差异显著（t（214）=4.981，p<.001）。具体来说，汉字笔画数与汉字对于留学生书写的难易度，呈现出难度阶梯式上升的形式，即7笔以下是第一个难度等级，7—8笔是第二个难度等级，9—10笔是第三个难度等级，11笔以上是第四个难度等级。

通过进一步的配对样本t检验，我们发现：对于不同母语的学生，汉字笔画数的难度等级是不同的。对于华语组和英语组的学生，难度等级只有两个，即7笔以下和7笔以上。就是说7笔以上的汉字，无论是9笔，还是11笔，对于他们都不存在显著的难度差异。对于俄语组的学生，笔画难度等级有三个，分别是7笔以下，7笔到10笔，11笔以上。对于西语组的学生，笔画难度等级也有三个，分别是7笔以下，7笔到8笔，9笔以上。而阿语组的学生，笔画难度等级与留学生整体相同，存在四个等级，分别是7笔以下，7笔到8笔，9笔到10笔，11笔以上。为了表述清楚，我们将汉字笔画的难度等级总结如下：

表3 汉字笔画的难度等级

	7笔以下	7笔	8笔	9笔	10笔	11笔	12笔以上
平均分	第1难度等级	第2难度等级	第3难度等级	第4难度等级
阿语组	第1难度等级	第2难度等级	第3难度等级	第4难度等级
俄语组	第1难度等级	第2难度等级	第3难度等级
西语组	第1难度等级	第2难度等级	第3难度等级
英语组 华语组	第1难度等级	第2难度等级

3.2 字型差异对留学生汉字书写的影响

我们对留学生书写不同结构汉字的得分也进行了分项统计，具体得分如下：

表 4 留学生汉字书写不同结构汉字的成绩

	独体字	包围结构	半包围结构	上下（上中下）结构	左右（左中右）结构
平均分	1.6681	1.6663	1.4465	1.3568	1.2116
俄语组	1.5929	1.5964	1.3929	1.3330	1.1517
英语组	1.6550	1.6154	1.4145	1.3291	1.1719
西语组	1.6551	1.6912	1.3824	1.2092	1.1652
阿语组	1.7087	1.5966	1.3813	1.3056	1.2019
华语组	1.8447	1.8958	1.7292	1.6273	1.5037

如表 4 所示，留学生对于书写不同结构的汉字的得分存在显著差异，配对样本 t 检验显示：独体字与包围结构差异不显著（p=.931），包围结构与半包围结构差异显著 t（214）=8.249, p<.001，半包围结构与上下结构差异显著 t（214）=4.313, p<.001，上下结构与左右结构差异显著 t（214）=7.306, p<.001。具体来说，独体字和包围结构的汉字得分最高，半包围结构的汉字次之，上下结构的汉字再次，左右结构的汉字得分最低。换句话说，从汉字结构的相对难易程度来看，对于留学生整体而言，独体字和包围结构最容易，半包围结构较容易，上下结构较难，左右结构最难。

我们发现不同母语学生对于汉字结构的难易度在总体趋势上表现出比较一致的倾向性，但是各种不同结构的难易度对不同学生仍有所差别。配对样本 t 检验显示，对于俄语组学生，独体字与包围结构差异不显著（p=.927），包围结构与半包围结构差异显著 t（69）=4.104, p<.001，半包围结构与上下结构差异不显著（p=.102），上下结构与左右结构差异 t（69）=4.957, p<.001；对于英语组学生，独体字与包围结构差异不显著（p=.461），包围结构与半包围结构差异显著 t（38）=2.943, p<.05，半包围结构与上下结构差异不显著（p=.1333）、上下结构与左右结构差异显著 t（38）=3.437, p=.001；对于西语组学生，独体字与包围结构差异不显著（p=.519），包围结构与半包围结构差异显著 t（33）=4.491, p<.001，半包围结构与上下结构差异显著 t（33）=3.208, p<.05，上下结构与左右结构差异不显著（p=.396）；对于阿语组学生，独体字与包围结构差异不显著（p=.086），包围结构与半包

围结构差异显著 t（21）=2.237，p<.05，半包围结构与上下结构差异不显著（p=.257）、上下结构与左右结构差异不显著（p=.152），但半包围结构与左中右结构差异显著 t（21）=2.934，p<.05；而对于华语组学生，独体字与包围结构差异不显著（p=.268），独体字与半包围结构差异不显著（p=.081），包围结构与半包围结构差异显著 t（23）=3.715，p=.001，半包围与上下结构差异不显著（p=.083），上下结构与左右结构差异显著 t（23）=2.218，p<.05。为了表述清楚，我们将汉字结构的难度等级总结如下：

表5 汉字结构的难度等级（从易到难）

	汉字结构
平均分	独体字、包围结构 > 半包围结构 > 上下结构 > 左右结构
俄语组	独体字、包围结构 > 半包围结构、上下结构 > 左右结构
英语组	独体字、包围结构 > 半包围结构、上下结构 > 左右结构
西语组	包围结构、独体字 > 半包围结构 > 上下结构、左右结构
阿语组	独体字、包围结构 > 半包围结构、上下结构 > 上下结构、左右结构
华语组	包围结构、独体字 > 独体字、半包围结构 > 半包围结构、上下结构 > 左右结构

四、汉字学习时间差异对留学生汉字书写的影响

我们对留学生书写不同阶段学过的汉字的得分也进行了分项统计，具体得分如下：

表6 留学生汉字书写不同阶段学过汉字的成绩

	前两周汉字	第三周汉字	第四周汉字	第五周汉字	第六周汉字	第七周汉字
平均分	1.8500	1.7051	1.2953	1.2110	1.1134	1.1634
俄语组	1.7946	1.6810	1.1943	1.0982	1.0482	1.1857
英语组	1.8686	1.6863	1.3295	1.1907	1.0048	0.9808
西语组	1.8787	1.6471	1.2382	1.1857	1.0901	1.0147
阿语组	1.8011	1.6939	1.1773	1.2557	1.0625	1.2557
华语组	1.9583	1.8722	1.6542	1.5130	1.5052	1.3177

如表6所示，留学生对于学过的汉字，学习时间越短的汉字得分越低。

具体来说，前三周学过的汉字得分最高，第四、五周的汉字得分次之，第六、七周（最近两三周）的汉字得分最低。在整体上呈现出学习时间越长，记忆、书写准确率越高的特点。且不同母语学生在这方面差异不大，只是俄语组（p=.063）和阿语组（p<.05）对于新学汉字（第7周）的记忆略好于第6周。

五、讨论

上文分别从汉字笔画数、汉字结构和汉字学习时长不同角度，对汉字习得的国别化差异进行了分析。我们发现，虽然不同母语地区的学生在汉字书写方面总体上没有显著差异，但学生在习得不同笔画数、不同汉字结构以及不同学习时间的汉字时，在难度等级上确实存在国别化差异。

第一，对于所有留学生来说，汉字的第1个难度阶梯是相同的，即笔画数为7笔是一个难易度的分水岭。7笔以上的汉字对于留学生而言，要明显难于7笔以下的汉字。然而，对于不同母语的留学生，汉字笔画数并不仅仅只存在两个难度等级。西语和俄语的学生存在三个等级，而阿语的学生存在四个等级。这从另一个角度说明，汉字的复杂程度对于不同母语地区的学生是不同的。相对而言，汉字对于英语和华语地区的学生书写难度较低，而对于西语、阿语和俄语地区的学生书写难度较高。特别是随着笔画数的增加，相同汉字对于不同学生的难度有所不同。例如，对于俄语地区的学生，9笔汉字与7笔汉字的难易度是相同的，而对于西语和阿语地区的学生，9笔汉字可能比7笔汉字还要更复杂，难度更高。

第二，不同母语学生对于汉字结构的难易度在总体趋势上表现出比较一致的倾向性，对于所有留学生来说，独体字和包围结构都是最容易书写的，而左右结构都是最难书写的。这从一个侧面说明，留学生在记忆、书写汉字时，可能采取的是整体记忆的方式。包围结构实际上只是在独体字外边加了一个"口"。而上下结构，特别是左右结构相对难以记忆和书写，可能是因为学生容易将一个汉字看成两三个部分，从而忘记一个部分。但是从国别化角度来看，对于不同母语背景的留学生而言，汉字结构的难易度等级仍有所差别。比如对英语地区的学生来说，上下结构和半包围结构属于同一难度等级，而对西语背景的学生而言，上下结构的难度要高于半包围结构。

当然，关于汉字结构对于留学生的难易程度，学界还存在争议。尤浩杰

（2003）的研究与我们的研究结果比较一致，认为留学生对横向结构汉字的书写错误率高于其他结构类型汉字的错误率。而郝美玲、范慧琴（2008）的研究却正相反，她们认为左右结构的汉字对留学生来说比较容易，而上下结构的汉字相对来说较难。考虑到这一课题涉及变量较多，情况比较复杂，我们目前的结论还有待进一步证实。

第三，在汉字学习时间差异对留学生汉字书写的影响上不存在显著的国别性差异。对于学习时间长的汉字留学生的书写正确率高的现象，我们认为可能的原因是：1.前三周是拼音和汉字入门阶段，所学汉字比较简单，笔画数较少，且都是独体字。2.随着学习时间的增加，所学汉字逐渐复杂，每天学习的数量逐渐增加，学生记忆的负担开始加重。3.重现率高的字词对于学生记忆有一定帮助。

而俄语组和阿语组对于新学汉字的得分略高这一现象，则存在两种截然不同的可能：一是他们对于新学汉字投入的精力和记忆时间较多，学习效果较好；二是他们对于已学汉字的遗忘率较高，因此显得新学汉字的记忆效果较好。至于具体是哪种原因，还有待我们进一步研究。

第四，通过对215份《汉字书写试卷》的分析，我们对于留学生汉字记忆加工模式有了一个大胆的猜测，即留学生在记忆汉字时也倾向于采取以词为单位的整体记忆模式。虽然我们还没有掌握直接的证据，但通过留学生书写中的一些常见错误，可以对我们的猜测加以佐证：1.留学生经常出现词内汉字书写颠倒的情况，例如："照片"写成"片照"，"可以"写成"以可"，"咖啡"写成"啡咖"等；2.一些非常简单的汉字，进入特定词语后，给学生书写造成困难，例如："打篮球"的"打"，"太极拳"的"太"，很多学生完全无法写出；3.很多学生将"图书馆"写成"地书馆"，"照片"写成"照相"，"游泳"写出"旅游"等。

我们认为之所以会出现上述"莫名其妙"的错误，是因为留学生在记忆时将两个汉字作为一个整体进行加工，从而模糊了单个汉字的特征。例如，学生在书写"图书馆"的"图"时会写成"地"，是因为"地图"作为一个词汇较早学习过，且在学生早期练习中使用频率较高，学生将"地"和"图"整体记忆后，模糊了单字的记忆。当然，我们关于汉字整体记忆的加工模式目前仅仅是一个猜测，还有待进一步证实。

六、教学建议

我们在对学生进行汉字书写测试的同时，还针对汉语教师进行了相应汉字难易度的问卷调查，并对部分教师进行了事后访谈。共有34名具有5年以上对外汉语教学经验的教师参与了我们的匿名调查，我们将教师问卷整理、统计后，去掉了三个极端值（+/-1.5个标准差以外），因此最后参与本研究的教师共计31名。他们被要求对《汉字书写试卷》中的50个汉字根据自己的经验给出分数。计分方式如下：如果教师认为某个汉字对于学生较为容易，学生一般不会写错，记2分；如果认为某个汉字有一定难度，学生有可能会写错，记1分；如果认为某个汉字非常难学，学生经常写错，记0分。

Spearman相关分析的结果显示，教师对于汉字难易程度给出的分数和学生测试成绩之间存在显著相关（r=.48，p<.001），就是说有经验的对外汉语教师是能够预见到留学生常见的汉字错误的，这对我们有的放矢进行汉字教学有很大帮助。但值得注意的是，很少有教师认为"极""种""打""太"这样笔画数少、结构简单的汉字会对学生书写造成难度。然而事实上，这几个汉字的错误率却排在学生得分最低的汉字的前十位。我们认为，之所以出现这样的情况，是因为大部分教师比较注意笔画数对汉字复杂性的影响，但是对于汉字结构差异对留学生造成的影响，特别是词语作为一个整体对于汉字记忆的影响关注不够。

结合上文的分析，我们认为在对外汉字教学过程中，需要注意以下几个方面：

第一，笔画数的增多将增加留学生汉字习得的难度。对于不同母语地区的留学生，不同笔画数的汉字难度可能不同，教师应当在教学中有所区分，不能一视同仁。

第二，不同结构的汉字对于留学生的习得难度不同。留学生可能更习惯于整体记忆汉字，因此要求教师在教授多部件汉字，特别是左右结构汉字时，强调汉字的整体性，避免学生在记忆中缺失部件。

第三，教师要在汉字教学中注意已学汉字的复现，帮助学生循环记忆汉字。

第四，在加强汉字词语整体记忆的同时，对于出现在不同词语中的相同汉字，教师应当有意识地进行对比教学，让学生对单个汉字有所区分。

参考文献

［1］安　然、单韵鸣（2007）非汉字圈学生的笔顺问题——从书写汉字的个案分析谈起，《语言文字应用》第3期。

［2］陈　琴、刘　婧、朱　丽（2009）泰国学生汉字书写偏误分析，《云南师范大学学报（对外汉语教学与研究版）》第2期。

［3］陈天序（2010）基于学期测试结果的来华留学生个体差异研究，《语言教学与研究》第4期。

［4］范祖奎（2009）中亚留学生汉字学习特点调查分析，《民族教育研究》第3期。

［5］冯丽萍、卢华岩、徐彩华（2005）部件位置信息在留学生汉字加工中的作用，《语言教学与研究》第3期。

［6］郝美玲、范慧琴（2008）部件特征与结构类型对留学生汉字书写的影响，《语言教学与研究》第5期。

［7］郝美玲、舒　华（2005）声旁语音信息在留学生汉字学习中的作用，《语言教学与研究》第4期。

［8］何洪峰（2006）对外汉语教学中的"笔画组合方式辨字"问题，《汉语学习》第3期。

［9］贾　鑫（2013）蒙古国留学生汉语写字教学研究，内蒙古师范大学硕士学位论文。

［10］江　新、赵　果（2001）初级阶段外国留学生汉字学习策略的调查研究，《语言教学与研究》第4期。

［11］江　新（2007）"认写分流、多认少写"汉字教学方法的实验研究，《世界汉语教学》第2期。

［12］江　新（2003）不同母语背景的外国学生汉字知音和知义之间关系的研究，《语言教学与研究》第6期。

［13］刘丽萍（2008）笔画数与结构方式对留学生汉字学习的影响，《语言教学与研究》第1期。

［14］柳燕梅、江　新（2003）欧美学生汉字学习方法的实验研究——回忆默写法与重复抄写法的比较，《世界汉语教学》第3期。

［15］宋连谊（2000）汉语教学中只求认读不求书写的可行性，第六届国际汉语教学讨论会论文选编辑委员会主编《第六届国际汉语教学讨论会论文选》，北京：北京大学出版社。

［16］童　平（2012）泰国零基础学生汉字书写偏误及教学策略研究，广西大学硕士

学位论文。

［17］万业馨（2007）从汉字研究到汉字教学——认识汉字符号体系过程中的几个问题，《世界汉语教学》第1期。

［18］尉万传、毕艳霞（2007）东南亚华裔留学生汉字偏误考察报告，《云南师范大学学报（对外汉语教学与研究版）》第6期。

［19］吴门吉、高定国、肖晓云、章睿健（2006）欧美韩日学生汉字认读与书写习得研究，《语言教学与研究》第6期。

［20］夏迪娅·伊布拉音（2007）维吾尔族学生汉字习得偏误分析，《汉语学习》第4期。

［21］肖奚强（2002）外国学生汉字偏误分析，《世界汉语教学》第2期。

［22］徐　帅（2013）智利学生汉字学习状况的调查与分析，安徽大学硕士学位论文。

［23］严　彦（2013）不同教法对汉字形音义习得影响的教学实验研究，《语言教学与研究》第3期。

［24］尤浩杰（2003）笔画数、部件数和拓扑结构类型对非汉字文化圈学习者汉字掌握的影响，《世界汉语教学》第2期。

［25］张金桥（2008）印尼华裔留学生汉字正字法意识的形成与发展，《语言文字应用》第2期。

［26］张金桥、王　燕（2010）韩国、印尼留学生汉字识别中形音义的激活，《心理学探新》第6期。

［27］周　健、尉万传（2004）研究学习策略，改进汉字教学，《暨南大学华文学院学报》第1期。

不同汉语水平学习者在口头叙述中词语复杂性的研究

郝美玲　邓　芳

提要　本研究比较了初级、中级和高级水平的三组汉语学习者及汉语母语者在《青蛙故事》口语叙述中词语使用的复杂程度。结果表明：（1）无论是留学生，还是汉语母语者，甲级词汇仍是他们使用的主体，而且四组被试群体之间在使用度上无明显差异；（2）乙级词汇上存在被试群体差异，主要表现为高级水平的留学生较初、中级水平更多使用乙级词汇，但仍没有汉语母语者使用得多；（3）更高级的丙、丁级词汇的使用比例非常少；（4）名词和动词的使用词汇复杂性模式以及发展趋势类似。鉴于此，我们认为应从多途径多通道入手，加强乙级词汇的学习。

关键词　词汇复杂性　词汇等级　口头叙述

一、引言

词汇学习是第二语言学习中非常重要的一个方面，词汇知识的好坏是衡量学习者第二语言熟练程度的一个重要方面（Malvern & Richards, 2002）。Nation（1990）提出的词汇知识的框架把第二语言学习者的词汇知识分为理解性知识和产生性知识，在过去有关词汇知识的研究中，研究者更多关注理解性词汇知识（Read, 2000）。而最近二十多年来，由于与第二语言教学培养学习者的交际能力的主要目标相契合，研究者逐渐意识到产生性词汇知识的重要性，并对此展开了研究，提出了一些关于产生性词汇质量的量化指标，其中最有名的是词汇丰富度。

词汇丰富度是衡量学习者语言使用质量的一个多维度变量，它一般由四个互有联系的子成分构成：词汇密度（lexical density）、词汇复杂性（lexical complexity）、词汇多样性（lexical variation）和错误词汇个数（Read, 2000）。其中，词汇密度指的是语篇中实词数量占总产出数量的比例；词汇复杂性指的是低频词和不常用词占语篇总词数的比例;词汇多样性指的是语篇中不同词语的个数。研究发现,在这些子成分中,词汇多样性和词汇复杂性能够准确反映学习者的第二语言词汇产生水平。例如,Laufer(1991)对47名母语为希伯来语和阿拉伯语的英语专业一年级学生进行了为期一年的追踪调查,探讨了他们在写作中产生性词汇的发展过程。结果发现,在上述词汇丰富性的指标中,只有词汇复杂性表现出了显著的变化。因此,本研究拟从词汇复杂性发展变化的角度对以汉语为第二语言的学习者的词汇使用情况及其发展进行研究。我们在下文简要介绍国内外有关第二语言学习者词汇复杂性的相关研究。

如前所述,词汇复杂性主要计算的是口语或者书面语语篇当中不常用词(低频词)或者处于高级阶段的词语的使用比例(Read,2000)。Laufer & Nation(1995)发现,使用较多高频词的学习者的词汇测试成绩较低,而使用较多低频词的学习者词汇测试成绩较高,这说明了低频词的使用情况可能是学习者产生性词汇质量的一个重要标志。

但是在定义什么样的词语为高级词汇时,不同研究之间是存在差异的。比如,Hyltenstam(1988)选取的标准是7000个最常用的瑞典词语之外的词语,不过该研究并未发现瑞典语母语者与近似母语者之间的差异。Harley & King(1989)考察了动词复杂性,复杂动词被定义为处于200个最高频的法语动词之外的动词,结果发现母语者在书面产生中动词的复杂性上明显高于二语者。而Laufer & Nation(1995)提出了词汇频率分布(Lexical Frequency Profile,简称LFP),考察在一篇文本中,处于不同频率段的词汇类型频率与使用频率之间的比例。频率段包括最高频的1000词、次高频的1000词、大学词汇表和超纲词四组。国内以汉语为第二语言的教学与习得领域,有关词汇复杂性的研究较少。已有研究采用的标准还比较统一,复杂词的确定主要依据的是《汉语水平词汇与汉字等级大纲》(以下简称《大纲》),一般把甲级词之外的词语都确定为复杂词(黄立、钱旭菁,2003;肖潇,2014)。

关于词汇复杂性的测量,基本上是采用学习者所使用的不同复杂词的个数(复杂词的类型,type)与复杂词出现的总次数(token)之间的比率(type/token ratio,简称为TTR)。TTR的一个主要缺点是被认为容易受到语篇长度的影响,难以反映出学习者实际的词汇能力,因此研究者尝试了多种转换方法来消除语篇长度的影响。其中,U值(即Uber index $U = (\lg types)^2/$

（lgtokens-lgtypes））被认为是一个更好的指标，具有更高的信度（Jarvis,2002）。鉴于此，本研究采用指标 U 来测量学习者的词汇复杂性。

　　调查发现，国内以汉语为第二语言的教学与习得领域关于词汇复杂性的研究均采用的是传统的 TTR 算法，因此所得结论还有待进一步验证。例如，孙晓明（2009）考察了初级、中级和高级水平的汉语学习者在限定题目的作文中所使用甲级、乙级、丙级和丁级词的比例。发现随着语言水平的提高，被试使用乙级词、丙级词和丁级词的比例在增加，使用甲级词的比例在减少。但作者只给出了各组百分比，并未进行任何统计检验。肖潇（2014）考察了13 名意大利初级汉语学习者在 3 个月的学习过程中词汇能力各个方面的发展变化，其中包括了词汇复杂性。作者将几次收集的口语语料划分为入学、期中、期末这三个阶段，考察了包括词汇复杂性在内的词汇丰富性子成分的发展变化。发现随着学习时间的延长，学习者所使用的复杂词呈上升趋势，而简单词呈下降趋势。同样，作者只是给出了百分比，而未进行统计检验。因此，尽管这两篇文章得出的结论看似一致，却有待进一步检验。

　　因此，本研究拟比较不同汉语水平的学习者在叙述同一个故事时所使用的词汇的复杂性，并与汉语母语者使用的词汇复杂性进行对比，描述他们随着汉语水平的提高，词汇复杂性的发展变化轨迹。

　　另外，目前国内外有关词汇复杂性的研究中，把学习者产出的所有词汇进行整体研究，或者只是关注了某一类词（比如，Harley & King（1989）考察了动词）。但不同词类的词语由于其所对应的概念虚实不同，在语言环境中所扮演的功能不同，其习得先后也不相同。事实上，在儿童语言的发展中，已经表现出非常明显的词类差异，即名词在儿童语言中出现较早，发展速度也较快（Hao, Liu, Shu, Xing, Jiang, & Li, 2014）。那么，汉语第二语言学习者的词汇复杂性的发展中是否也会出现类似的词类差异呢？因此，本研究拟选取留学生叙述中的名词和动词为代表，分别考察不同词类词语的复杂性发展变化规律。以期为对外汉语词汇教学提供更具体的建议。

二、实验研究

2.1 被试

共有 120 名学生参加了本实验,他们的年龄均在 20—30 岁之间。其中,包括一组汉语母语者学生 30 名,和三组不同水平的汉语学习者 90 名,主要来自泰国,按照汉语水平分为初级(男生 7 人,女生 23 人)、中级(男生 6 人,女生 24 人)和高级(男生 10 人,女生 20 人)汉语水平学习者。汉语水平的分组依据旧版 HSK 成绩,1—3 级的,定为初级汉语水平;4—8 级的,定为中级水平;9—11 级的,定为高级水平。

2.2 实验材料及工具

材料为 Mayer(1969)的无字图画书 Frog, Where are you?(以下简称《青蛙故事》)。全书共由 24 幅图画组成,主要讲述了一个小男孩和他的小狗一起寻找他们的宠物小青蛙的故事,寻找途中虽然经历了不少磨难,但最终如愿找到了丢失的小青蛙和它的家人。《青蛙故事》被广泛运用于叙述能力各方面发展的研究,迄今为止已经被运用于 30 多种语言的相关研究中(Berman & Slobin, 1994)。另一方面,选择《青蛙故事》方便将本研究的结果与国际上其他同类研究进行对比。

2.3 实验程序

在被试开始叙述之前,主试先让被试翻看《青蛙故事》以熟悉故事内容,为了保证被试叙述的流畅性,主试会提前告知被试在故事中出现事物的名称(如地鼠、蜜蜂、猫头鹰、鹿等)。在被试对故事内容熟悉之后,让被试一边看书,一边叙述故事。经被试允许,在叙述过程中,主试使用录音笔对其进行录音,以便后期编码。

2.4 数据分析与结果

2.4.1 分析指标和编码

首先,将录音转写为文本形式后使用分词软件进行分词,然后对分词后的语料进行人工检查。同时根据《汉语水平词汇与汉字等级大纲》把词汇分为甲级词、乙级词、丙级词和丁级词，不属于上述几个级别的划归为超纲词。

然后，统计每个被试所使用的不同级别的词语的个数（以下简称"type"）和用词总数（以下简称"token"）。

最后，给每个被试所使用的词语进行词性标注，统计每个被试所使用的不同级别的名词和动词的 types 和 tokens，并依据公式 $U = (lgtypes)^2 / (lgtokens - lgtypes)$ 进行名词和动词复杂性的计算。

2.4.2 结果与分析

表 1 列出了不同汉语水平的留学生和汉语母语者在叙述时所用的不同词汇等级的词语的 U 值。从表 1 的平均数我们大体可以看出，不管是汉语母语者还是学习汉语的留学生，他们更多地使用甲级词，同时都有不少数量的超纲词；对于汉语母语者来说，乙级词也是他们常用的词语，而对于汉语学习者来说，乙级词的使用明显比甲级词少，但是高级汉语水平的留学生对乙级词的使用虽然与汉语母语者存在差距，但是比初、中级学习者使用更多。下面我们通过方差分析和多重比较来进一步考察上述差异是否具有统计学意义。

表 1　汉语学习者和汉语母语者在叙述故事时所使用的不同等级的词语的 U 值和标准差

	词汇水平等级				
	甲级	乙级	丙级	丁级	超纲
初级	11.27（1.08）	5.53（2.57）	1.92（0.57）	1.05（0.93）	8.26（4.04）
中级	11.32（1.18）	5.67（1.96）	2.03（0.46）	1.42（1.37）	8.49（3.92）
高级	11.65（1.34）	7.79（3.21）	2.62（1.10）	1.84（1.85）	10.48（4.53）
母语者	12.03（0.88）	11.29（3.54）	4.27（1.68）	3.32（3.48）	10.58（2.46）

对不同汉语水平的学习者在叙述过程中词语使用的复杂性 U 值进行 5（词汇等级：甲级、乙级、丙级、丁级、超纲）×4（被试群体：初级、中级、高级、母语者）两因素混合设计的方差分析，结果发现：

词汇等级的主效应显著 $F(4, 464) = 378.52$, $p < .001$，被试群体的主效应显著 $F(3, 116) = 31.04$, $p < .001$，词语等级和被试群体之间的交互作用显著 $F(12, 464) = 4.54$, $p < .001$。进一步简单效应检验发现，在每一个词汇等级上，被试群体之间的差异都显著，具体来看：

在甲级词的使用上，被试群体之间差异显著 $F(3, 116) = 2.86, p < .05$，但事后多重比较（Sidak法矫正）发现，群体两两之间的差异均不显著（$ps > .1$），只有初级水平的汉语学习者和汉语母语者之间的差异边缘显著（$p = .065$）。

在乙级词的使用上，被试群体之间差异显著 $F(3, 116) = 26.04, p < .001$，事后多重比较（Sidak法矫正）发现，除了初级和中级汉语水平的学习者之间的差异不显著外（$p > .1$），其余各组之间的差异均两两显著（$ps < .05$），也就是说高级汉语水平的学习者对乙级词的使用比初中级汉语学习者多，但是没有汉语母语者那么多。

在丙级词的使用上，被试群体之间差异显著 $F(3, 116) = 30.88, p < .001$，事后多重比较（Sidak法矫正）发现，汉语母语者对丙级词的使用远远多于三组汉语学习者（$ps < .001$），三组学习者之间，初级和高级水平的学习者之间的差异边缘显著（$p = .076$），初级和中级、中级和高级之间的差异均不显著（$ps > .1$）。

在丁级词的使用上，被试群体之间差异显著 $F(3, 116) = 6.48, p < .001$，事后多重比较（Sidak法矫正）发现，母语者和高级水平学习者之间的差异边缘显著（$p = .051$），汉语母语者对丁级词的使用远远超过初级水平和中级水平的学习者（$ps < .01$），高级水平的学习者与初级、中级水平的学习者之间差异不显著（$ps > .1$）。

在超纲词的使用上，被试群体之间差异显著 $F(3, 116) = 3.21, p < .05$，但事后多重比较（Sidak法矫正）发现，四组被试之间两两比较差异均不显著（$ps > .1$）。

那么，对于不同词类的词语，其各自复杂性的发展是否存在不同的轨迹呢？我们以动词和名词为代表，进一步考察汉语学习者和汉语母语者在叙述过程中所使用的动词和名词的复杂性，描述性统计信息如表2所示。可以看到，两类词表现出类似的模式。总体来说，不同汉语水平的学习者使用甲级词汇的比例都是最高的，而且随着水平提高没有太大变化；乙级词汇比甲级词汇少得多，在高水平学生群体中相对较高；丙和丁级词汇更少，且随水平高低没太大变化。下面我们进行统计分析进一步说明。

表2 汉语母语者与汉语学习者在叙述故事时所使用的
不同等级的动词和名词的 U 值和标准差

	动词					名词				
	甲级	乙级	丙级	丁级	超纲	甲级	乙级	丙级	丁级	超纲
初级	9.61	1.67	0.08	0.00	0.57	7.49	2.57	1.66	0.64	5.05
中级	9.94	1.87	0.03	0.00	0.84	8.09	2.55	1.71	0.97	4.67
高级	9.81	4.26	0.54	0.01	1.40	8.97	3.56	1.81	1.03	4.84
母语者	10.63	8.53	1.65	0.17	5.16	8.21	4.70	2.19	1.45	5.31

对名词和动词使用的复杂性 U 值进行 2（词类：动词、名词）×5（词汇等级：甲级、乙级、丙级、丁级、超纲）×4（被试群体：初级、中级、高级、母语者）三因素混合设计的方差分析，结果发现：

词类的主效应显著 $F(1, 116) = 12.48$，$p < .005$，结合表2的平均数可以计算出，名词的使用比动词略多。词汇等级的主效应显著 $F(4, 464) = 460.50$，$p < .001$。被试群体的主效应显著 $F(4, 116) = 22.58$，$p < .001$。同时，所有交互作用均显著，即词类与被试群体的交互作用显著 $F(3, 116) = 9.50$，$p < .001$，词汇等级与被试群体之间的交互作用显著 $F(12, 464) = 6.73$，$p < .001$，词类与词汇等级之间的交互作用也显著 $F(4, 464) = 39.87$，$p < .001$，词类、词汇等级和被试群体之间的三重交互作用显著 $F(12, 464) = 3.56$，$p < .001$。

由于三重交互作用显著，所以我们只需进行三重交互作用的简单效应检验，以及对应的多重比较（Sidak 矫正），不再对两因素交互作用进行简单效应检验，以避免重复。我们发现：

首先，在动词使用的复杂性上，被试群体之间在甲级动词的使用上无显著差异，$F(3, 116) = 1.30$，$p > .1$，也就是说不同汉语水平的学习者以及汉语母语者所使用的甲级动词比例差不多。

被试群体之间在乙级动词的使用上差异显著，$F(3, 116) = 13.78$，$p < .001$。进一步多重比较（Sidak 矫正）发现，汉语母语者对乙级动词的使用显著超过了三组留学生（$ps < .005$）；在留学生内部，三个汉语水平的学习者在乙级动词的使用上两两之间的差异均不显著（$ps > .1$）。

被试群体之间在丙级动词的使用上差异显著，$F(3, 116) = 7.64$，$p < .001$。进一步多重比较（Sidak 矫正）发现，汉语母语者对丙级动词的使用显著超过

了三组留学生（$ps < .005$）；在留学生内部，三个汉语水平的学习者在丙级动词的使用上两两之间的差异均不显著（$ps > .1$）。

被试群体之间在丁级动词的复杂性上差异边缘显著，$F(3, 116) = 2.38$，$p = .073$。

被试群体之间在超纲动词的复杂性上差异显著，$F(3, 116) = 7.32$，$p < .001$。进一步多重比较（Sidak 矫正）发现，汉语母语者对超纲级动词的使用显著超过了三组留学生（$ps < .005$）；在留学生内部，三个汉语水平的学习者在超纲级动词的使用上两两之间的差异均不显著（$ps > .1$）。

其次，名词使用的复杂性上，被试群体之间在甲级名词的使用上无显著差异，$F(3, 116) = 1.92$，$p > .1$。

被试群体之间在乙级名词的使用上差异显著，$F(3, 116) = 20.06$，$p < .001$。进一步多重比较（Sidak 矫正）发现，汉语母语者对乙级名词的使用显著超过了三组留学生（$ps < .005$）；在留学生内部，高级汉语水平的学习者使用的乙级名词远远超过初、中级汉语水平学习者（$ps < .005$），初级和中级汉语水平的学习者之间无显著差异（$p > .1$）。

被试群体之间在丙级名词的复杂性上差异显著，$F(3, 116) = 7.25$，$p < .001$。进一步多重比较（Sidak 矫正）发现，汉语母语者对丙级名词的使用显著超过了三组留学生（$ps < .005$）；在留学生内部，三个汉语水平的学习者在丙级名词的使用上两两之间的差异均不显著（$ps > .1$）。

被试群体之间在丁级名词的复杂性上差异边缘显著，$F(3, 116) = 2.21$，$p = .091$。进一步多重比较（Sidak 矫正）发现，除了汉语母语者和初级汉语水平的学习者之间差异边缘显著（$.05 < p < .1$）外，其余各组之间的差异均不显著（$ps > .1$）。

被试群体之间在超纲名词的复杂性上差异不显著，$F(3, 116) = 0.55$，$p > .1$。

三、综合讨论

从上文的数据统计分析可以看出，在叙述《青蛙故事》的时候，无论汉语母语者还是学习汉语的留学生都倾向于使用甲级词，乙级次之，很少使用丙级词和丁级词。在甲级词的使用上，无论是总词汇上，还是具体到甲级动词和甲级名词上，汉语母语者和不同水平的留学生之间均无显著差异。在乙级词汇使用上，可以看到在高水平留学生上有比较大比例的提升，但是与汉语母语者仍有较大差距。动词和名词两类主要词汇的使用发展模式基本一致，但是高级汉语水平的留学生使用的乙级名词的比例显著高于初中级汉语水平的留学生。

可见，我们的结果与孙晓明（2009）和肖潇（2014）所得出的结论并不一致。孙晓明（2009）认为，随着汉语水平的提高，被试书面语表达中所使用的甲级词的比例在降低，而乙级词、丙级词和丁级词的比例在增高。肖潇（2014）也有类似结果。但是从我们的结果来看，甲级词的使用并未随着学习者汉语水平的提高而减少，即使是汉语母语者，使用的甲级词的比例依然是最高的。造成不一致的原因，一方面源于统计方法，孙晓明（2009）采用甲级词、乙级词、丙级词和丁级词的各自使用总词数除以该学生作文总词数。肖潇（2014）也采用类似方法。另外，这两篇文章仅仅列出百分比数值，并未对其进行统计分析，难说所谓的变化是否真的具有统计学意义。另一方面的原因可能来自于书面语作文和口叙述语的差异。孙晓明（2009）分析的是书面写作，而本文使用的是口头故事叙述。这两类任务可能对词汇的使用造成一定影响，书面语可能比较正式，而口语比较随意。但肖潇（2014）所使用的任务与本文选用的任务一样，所以这种任务通道（口语 VS 书面语）的差异到底有无影响，还有待进一步深入考察。

从本研究的结果来看，留学生汉语水平的发展主要体现在乙级词的使用上，而且主要表现为高水平学生比初、中级学生使用比例增加，但与汉语母语者仍有较大差距。在现有的汉语第二语言词汇习得的研究中，一般将乙级词及其之上的词语看作是复杂词（黄立、钱旭菁，2003；肖潇，2014），那么本研究的结果说明，汉语学习者使用的词语的复杂性不如汉语母语者，即使是高级汉语水平的学习者，其词语使用的复杂性仍不如汉语母语者。在留学生内部，高级汉语水平的学习者对乙级词的使用高于初、中级汉语水平的学习者，但初、中级学生无差异，这说明词汇复杂性的较大提高发生在较晚阶段。这与前人有关词汇复杂性的发展研究结果相一致（Laufer, 1991；Milton, 2006）。例如，Laufer（1991）的研究发现，英语专业一年级的学生在经过一个学期的学习之后，词汇复杂性并未表现出显著提高，而在学习一年之后则有了显著提高，这说明，词汇复杂性的提高需要较为持续的语言输入。

文中发现学生有较大比例使用了超纲词，这部分词实际上包括了两类，一类是更难的，属于真正意义上的超纲词，另一类则是口语常用词，而并未被《大纲》收录的。前人也曾对超纲词是否真正超纲提出过一些看法（赵金铭、张博、程娟，2003），我们拟对超纲词的复杂性与多样性进行详尽分析，详细分析结果，我们将另文介绍，此处不再赘述。

最后，我们对动词和名词复杂性的发展进行分析后发现，动词使用的复杂性与名词使用的复杂性的发展模式是相似的，但是高级汉语水平的留学生使用的乙级名词的比例显著高于初中级汉语水平的留学生。我们的另一项关于词汇发展多样性的研究（已投稿）发现，名词的多样性（词汇丰富度的另一项常用指标）在不同汉语水平的学习者中基本上未表现出显著变化，但是动词的多样性却随着学习者汉语水平的提高而提高。因此，我们认为词汇的多样性和复杂性的发展存在不同的趋势。它们都是衡量学习者词汇质量的重要的子成分，但是它们之间的关系仍有待进一步研究。

四、结论及对对外汉语词汇教学的启示

综合以上讨论分析可以看出，无论是汉语母语者还是学习汉语的留学生，在口头叙述的时候倾向于使用甲级词，而较少使用丙级词和丁级词。学习者对乙级词的使用随着汉语水平的提高而逐渐增多，但是即使是高级汉语水平的学习者也未达到汉语母语者的使用水平。我们认为乙级词的使用度是词汇复杂性发展的一个非常灵敏的指标，它不仅有效区分了汉语母语者与汉语学习者的词汇使用情况，也有效区分了不同汉语水平学习者的词汇使用情况。具体来说，在乙级词的使用上，初、中级水平汉语学习者之间无显著差异，而高级水平学习者的使用多于初、中级学习者，但是还未达到汉语母语者的水平。

基于这样的研究结论，我们认为，在对外汉语教学中，应加强乙级词的学习。那么，如何加强乙级词的学习呢？在《汉语水平词汇与汉字等级大纲》中，划分不同等级词汇的主要标准是词频，由于乙级词的使用频度没有甲级词高，因此也没有甲级词那么容易习得。事实上，在第二语言习得的研究中，很多研究者撰文指出出现频率对于词汇习得的重要性（邢红兵，2009；Ellis，2002）。我们可以通过在课堂上教材中甚至练习中有意识地增加乙级词的出

现次数来强化学习者对这些词语的习得。帮助学生定期复习，设计不同场景的练习，保证所要学习的词汇在不同的课型间重复出现，加强巩固，比如《成功之路》这套教材中，在初级阶段，综合课出现的生词在读写课和听说课中重复出现，从多个通道增加了生词的复现与使用。

我们的研究还发现，词汇复杂性的大幅提高发生在高级水平，所以我们认为应加强初级和中级阶段乙级词的学习，可以通过常用度和与生活联系紧密度等原则筛选出不同层次的乙级词，有些在初级阶段出现，有些在中级阶段出现，有些则在高级阶段出现。

另外，需要改变学习者的观念，教给他们一些学习词汇的方法，帮助他们在不同的语言环境中主动学习积累词汇，授之以鱼不如授之以渔。

参考文献

[1] 郝美玲、王芬（2005）来自不同语言类型的学习者叙述汉语运动事件的实验研究，《世界汉语教学》第1期。

[2] 黄立、钱旭菁（2003）第二语言汉语学习者的生成性词汇知识考察——基于看图作文的定量研究，《汉语学习》第1期。

[3] 孙晓明（2009）留学生产生性词汇的发展模式研究，《民族教育研究》第4期。

[4] 肖潇（2014）意大利学生初级口语词汇发展能力研究，北京外国语大学硕士学位论文。

[5] 邢红兵（2009）基于联结主义理论的第二语言词汇习得研究框架，《语言教学与研究》2009年第5期。

[6] 赵金铭、张博、程娟（2003）关于修订《（汉语水平）词汇等级大纲》的若干意见，《世界汉语教学》第3期。

[7] Ellis, N. C.（2002）Frequency effects in language processing: A review with implications for theories of implicit and explicit language acquisition. *Studies in Second language Acquisition* 24: 143—188.

[8] Hao, M. L., Liu, Y. Y., Shu, H., Xing, A. L., Jiang, Y. & Li, P.（2014）Developmental changes in the early child lexicon in Mandarin Chinese. *Journal of Child Language* 26: 1—33.

[9] Harley, B. & King, M. L.（1989）Verb lexis in the written compositions of young L2 learners. *Studies in Second Language Acquisition* 11: 415—440.

[10] Hyltenstam, K. (1988) Lexical characteristics of near-native second-language learners of 25 Swedish. *Journal of Multilingual and Multicultural Development* 9: 67—84.

[11] Jarvis, S. (2002) Short texts, best fitting curves and new measures of lexical diversity. *Language Testing* 19: 57—84.

[12] Laufer, B. (1991) The Development of L2 lexis in the expression of the advance learner. *The Modern Language Journal* 75: 440—448.

[13] Laufer, B. & Nation, P. (1995) Vocabulary size and use: Lexical richness in L2 written production. *Applied Linguistics* 16: 307—322.

[14] Malvern, D. & Richards, B. J. (2002) Investigating accommodation in language proficiency interviews using a new measure of lexical diversity. *Language Testing* 29: 85—104.

[15] Mayer, M. (1969) *Frog, Where are you?* New York: Dial Press.

[16] Milton, J. (2006) Language lite? Learning French vocabulary in school. *Journal of French Language Studies* 16: 187—205.

[17] Nation, P. (1990) *Teaching and learning Vocabulary*. Heinle and Heinle.

[18] Read, J. (2000) *Assessing Vocabulary*, Cambridge: Cambridge University Press.

初级阶段留学生汉语上声合成感知实验

郭书林

提要 汉语作为第二语言学习者学习汉语上声常会遇到问题，这与汉语上声的特点有关。本文先对汉语母语者上声感知进行实验研究，加深对汉语上声特点的认识。在此基础上，对初级阶段留学生进行上声的合成感知实验，研究他们上声感知的特点，了解非母语汉语学习者上声学习中产生偏误的原因，进而对面向留学生的汉语上声教学提出建议。

关键词 上声 感知 中国人 留学生 上声教学

一、引言

众所周知，汉语作为一种声调语言，普通话具有四个声调：阴平（T1）、阳平（T2）、上声（T3）和去声（T4）。这四个声调的特点不同，因而在教学和学习时，也应"对症下药"，采取不同的手段和方法。在对外汉语教学和研究中，上声常被认为是最难教、最难学、最易发生偏误的声调之一（马燕华，2000：110—116；关英伟，2001；高玉娟、李宝贵，2006：31—35；夏晴，2006），因此很多学者对上声进行了研究，尤其在感知方面，Kiriloff（1969）、Chuang 等（1971）、Howie（1972）、Klatt（1973）都曾做过声调四声辨认的感知实验，但并不是只针对某一声调。近年来也有很多学者针对阳平和上声进行了大量的感知研究（刘娟，2004；王韫佳、李美京，2010；吴君如，2011；张劲松、邹婷、曹文，2013），主要针对阳平和上声的比较进行研究。近期针对上声有影响的研究主要是曹文（2010）就上声是否"低平"（赵元任，1932；王力，1979）进行的感知研究。

据此，笔者设计了只针对合成上声的感知实验，以发现汉语作为第二语言学习者与母语者单音节上声在感知方面的差异，并为可感知的上声是否"低平"提供依据。

二、母语者听辨实验

2.1 实验目的

本实验的目的首先是为留学生听辨实验确定"种子音节",即在母语者听来基本无疑义、可以确定为汉语普通话上声的单音节。另外,实验也将考察母语者对上声的感知,还可以与非母语者对上声的感知结果进行比较。

2.2 实验方法

本实验采用单音节声调合成与调类判断法。

2.2.1 原始语音样本

原始语音样本是一个单音节［pa］,时长为399毫秒(ms)。发音人是一位北京语言大学的对外汉语教师,普通话水平一级乙等,32岁,女性。在录音时,记录了［pa］的阴平、阳平、上声、去声。发音人这四个音节的基频值范围是从132—343赫兹(Hz),根据半音公式 Semitone=12 × log(X/fr, 2)(其中X是测量所得音高的赫兹值;fr是参考频率,由于发音人是女性,设定为100Hz),将音高(Hz)换算成半音值(St),得到的范围是21.3—4.8st,由此可以计算出发音人的音高五度的区间,原始语音样本［pa］(如下图)的五度值为［213］。

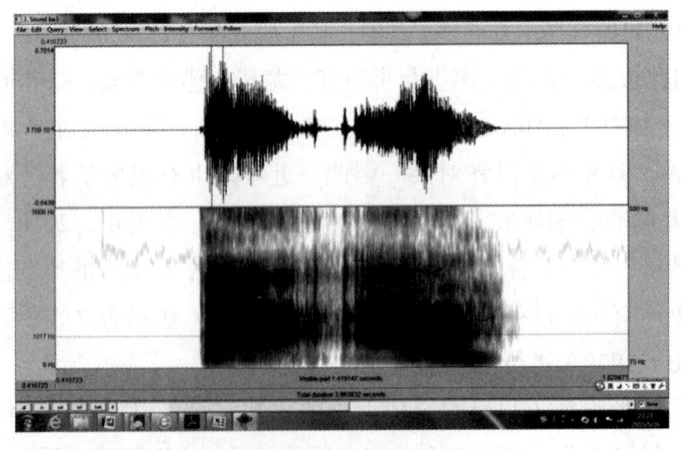

图1 原始语音样本［pa213］

2.2.2 刺激项的合成

使用 Praat 软件（www.fon.hum.uva.nl/praat）对原始语音样本［pa213］进行处理，保留原样本声调的起点和末点，改变中点音高的半音值，使中点的最低值为 4.8st，最高值为 21.8st，从而得到 18 个单音节（详见图 2），作为刺激项。

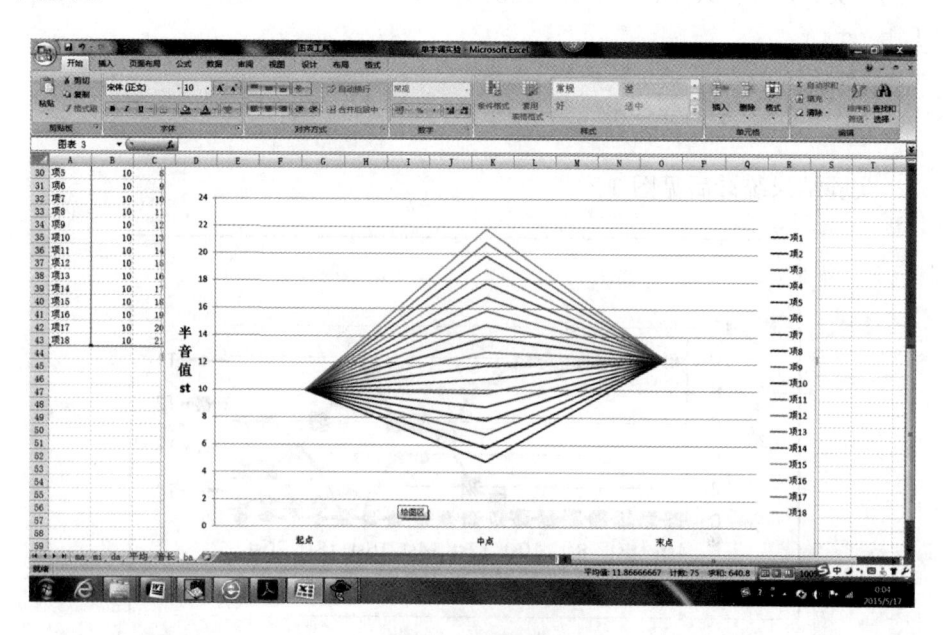

图 2 合成调形

这些刺激项基本在发音人的调域之内，只有第 18 项略高（高出调域部分不超过一个半音）。具体数据可见下表：

表 1 刺激项五度值和中点半音值

项	1	2	3	4	5	6	7	8	9
中点半音值	4.8st	5.8 st	6.8 st	7.8 st	8.8 st	9.8 st	10.8 st	11.8 st	12.8 st
五度值	213	213	213	213	223	223	223	233	233
项	10	11	12	13	14	15	16	17	18
中点半音值	13.8 st	14.8 st	15.8 st	16.8 st	17.8 st	18.8 st	19.8 st	20.8 st	21.8 st
五度值	233	243	243	243	243	253	253	253	/

将以上刺激项打乱顺序，随机排列，每听到一个刺激项后，停顿 3—5 秒。

在此之前，有半分钟左右的适应练习，使被试熟悉发音人的声音和调域。

2.2.3 被试及其任务

被试为 10 位北京语言大学的正式或外聘对外汉语教师，年龄从 25 到 58 岁不等，每人均听 18 个刺激项，在每听完一个刺激项后都要判断所听到的音节的调类，用 1、2、3、4 分别标注阴平（T1）、阳平（T2）、上声（T3）、去声（T4）。

2.3 实验结果与分析

实验结果统计后见图 3。

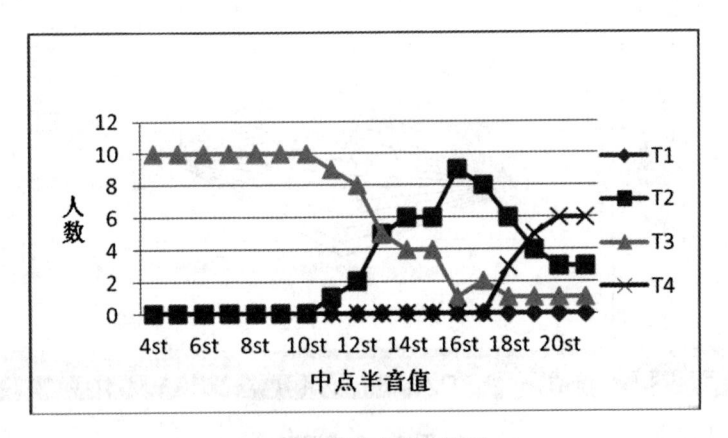

图 3 母语被试听辨结果

可以看出，当中点较低时，被试的选择一致为上声（见表 2），这 7 项也就是下一实验的"种子音节"。

表 2 起点、中点都较低的音节的听辨结果（百分号后括号内为人数，下表同）

项	五度值	中点半音值	T1	T2	T3	T4	总计
1	213	4.8st	0	0	100%（10）	0	100%（10）
2	213	5.8st	0	0	100%（10）	0	100%（10）
3	213	6.8st	0	0	100%（10）	0	100%（10）
4	213	7.8st	0	0	100%（10）	0	100%（10）
5	223	8.8st	0	0	100%（10）	0	100%（10）
6	223	9.8st	0	0	100%（10）	0	100%（10）
7	223	10.8st	0	0	100%（10）	0	100%（10）

而当中点升高时，除阴平以外，其他的选择都出现了，当中点达到最高时，选择上声的人数很少（见表3）。

表3 中点由中到高变化时音节的听辨结果

项	五度值	中点半音值	T1	T2	T3	T4	总计
8	233	11.8st	0	10%（1）	90%（9）	0	100%（10）
9	233	12.8st	0	20%（2）	80%（8）	0	100%（10）
10	233	13.8st	0	50%（5）	50%（5）	0	100%（10）
11	243	14.8st	0	60%（6）	40%（4）	0	100%（10）
12	243	15.8st	0	60%（6）	10%（1）	0	100%（10）
13	243	16.8st	0	90%（9）	20%（2）	0	100%（10）
14	243	17.8st	0	80%（8）	10%（1）	0	100%（10）
15	253	18.8st	0	60%（6）	10%（1）	30%（3）	100%（10）
16	253	19.8st	0	40%（4）	10%（1）	50%（5）	100%（10）
17	253	20.8st	0	30%（3）	10%（1）	60%（6）	100%（10）
18		21.8st	0	30%（3）	10%（1）	60%（6）	100%（10）

以上结果表明听辨人对于起点、中点较低、末点上扬的曲折调的听辨基本一致，都认为是上声；而对于［233］这类调子，大部分母语听辨人仍然可接受其为上声；当中点高于起点和末点时，大部分母语听辨人不接受其为上声。

可见"曲折"并不是母语者判定上声的唯一标准，"低平"或"低降"也同样不是。

三、留学生听辨实验

3.1 实验目的

本实验的目的是为了观察非母语汉语学习者对于标准单音节上声的感知，研究其与母语者的差异。

3.2 实验方法

本实验仍采用单音节声调合成与调类判断法。

3.2.1 原始语音样本和刺激项

原始语音样本与上个实验相同,刺激项为上一实验后确定的7个种子音节,见下表4。

表4 留学生听辨刺激项

项	1	2	3	4	5	6	7
中点半音值	4.8st	5.8 st	6.8 st	7.8 st	8.8 st	9.8 st	10.8 st
五度值	213	213	213	213	223	223	223

具体调形如下图。

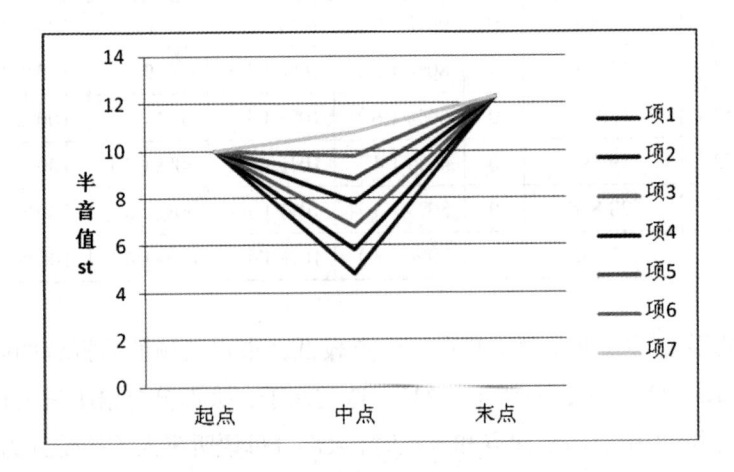

图4 非母语者听辨合成调形

以上刺激项打乱顺序,随机排列,在其中还会插入阴平、阳平、去声等单音节的[pa],每听到一个刺激项后,停顿3—5秒。在此之前,有2分钟左右的适应练习,使被试熟悉发音人的声音和调域。

3.2.3 被试及其任务

被试是8名在北京语言大学从零起点开始学习的、已学习了8个月左右的初级留学生,均来自不同国家,国籍分别是阿尔及利亚、几内亚、韩国、菲律宾、泰国、印度尼西亚、哈萨克斯坦、美国。年龄从18—38岁不等,每人均听10个单音节(其中只有7个有效刺激项),在每听完一个单音节后都要判断所听到的音节的调类,用1、2、3、4分别标注阴平(T1)、阳平(T2)、上声(T3)、去声(T4)。

3.3 实验结果与分析

本实验的结果（见图5）与对母语者进行实验的结果有很大不同。除了阴平较少、去声相对较少以外，认为刺激项是阳平或上声的被试都很多。

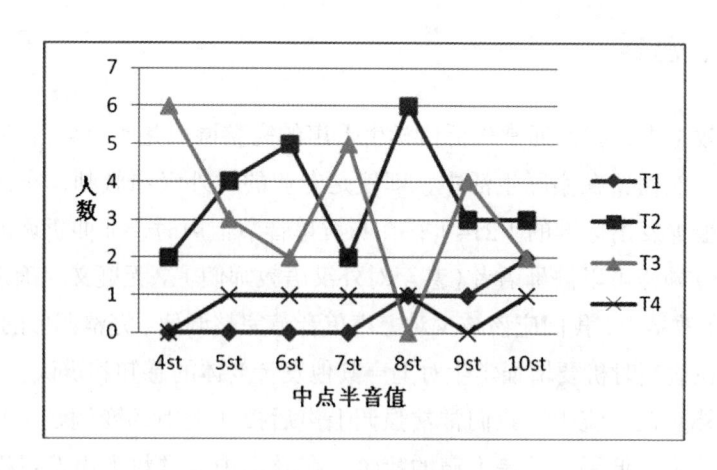

图5 非母语被试听辨结果

前四项调值、调形都比较"完美"，即都是对外汉语教师课堂上所教授和使用的标准的上声单音节，非母语被试们把它们确定为上声的比例并不高；而对于五度值为［223］的单音节，虽然课堂教学中教师基本不会使用、使用极少且不大可能在教学中肯定为上声的单音节，而部分留学生被试却和母语被试一样，将其确定为上声，另外又有更多的人将其确定为阳平，值得研究和思考。详细比例通过下表5可以看出。

表5 留学生听辨结果

项	五度值	中点半音值	T1	T2	T3	T4	总计
1	213	4.8st	0	25%（2）	75%（6）	0	100%（8）
2	213	5.8st	0	50%（4）	37.5%（3）	12.5%（1）	100%（8）
3	213	6.8st	0	62.5%（5）	25%（2）	12.5%（1）	100%（8）
4	213	7.8st	0	25%（2）	62.5%（5）	12.5%（1）	100%（8）
5	223	8.8st	12.5%（1）	25%（6）	0	12.5%（1）	100%（8）
6	223	9.8st	12.5%（1）	37.5%（3）	50%（4）	0	100%（8）
7	223	10.8st	25%（2）	37.5%（3）	25%（2）	12.5%（1）	100%（8）

还可以发现，非母语被试总体上并没有将刺激项确定为阴平或去声，而将大量的刺激项确定为阳平，甚至多于确定为上声的项，可能可以作为对非母语学习者阳平和上声感知易混的观点的证据，教学上也要加以重视。

四、总结

在教学中，我们通常告诉留学生上声的完整调值是［214］，完整调形是曲折调。然而，在实际生活中，即使是专业的对外汉语教师，在读单音节上声字时很少发出标准的［214］；在听辨单音节上声时，非曲折调的上声（如［223］）同样可以被母语者（甚至对外汉语教师们）毫无疑义地确定为上声。因而，在教学中，我们应该减少对上声单音节完整调值、完整调形的过分强调，同时，在适当时机要增强学生对上声其他发音变体的感知和辨认。

另外，在语流中，我们常常强调上声后接非上声的变调是［21］，因而有老师认为"低平"就是上声的特色，在教学中常常将上声发得极低。通过以上实验，完整调形为［223］、［233］的音节都有大量的母语者会将其感知为上声，甚至有不少母语者将五度值为［243］的音节感知为上声，可见"低平"并非上声的唯一特点，因此，在教学中不应过于强调。

本实验也存在一定的问题：由于被试人数较少，影响了实验结果的参考价值。进一步扩大实验对象，深入研究，是笔者下一步的研究方向。

参考文献

［1］曹　文（2010）《现代汉语语音答问》，北京：北京大学出版社。

［2］曹　文（2010）声调感知对比研究——关于平调的报告，《世界汉语教学》第2期。

［3］曹　文（2010）汉语平调的声调感知研究，《中国语文》第6期。

［4］陈　默、王建勤（2008）非汉语母语者汉语单字调声调意识初期发展的实验研究，《南开语言学刊》总第12期。

［5］高玉娟、李宝贵（2006）韩国留学生汉语声调习得偏误的声学研究，《云南师范大学学报》第1期。

［6］林　焘、王理嘉（2003）《语音学教程》，北京：北京大学出版社。

［7］刘　娟（2004）普通话阳平和上声调的感知界限，《乐在其中——王士元教授

七十华诞庆祝文集》,天津:南开大学出版社。

[8] 马燕华(2000)初级汉语水平留学生的第三声听辨分析,《北京师范大学学报》第6期。

[9] 吴宗济、林茂灿(1989)《实验语音学概要》,北京:高等教育出版社。

[10] 关英伟(2001)韩国学生上声连读变调的偏误分析与上声教学,韩国《中国人文科学》第12期。

[11] 吴君如(2011)普通话阳平和上声的感知空间研究,北京大学硕士学位论文。

[12] 王 力(1979)现代汉语语音分析中的几个问题,《中国语文》第4期。

[13] 王韫佳、李美京(2010)调型和调阶对阳平和上声知觉的作用,《心理学报》第9期。

[14] 夏 晴(2006)韩国留学生学习普通话时二字组及其在语流中的声调偏误分析,华东师范大学硕士学位论文。

[15] 张劲松、邹 婷、曹 文(2013)中日被试阳平和上声的感知研究——平均音高、拐点位置以及调境影响,《汉语应用语言学研究》第2辑。

[16] 赵元任(1922)中国言语字调底实验研究法,《科学》第7卷第9期。

[17] Chuang, C.K., Hiki, S., Sone, T. & Nimura, T.(1971)The acoustical features and perceptual cues of the four tones of standard coll quail Chinese.*Proc. of the 7th International Congress of Acoustics*(Vol.3).Budapest Akademial Kiado 297—300.

[18] Howie, J.M.(1972)Some experiments on the perception of Mandarin tones, in A. Rigault & R. Charbonneau(eds.).*Proc. of the 7th International Congress of Phonetic Sciences*. The Hague Mouton 900—904.

[19] Kiriloff, C.(1969)On the Auditory Perception of Tones in Mandarin. *Phonetica* 20: 63—67.

[20] Klatt, D.H.(1973)Discrimination of fundamental frequency contours in synthetic speech: Implications for models of pitch perception.*Journal of the Acoustical Society of America* 53: 8—16.

汉语作为第二语言的学习者汉语书面表达能力发展研究[①]

李姝雯

提要 我们利用"儿童写作能力发展常模"建立汉语母语者写作能力的"标尺",以"汉语作为第二语言的学习者(简称"L2学习者")汉语书面表达能力发展常模"为测量和考察对象,对第二语言的学习者写作能力的发展进行描写和评测,从能产性和丰富性两个方面考察和比较汉语母语者和汉语作为第二语言的学习者书面语表达中的字词产出、句子产出以及篇幅发展,建立二者之间的对应关系。

关键词 汉语作为第二语言的学习者　汉语书面表达能力　写作　常模

一、引言

写作能力作为一种重要的语文能力,是汉语作为第二语言的学习者必须掌握的语言技能。写作过程是一种复杂的语言产出过程,写作能力不仅包括使用语言要素的能力,还包括使用书面语中特有结构的能力,同时,书写的媒介/方式以及写作的策略也会对写作产生影响。目前,国内关于汉语作为第二语言的学习者(以下简称"L2学习者")汉语书面表达能力的研究主要集中在书面语写作的偏误分析、写作策略研究、写作教学和教材上,对写作能力本身进行探讨的研究较少。

在写作策略的研究中,研究者主要采用问卷调查、访谈等方法对某一母语背景的L2学习者在写作时所采用的策略进行分析,但是不同研究者的研

[①] 本研究得到教育部哲学社会科学(编号:11JZD041)研究重大课题攻关项目"学生语言能力发展研究"支持和北京语言大学研究生创新基金项目(中央高校基本科研业务费专项资金)支持。

究策略并不一样，对"写作策略"的定义也不尽相同（张琦，2010；乔野，2011；付丽，2011；吴双，2011；殷佩蓓、闫丽萍，2011；吴剑，2012；肖勤，2012；张向荣、林莉，2012；乔秋芳，2012；于良杰，2014；杨臻蕾，2014；刘茹，2014；张青，2014；王新青、张秀清，2013）；此外，也有研究者使用了实验的方法，例如吴双（2011）的研究设计了采用汉语进行写前构思的相关实验，实验结果表明写前运用汉语构思活动对实验班留学生作文成绩有明显促进。

很多研究者对写作的教学提出了建议，例如杜欣（2006）提出对留学生进行写作训练时应遵循有控制性训练的原则；指出除了在作文的时间、体裁、字数上控制以外，还要在听、说、读、写的综合技能，字、词、句、章的阶段性进阶和有针对性的修改练习上进行控制，这样才能使留学生的作文水平真正得到提高；此外，还有很多研究者（南勇，1994；何立荣，1999；于锦恩，2007；崔贤美，2009；吕军，2009；刘巍，2010；吴静，2010；于蕾，2011；郭艾，2012；张强，2012；徐思雨，2012；张卓、付红珊，2012；陈淑梅，2012；邓媛婷，2013；霍雅洁，2013；张君霞，2013；霍雅洁，2013；赵欣，2014；孙楠，2014；汪环，2014；吕茵茵，2014；王静，2014；赵洁，2014；徐娜，2014；郑燕，2015；顾丽，2015；孙兴亮，2015；杜芳、王松岩，2015）针对L2学习者的写作课程设置、教学方法、理念以及存在的问题进行了探讨，也有研究者对写作教学中的某一要素教学，例如汉字教学进行了研究（霍雅洁，2013）或是针对L2学习者的毕业论文写作教学进行了研究（金宁，1998；吕军，2009）。在写作教学研究中，也有研究者使用了实验的方法，例如吴双（2012）对专题式经典诗文语块运用于对外汉语写作做了实验研究。同时，也有研究者对L2学习者写作水平总体较低的原因进行了探讨（王海玲，2014）。

有些研究者认为教材的制定在L2学习者写作教学中有至关重要的作用，例如，南勇（1994）指出在对外汉语教学中，写作教学是一个比较薄弱的环节。提高对留学生的汉语写作教学的重要性的认识，尽快建立科学的、行之有效的写作教学体系，编写一部写作教材，是对外汉语教学的一个重要课题。因此，也有一些研究者专门对写作教材进行了研讨（张洁，2009；冯燕，2010；王菲菲，2013；王静，2014；李静竞，2014；陈静，2014）。

国内很多研究者关注书面语写作中的偏误（傅艺芳，1994；何立荣，

1999；辛平，2001；刘怡冰，2006；冯新宏，2008；邹璐、于亮，2009；李新惠，2009；陆跃伟，2010；陶岩，2010；冯晓玲，2010；陈建、陈宇思，2011；李艳，2012；付漪川，2012；卢晓、余瑾，2012；褚佳，2013；傅嬴、金伟，2013；于海瑶，2013；赵琳楠，2013；杨金萍，2013；王慧，2013；单贞，2013；牛晓芸，2014；王采秋，2014；魏晨，2014；孙乃玲、雷振龙，2014；朱胜男、赵伟，2014；黄弋桓，2015；钟姗姗，2015；刘琳萍，2015），这类研究通常针对某一母语背景的 L2 学习者写作样本中的偏误，研究内容除了词语、句法偏误外，还有越来越多的研究考虑到了 L2 学习者作文中的篇章衔接偏误。但是，针对写作能力本身的发展研究较少。

目前针对写作能力本身的研究主要有：对写作案例进行分析（修焕焕，2015；亓华，2006）；对写作和写作评分之间的关系进行研究（刘国伟，2005）；作文中修辞格使用情况（翟璨，2015）；作文中篇章照应使用情况（杨丽赟，2007）；L2 学习者书面语中的口语体倾向（胡晓慧，2008）；写作中的石化现象（李晓宇，2015）；以及汉语写作中的书写工具（吴双，2010）。国内还没有研究对 L2 学习者写作能力现状进行全面的描写。

本项研究将汉语 L2 学习者的写作能力视为一个发展过程，这个过程与母语儿童写作能力的发展既有相似之处，也有非常大的差异。本文旨在对汉语 L2 学习者的写作能力发展进行客观的描述。具体的方法是利用汉语为母语或者第一语言的儿童的"儿童写作能力发展常模"建立汉语母语者写作能力的"标尺"，以"汉语作为第二语言的学习者汉语书面表达能力发展常模"为测量和考察对象，对第二语言学习者写作能力的发展进行描写和评测，建立二者之间的对应关系。通过对汉语作为第二语言的学习者写作能力发展过程与汉语儿童写作能力发展过程进行比较，我们主要从以下三个方面对汉语作为第二语言的学习者写作能力发展研究进行探讨。

首先，我们以汉语儿童作文质量发展常模为依据，确定评测汉语写作能力的客观标准；然后比较汉语二语学习者和汉语儿童之间，以及不同水平汉语第二语言学习者之间写作文本特征之间的差异。

常模的建立和基于常模的作文评估主要涉及两个方面的问题：一是常模的建立问题。Sumner（1985）、张凯（2002）、Popham（1990）、黄光扬（2002）、Michael J. Kolen（2006）等研究者对常模的本质、作用以及使用范围进行了探讨。根据张凯（2002）对常模原理的阐释，常模的作用是为不可直接测量的事物建立测度，从而使不可直接观察、不可直接测量的心理属性变得可以测量。本文的研究对象是书面语表达能力，而"书面语表达能力"不能直接观察，因而也就不可直接测量，因此，我们要对"书面语表达能力"进行测量，就要通过建立常模的方法构拟出"书面语表达能力"的测度。

第二个方面的问题是确定影响书面语表达能力的因素。Emig（1971）、Hayes 和 Flower（1980，1986）、Hays（1996）、Grabe and Kaplan（1996）、Kellogg（1994，1996）、Field（1980）、C. M. W. Yan 等（2011）、Richard（2012）等学者都对影响儿童作文质量的因素进行过探讨。研究者通常将儿童在作文中使用的字词数量以及句子长度、类型和复杂度等因素作为评测作文复杂度和流利性的重要因素（Berninger、Yates et al., 1992; Berninger et al., 1994; Lynda Miller, 2009; Alida Anderson, 2012; Connie Qun Guan et al., 2013 等）。借鉴前人研究成果并结合汉语自身特点，我们将字种、词种、平均句长等因素作为统计量。此外，ESL 作文评分标准以及美国国家教育进展评估（NAEP）中的长期趋势评估（Long Term Trend）也是我们决定常模统计量的重要参考，但与 NAEP 不同，我们在建立成常模时是采用了文本自身的特征而不是评分员的主观评分作为统计量。

一、研究方法

1.1 被试

1.1.1 儿童被试

我们采用多层随机抽样（Multistage sampling）的方法对采集到的作文（19076 名儿童的写作样本），分两层进行抽样。首先，我们根据省或直辖市的区域分布随机抽取 11 个收集区，这 11 个收集区分别为广东、广西、湖南、江苏、江西、辽宁、青海、山西、四川、新疆和云南。收集区的确定考虑了地域分布的南北差异和不同地区经济发展水平的差异。接下来，我们对每个收集区三到六年级的学生进行编号，从中随机抽取 50 人。抽样完成后，我们得到一个包含 2200 名儿童（共 11 个省，每个省 550 名儿童，每个年级各 50 名儿童）的抽样样本。

1.1.2 第二语言学习者被试

第二语言学习者被试（L2学习者被试）来自于"汉语中介语语料库系统"（陈小荷，1996）以及"HSK动态作文语料库"（1.1版）（张宝林，2006）中的留学生作文，我们按照L2学习者学习汉语的时间长短选取作文共1650篇，建立"汉语作为第二语言的学习者汉语书面表达能力发展常模"（以下简称"L2学习者常模"）。L2学习者作文等级划分的依据为学习汉语作为第二语言的年限，其中学习汉语时间半年到一年的被试归入第一级；学习汉语时间为一年半到两年的归入第二级；学习汉语时间为两年半到三年及以上的归入第三级，第三级还包括"HSK动态作文语料库"中取得B级以上证书的留学生作文。每一个级别都包括550位汉语作为第二语言的学习者的作文。本文用留学生学习汉语的时间长短定义留学生的汉语能力。我们假定，学习汉语的时间越长，留学生的汉语水平越高。在这个假定的基础上，我们将L2学习者的汉语水平划分为一级（低水平）、二级（中级水平）和三级（高水平）三个等级。

1.2 统计量

统计量是指对写作样本用词用句等方面特征的统计，共分为6类，分别是词种、字种、常用词比例、平均句长、单篇作文中句子的数量、篇幅。我们认为这些统计量反映了儿童书面语言表达的能产性（productivity）和多样性（diversity），见表1。

表1 文本的统计量

多样性	字种
	词种
	常用词比例
能产性	平均句长
	单篇作文中句子的数量
	篇幅

1.2.1 字种和词种

从字形是否相同的角度来看，汉字音、形、义的关系包括①形音相同，意义相关；②形音相同，意义不同；③字形相同，音义不同。在统计汉字时不将上述三种情况分开，而是将其作为一个汉字，这样一个汉字就是一个字种（邢红兵，2007：9）。字种就是根据字形得出的字的种类。

词种（type）是在特定语言片段中出现的不同词汇的数量（词汇的种类），词次是在特定语言片段中出现的所有词汇的数量。

1.2.2 常用词和非常用词（低频词）比例

我们分别计算三到六年级小学生作文和一到三个级别留学生作文中常用词词种和非常用词（低频词）词种在总词种中所占的比例，并以此考查书面语表达的多样性。一般说来，常用词所占比例越低，非常用词所占比例越高，词汇丰富度就越高。

研究根据一个近3亿词的现代汉语词频统计表（以下简称"词频统计表"），并参考"现代汉语研究语料库"（孙宏林、孙德金、黄建平、李德钧、邢红兵，1996）中的词汇使用情况，确定现代汉语中词汇的频率。"词频统计表"的词次为395655275、词种87447，我们利用该词频统计表确定作文中所使用的词语的频度属性，为常模选用作文中的每一个词找到该词在"词频统计表"中对应的频率。

1.2.3 平均句长

平均句长是测量儿童语言表达能产性的重要指标之一。Nice（1925：378）将句子的平均长度作为判断儿童语言发展最重要的单一性指标。在本文中，平均句长是指儿童书面语写作样本中句子的平均长度，即一个句子平均由多少个汉字和标点符号组成。

1.2.4 单篇作文中句子的数量和作文篇幅

句数是指一篇文章中的句子数；段落数指一篇文章中的段落数；作文篇幅是指一篇文章中的总字符数，包括标点符号。作文中未完成的句子（一般出现在作文的末尾部分）不计入统计范围。在对书面语言表达能产性的研究中，很多学者将总词数作为重要的统计量（Berman & Verhoevan, 2002; Houck & Billingsley, 1989; Mackie & Dockrell, 2004; Nelson, et al., 2004; Scott & Windsor, 2000），但是考虑到汉语在自动切词方面存在的困难（邢红兵，1999），我们认为，在测量汉语书面语言表达能产性时，总字符数是更为可行的统计量，因此，虽然我们在语料处理时对作文样本进行了切词处理，但是为了保证统计数据的可靠性，我们仍然将总字符数和标点数作为作文篇幅的统计量。

1.3 语料库的建立和语料的标注

我们对上述2200名儿童的写作样本进行标注，并对作文进行分词、分句等处理；并最终建立了容量为981000余字的"汉语儿童书面语年级发展标注语料库"以及容量为50000余句的"汉语儿童书面语年级发展句库"，语料库规模见表2。

表2 汉语儿童书面语语料库规模

	字次	词次	句数
三年级	175509	110415	11920
四年级	236662	177973	13337
五年级	270461	201146	13090
六年级	298479	221966	13909
共计	981111	711500	52256

"L2学习者常模"中的留学生被试来自于"汉语中介语语料库系统"（陈小荷，1996）和"HSK动态作文语料库"（1.1版）。"汉语中介语语料库系统"是一个计算机软件系统。该系统收集了汉语中介语语料350多万字，其中经抽样而形成的核心语料100多万字作了断句、分词和词性标注等加工处理。

"HSK动态作文语料库"是母语非汉语的外国人参加高等汉语水平考试（HSK高等）作文考试的答卷语料库，收集了1992—2005年部分外国考生的作文答卷，共计10740篇，约400万字。后又补充HSK作文答卷829篇，使语料总数达到11569篇，约430万字。

我们对从上述两个语料库中提取的1650名L2学习者的写作样本进行分词、分句等处理，并计算每一位被试写作样本中的基本统计量（见表1）。

二、研究结果

2.1 字种常模的建立和比较

我们使用SPSS软件，对每一篇三到六年级小学生作文和一到三级留学生作文中的字种数量进行了统计；将小学生四个年级和留学生三个级别的各550人作为标准样组，根据测量结果建立小学生三到六年级和留学生一到三级的字种常模。根据常模，我们生成反映被试总体作文中使用字种数量的正态化标准分数（normalized standard score），包括平均值、标准差以及在不同量表上的表现水平在样本群体中的百分比，以下各个常模的建立原理都同于此。

2.1.1 小学生字种常模

表3 三年级到六年级字种常模统计量

三年级		四年级		五年级		六年级	
N	550	N	550	N	550	N	550
平均数	145.66	平均值	184.48	平均值	214.63	平均值	231.01
中数	138.00	中位数	183.00	中位数	212.50	中位数	231.00
众数	115	众数	165	众数	213	众数	207
标准差	43.993	标准差	44.861	标准差	41.403	标准差	37.211
全距	278	全距	298	全距	256	全距	292
最小值	55	最小值	70	最小值	103	最小值	109
最大值	333	最大值	368	最大值	359	最大值	401

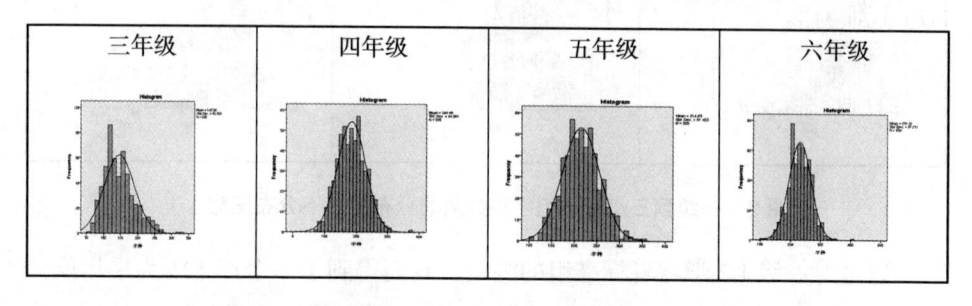

图1 四年级到六年级标准组字种数量的分布

通过对标准组的测量，我们得到了一个以146为平均值，44为标准差的三年级字种常模，全距为 ±3 个标准差（z=-3 到 3）。以这个常模做参照，我们就可以对儿童在书面语作文中使用的汉字做比较，例如，当一名三年级儿童的作文中共有190个字种时，由公式 Z=Xi-X /SD 可知，Z=1。说明在三年级儿童中，有84.13%的儿童比该名儿童在作文中使用的字种少。以下各常模使用方式相同。四年级字种常模为平均值为184，标准差为45，全距为 ±3 个标准差。五年级字种常模平均值为215，标准差为41，全距为 ±3 个标准差。

六年级字种常模平均值为231，标准差为37，全距为 ±4 个标准差。

2.1.2 L2学习者字种常模

表4 一级到三级字种常模统计量

一级		二级		三级	
N	550	N	550	N	550
平均值	120.99	平均值	178.96	平均值	186.52
中位数	114.00	中位数	178.00	中位数	173.00
众数	80	众数	142	众数	173
标准差	49.13	标准差	66.78	标准差	62.88
全距	299	全距	401	全距	453
最小值	23	最小值	36	最小值	44
最大值	322	最大值	437	最大值	497

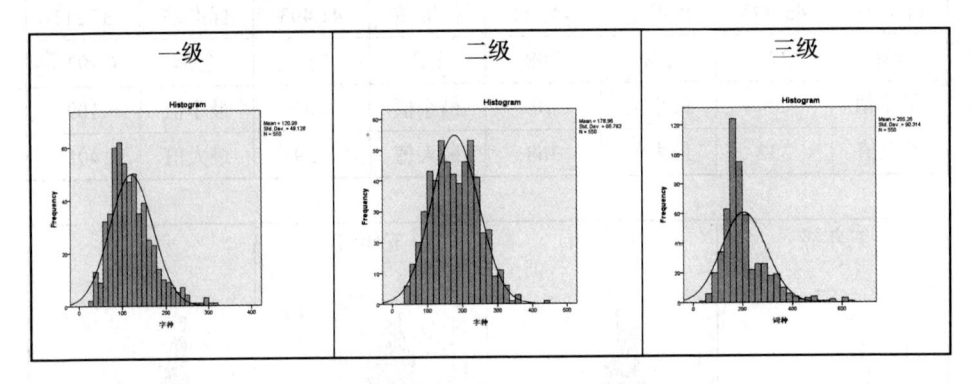

图2 一级到三级标准组字种数量的分布（以下分布图略）

通过对一级L2学习者标准组的测量，我们得到了一个以121为平均值，49为标准差的一级L2学习者字种常模。由此可以看出，学习汉语时间半年到一年的L2学习者在一篇作文中平均使用了121个不同的字；学习者最多可在作文中使用了322个不同的字，最少在作文中使用了23个不同的字。通过对二级L2学习者标准组的测量，我们得到了一个以178为平均值，67为标准差的三年级字种常模。由此可以看出，学习汉语时间半年到一年的L2学习者在一篇作文中平均使用了178个不同的字；此时的学习者最多可在作文中使用437个不同的字，最少在作文中使用了36个不同的字。通过对三级L2学习者标准组的测量，我们得到了一个以187为平均值，63为标准差的三年级字种常模。由此可以看出，学习汉语时间半年到一年的 L2 学习者在一篇作文中平均使用了 187 个不同的字；此时的学习者最多已经可以在作文中使用 497 个不同的字，最少在作文中使用了 44 个不同的字。

2.1.3 字种的差异性检验

我们对三年级、四年级、五年级和六年级小学生作文和一级、二级和三级 L2 学习者作文中的字种差异进行了方差分析。

结果显示字种数量在不同年级的分布有显著差异，F（3，2196）= 439.069，P<0.001。Tukey 法的事后检验结果表明，三年级（M=145.66，SD=43.993）写作样本中的字种显著少于四年级（M=184.48，SD=44.861）、五年级（M=214.63，SD=41.403）和六年级（M=231.01，SD=37.211）写作样本中的字种；四年级写作样本中的字种显著少于五年级和六年级写作样本中的字种；五年级写作样本中的字种显著少于六年级写作样本中的字种。

我们对"L2 学习者常模"中一级、二级和三级 L2 学习者作文中字种差异进行的方差分析结果显示，字种数量在不同年级的分布有显著差异，F（2，1647）= 195.851，P<0.001。Tukey 法的事后检验结果表明，三级（M=186.52，SD=66.78）写作样本中的字种显著多于一级（M=120.99，SD=62.88）写作样本中的字种；二级（M=178.96，SD=49.13）写作样本中的字种显著多于一级写作样本中的字种；二级和三级 L2 学习者写作样本中的字种差异不显著。

最后，本文对三、四、五和六年级小学生和一、二和三级 L2 学习者作文中的字种差异进行了方差分析。方差分析结果显示，字种数量在不同年级的分布有显著差异，F（6，3842）= 305.955，P<0.001。Tukey 法的事后检验结果表明，L2 学习者一级（M=120.99，SD=62.88）写作样本中的字种显著少于三年级儿童（M=145.66，SD=43.99）写作样本中的字种；小学四年级（M=184.48，SD=44.86）写作样本中的字种数量与二级 L2 学习者和三级 L2 学习者写作样本中的字种数量差异不显著；小学五年级（M=214.63，SD=41.4）和六年级（M=231.01，SD=37.21）写作样本中的字种显著多于 L2 学习者一级（M=120.99，SD=62.88）、二级（M=178.96，SD=49.13）和三级（M=186.52，SD=66.78）写作样本中的字种。

2.2 词种常模的建立和比较

2.2.1 小学生词种常模

表 5 三年级到六年级词种常模统计量

三年级		四年级		五年级		六年级	
N	550	N	550	N	550	N	550
平均值	127.83	平均值	187.88	平均值	216.61	平均值	235.64
中位数	120.00	中位数	187.00	中位数	217.00	中位数	241.00
众数	99	众数	182	众数	195	众数	244
标准差	41.72	标准差	47.83	标准差	42.12	标准差	37.63
全距	285	全距	319	全距	258	全距	346
最小值	45	最小值	68	最小值	106	最小值	111
最大值	330	最大值	387	最大值	364	最大值	457

通过对标准组的统计，我们得到了一个以 128 为平均值，42 为标准差的三年级词种常模，全距为 ±3 个标准差。四年级词种常模平均值为 188，标准差为 48，全距为 ±3 个标准差（z=-3 到 3）。五年级词种常模平均值为 217，标准差为 42，全距为 ±3 个标准差。六年级词种常模平均值为 236，标准差为 38，全距为 ±3 个标准差。

2.2.2 L2 学习者词种常模

表 6 一级到三级词种常模统计量

一级		二级		三级	
N	550	N	550	N	550
平均值	123.17	平均值	196.54	平均值	186.52
中位数	113.50	中位数	193.00	中位数	173.00
众数	137	众数	138	众数	173
标准差	58.62	标准差	89.897	标准差	62.88
全距	356	全距	456	全距	453
最小值	19	最小值	28	最小值	44
最大值	375	最大值	484	最大值	497

通过对一级L2学习者标准组的测量，我们得到了一个以123（对结果进行四舍五入，去掉小数点）为平均值，58为标准差的一级L2学习者词种常模。由此可以看出，学习汉语时间半年到一年的L2学习者在一篇作文中平均使用了123个不同的词；学习者最多可在作文中使用375个同的词，最少在作文中使用了19个不同的词。

通过对二级L2学习者标准组的测量，我们得到了一个以197为平均值，89为标准差的二级词种常模。由此可以看出，学习汉语时间一年半到两年的L2学习者在一篇作文中平均使用了197个不同的词；此时的学习者最多可在作文中使用484个同的词，最少在作文中使用了28个不同的词。

通过对三级L2学习者标准组的测量，我们得到了一个以205为平均值，90为标准差的三级词种常模。由此可以看出，学习汉语时间两年半到三年的L2学习者在一篇作文中平均使用了205个不同的词；此时的学习者最多已经可以在作文中使用599个不同的词，最少在作文中使用了31个不同的词。

2.2.3 词种的差异性检验

SPSS软件对"儿童书面语标注语料库"中三年级、四年级、五年级和六年级小学生作文中的词种差异进行了单因素方差分析。结果显示，词种数量在不同年级的分布有显著差异，$F(3, 2196) = 674.235$，$P<0.001$。Tukey法的事后检验结果表明，三年级（M=127.83，SD=41.72）写作样本中的词种显著少于四年级（M=187.88，SD=47.83）、五年级（M=216.61，SD=42.12）和六年级（M=235.64，SD=.37.63）写作样本中的词种；四年级（M=187.88，SD=47.83）写作样本中的词种显著少于五年级（M=216.61，SD=42.12）和六年级（M=235.64，SD=.37.63）写作样本中的词种；五年级（M=216.61，SD=42.12）写作样本中的词种显著少于六年级（M=235.64，SD=.37.63）写作样本中的词种。

对"L2学习者常模"中一级、二级和三级L2学习者作文中的词种差异进行的方差分析结果显示，词种数量在不同级别的分布有显著差异，$F(2, 1647) = 170.468$，$P<0.001$。Tukey法的事后检验结果表明，三级（M=205.26，SD=90.31）写作样本中的词种显著多于一级（M=123.17，SD=58.62）写作样本中的词种；二级（M=196.54，SD=89.9）写作样本中的词种显著多于一级（M=123.17，SD=58.62）写作样本中的词种；二级和三级L2学习者写作样本中的词种差异不显著。

最后，本文对三年级、四年级、五年级和六年级小学生作文中的词种一级、二级和三级 L2 学习者作文中的词种差异进行了方差分析。结果显示，词种数量在不同年级的分布有显著差异，F（6，3842）= 267.183，P<0.001。Tukey 法的事后检验结果表明，L2 学习者一级（M=123.17，SD=58.617）写作样本中的词种与三年级儿童（M=145.66，SD=43.99）写作样本中的词种数量差异不显著；二级（M=196.54，SD=89.9）和三级（M=205.26，SD=90.31）写作样本中的词种显著多于三年级儿童（M=145.66，SD=43.99）写作样本中的词种；小学四年级（M=187.88，SD=47.83）写作样本中的词种数量与二级（M=196.54，SD=89.9）写作样本中的词种数量没有显著差异；小学四年级（M=187.88，SD=47.83）写作样本中的词种数量显著多于一级（M=123.17，SD=58.62）写作样本中的词种；三级（M=205.26，SD=90.31）写作样本中的词种数量显著多于小学四年级（M=187.88，SD=47.83）写作样本中的词种数量；小学五年级（M=216.61，SD=42.12）和六年级（M=235.64，SD=.37.63）写作样本中的词种显著多于一级（M=123.17，SD=58.62）、二级（M=196.54，SD=89.9）和三级（M=205.26，SD=90.31）写作样本中的词种。

2.3 常用词和非常用词比例

2.3.1 常用词

在统计常用词时，我们根据"词频统计表"确定小学生语料库和 L2 学习者语料库中词语的频度属性，选取出汉语中最常用的 5000 词。下面，我们分别考察"常用 500 词词种""常用 500—1000 词词种"等（以 500 个词种为间距）在三到六年级小学生以及一到三级 L2 学习者作文样本总词种中所占比例，常用词词种比例＝常用词词种/年级总词种，详细结果见表 7、表 8、图 3。

表 7 三到六年级小学生作文常用词词种比例

	三年级	四年级	五年级	六年级
常用 500 词词种比例	0.050941	0.043095	0.037326	0.035381
常用 500—1000 词词种比例	0.038969	0.035278	0.032864	0.030589
常用 1000—1500 词词种比例	0.038114	0.033373	0.030547	0.029311
常用 1500—2000 词词种比例	0.031884	0.030567	0.028316	0.026276
常用 2000—2500 词词种比例	0.031151	0.028563	0.026515	0.025557

（续表）

	三年级	四年级	五年级	六年级
常用 2500—3000 词词种比例	0.02883	0.026558	0.02497	0.02364
常用 2500—3500 词词种比例	0.023455	0.022349	0.021452	0.021883
常用 3500—4000 词词种比例	0.023577	0.024754	0.023425	0.021963
常用 4000—4500 词词种比例	0.022233	0.021648	0.021194	0.021803
常用 4500—5000 词词种比例	0.02321	0.022049	0.021023	0.020845

* 常用词词种比例 = 常用词词种 / 年级总词种

举例来说，我们根据"词频统计表"确定的"常用 500—1000 词"（107918> 使用频率≥ 60090 的词）在三年级写作样本中的数量为 319（常用词词种 =319）；根据统计结果，三年级写作样本中的总词种为 7106（年级总词种 =7106）；这样，三年级"常用 500—1000 词比例"为"常用 500—1000 词"在三年级的写作样本中的数量（319），除以三年级的写作样本中总词种数量（7106），结果约等于"0.039"（常用词词种比例 = 常用词词种 / 年级总词种 =319/7106= 0.038968971）。

表 8 一到三级 L2 学习者作文常用词词种比例

	低水平	中级	高级
10000 词词种比例	0.013469	0.015813	0.015629
10000—10500 词词种比例	0.010841	0.014513	0.017697
10500—11000 词词种比例	0.011005	0.013863	0.014939
11000—11500 词词种比例	0.013305	0.01473	0.01402
11500—12000 词词种比例	0.009527	0.013322	0.012871
12000—12500 词词种比例	0.011827	0.010614	0.011147
12500—13000 词词种比例	0.01429	0.014621	0.01333
13000—13500 词词种比例	0.00887	0.010181	0.009768
13500—14000 词词种比例	0.010184	0.010181	0.010228
14000—14500 词词种比例	0.006078	0.010614	0.010228
14500—15000 词词种比例	0.007227	0.009748	0.010917

统计结果显示，在常用词的使用上，现代汉语最常用的 500 个词，在一

到三级 L2 学习者和三年级到六年级小学生作文中是最常用的。整体来说，现代汉语常用词随着小学生年级的增长在总词种中所占的比例逐渐降低。现代汉语常用词在 L2 学习者的作文中的情况比较复杂：相比于中级水平（二级）学习者，低水平（一级）L2 学习者作文中使用了更多常用词；但是中级水平和高级水平（三级）常用词使用情况没有太大的差异。此外，"常用 4000—4500 词词种比例"和"常用 4500—5000 词词种比例"在总词种中所占比例同样是随着年级和水平的增长逐渐降低，但变化不大。

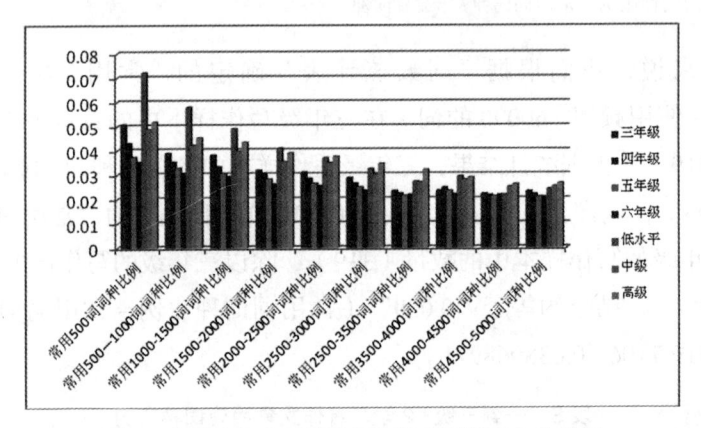

图 3　小学生和 L2 学习者在常用词使用上的差异

2.3.2　非常用词

在统计非常用词时，我们选取在现代汉语频率排序（频率由高到低）中超过 9500 的词，分别考察"非常用词 9500—10000 词词种""非常用词 1000—10500 词词种" 等（以 500 个词种为间距）在三到六年级小学生作文以及一到三级 L2 学习者作文样本总词种中所占比例。计算方法同上，非常用词词种比例 = 非常用词词种 / 年级总词种，详细结果见表 9、表 10，图 4。

表 9　三到六年级小学生作文非常用词词种比例

	三年级	四年级	五年级	六年级
非常用词 9500—10000 词词种比例	0.015759	0.015133	0.015703	0.015095
非常用词 10000—10500 词词种比例	0.014781	0.014781	0.013901	0.022111
非常用词 10500—11000 词词种比例	0.013438	0.017347	0.015531	0.023088
非常用词 11000—11500 词词种比例	0.014659	0.017713	0.013472	0.021744

（续表）

非常用词 11500—12000 词词种比例	0.012705	0.014332	0.014072	0.021622
非常用词 12000—12500 词词种比例	0.012338	0.012628	0.012785	0.018568
非常用词 12500—13000 词词种比例	0.015514	0.01363	0.014244	0.021378
非常用词 13000—13500 词词种比例	0.010872	0.010623	0.011155	0.018446
非常用词 13500—14000 词词种比例	0.01075	0.011726	0.013214	0.017591
非常用词 14000—14500 词词种比例	0.008796	0.010222	0.010554	0.016858
非常用词 14500—15000 词词种比例	0.010506	0.011124	0.011069	0.010303

* 非常用词词种比例 = 非常用词词种 / 年级总词种

表10 一到三级 L2 学习者作文非常用词词种比例

	低水平	中级	高级
10000 词词种比例	0.013469	0.015813	0.015629
10000—10500 词词种比例	0.010841	0.014513	0.017697
10500—11000 词词种比例	0.011005	0.013863	0.014939
11000—11500 词词种比例	0.013305	0.01473	0.01402
11500—12000 词词种比例	0.009527	0.013322	0.012871
12000—12500 词词种比例	0.011827	0.010614	0.011147
12500—13000 词词种比例	0.01429	0.014621	0.01333
13000—13500 词词种比例	0.00887	0.010181	0.009768
13500—14000 词词种比例	0.010184	0.010181	0.010228
14000—14500 词词种比例	0.006078	0.010614	0.010228
14500—15000 词词种比例	0.007227	0.009748	0.010917

根据对非常用词使用的统计，在小学生作文中，"非常用词10000词词种"在各年级所占比例变化不大；总体来看，"非常用词10000—10500词词种"到"非常用词14000—14500词词种"在三年级到六年级小学生作文总词种中所占比例随着年级的增长逐渐提高，在六年级达到最高值。"非常用词14500—15000词词种比例"在各年级所占比例都较低，变化不大。在L2学习者的作文中，总体来看，非常用词在总词种中所占比例随着L2学习者水平

的增长逐渐提高；中级水平 L2 学习者相比于低水平 L2 学习者在作文中使用了更多的非常用词，但高水平 L2 学习者与中级水平 L2 学习者在非常用词使用上的差异较小。

小学生和 L2 学习者在常用词使用上的差异见图 3，在非常用词使用上的差异见图 4。

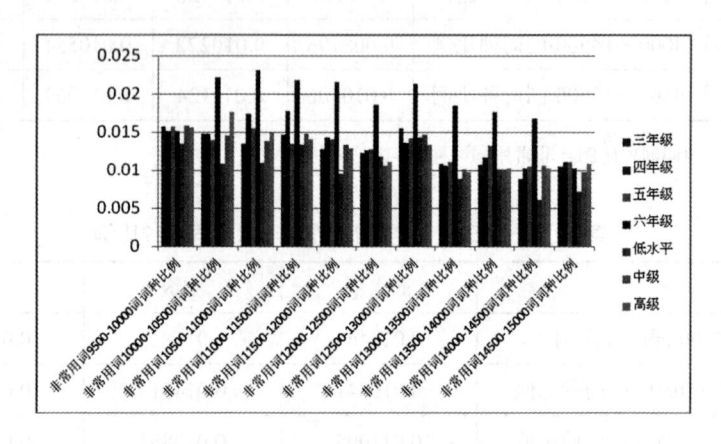

图 4　小学生和 L2 学习者在非常用词使用上的差异

2.4　平均句长常模的建立和比较

2.4.1　小学生句长常模

表 11　三年级到六年级平均句长常模统计量

三年级		四年级		五年级		六年级	
N	2695	N	6034	N	3524	N	2362
平均值	26.97	平均值	32.19	平均值	35.72	平均值	40.26
中位数	27.00	中位数	32.00	中位数	36.00	中位数	39.00
众数	22	众数	32	众数	38	众数	32
标准差	9.73	标准差	11.18	标准差	12.76	标准差	14.19
全距	56	全距	63	全距	76	全距	85
最小值	1	最小值	2	最小值	2	最小值	2
最大值	57	最大值	65	最大值	78	最大值	87

根据统计结果，三年级句长常模平均值为27，标准差为10，全距为 ±3 个标准差。四年级句长常模平均值为32 为，标准差是11，全距为 ±3 个标准差。五年级句长常模平均值为36，标准差为13，全距为 ±3 个标准差。六年级句长常模平均值为40，标准差为14，全距为 ±3 个标准差。

2.4.2 L2学习者句长常模

表12 一级到三级句长常模统计量

一级		二级		三级	
N	8994	N	13489	N	16123
平均值	18.69	平均值	23.09	平均值	25.53
中位数	15.00	中位数	19.00	中位数	24.00
众数	13	众数	12	众数	21
标准差	13.8	标准差	16.69	标准差	14.26
全距	206	全距	443	全距	264
最小值	1	最小值	1	最小值	1
最大值	207	最大值	444	最大值	265

通过对一级L2学习者标准组的测量，我们得到了一个以19为平均值，14为标准差的一级L2学习者词种常模。由此可以看出，学习汉语时间半年到一年的L2学习者平均在一个句子中使用了19个字；学习者最多可在句子中使用207个字，最少在句子中使用了1个字。通过对二级L2学习者标准组的测量，我们得到了一个以23为平均值，17为标准差的二级L2学习者词种常模。由此可以看出，学习汉语时间一年半到两年的L2学习者平均在一个句子中使用了23个字；学习者最多可在句子中使用444个字，最少在句子中使用了1个字。通过对三级L2学习者标准组的测量，我们得到了一个以26为平均值，14为标准差的三级L2学习者词种常模。由此可以看出，学习汉语时间两年半到三年的L2学习者平均在一个句子中使用了26个字；学习者最多可在句子中使用265个字，最少在句子中使用了1个字。

2.4.3 句子长度的差异性检验

我们使用SPSS软件，对汉语儿童书面语年级发展句库中三到六年级小学生作文中的句子长度的差异进行了单因素方差分析，结果显示句长在不同年级的分布总体上来说差异显著，$F(3, 52252) = 740.835$，$P<0.001$。Tukey法

的事后检验结果表明，三年级写作样本中的句长显著短于四年级、五年级和六年级写作样本中的句长；四年级写作样本中的句长显著短于五年级和六年级写作样本中的句长；五年级写作样本中的句长显著短于六年级写作样本中的句长。

我们对"L2学习者常模"中一级、二级和三级L2学习者作文中句子长度的差异进行了单因素方差分析，结果显示句长在不同级别的分布总体上来说差异显著，F（2，38603）=596.351，P<0.001。Tukey法的事后检验结果表明，三级（M=25.53，SD=14.26）写作样本中的句子长度显著长于二级（M=23.09，SD=16.69）写作样本中的句子。二级写作样本中的句子显著长于一级（M=18.69，SD=13.8）写作样本中的句子。

最后，本文对三年级、四年级、五年级和六年级小学生作文和一级、二级、三级L2学习者作文中句子长度的差异进行了方差分析。结果显示，句子长度的分布有显著差异，F（6，90855）=623.775，P<0.001。Tukey法的事后检验结果表明，小学三年级平均句长（M=26.97，SD=9.73）、四年级平均句长（M=32.19，SD=11.18）和六年级平均句长（M=40.26，SD=14.19）显著长于L2学习者一级（M=18.69，SD=13.8）、二级（M=23.09，SD=16.69）和三级（M=25.53，SD=14.26）写作样本中的句子。

2.5 句数常模的建立和比较

2.5.1 小学生句数常模

表13 三年级到六年级句数常模统计量

三年级		四年级		五年级		六年级	
N	550	N	550	N	550	N	550
平均值	19.50	平均值	21.28	平均值	22.01	平均值	23.24
中位数	18.00	中位数	20.00	中位数	21.00	中位数	22.00
众数	12	众数	16	众数	21	众数	20
标准差	7.559	标准差	7.44	标准差	6.74	标准差	6.39
全距	48	全距	45	全距	46	全距	41
最小值	5	最小值	6	最小值	6	最小值	9
最大值	53	最大值	51	最大值	52	最大值	50

通过对标准组的统计，我们得到了一个以 19.50 为平均值，7.6 为标准差的三年级句数常模，全距为 ±3 个标准差。四年级句数常模平均值为 21，标准差为 7，全距为 ±3 个标准差。五年级句数常模平均值为 22，标准差为 6.7，全距为 ±3 个标准差。六年级句数常模平均值为 23.24，标准差为 6.4，全距为 ±3 个标准差。

2.4.2　L2 学习者句数常模

表 14　一级到三级句长常模统计量

一级		二级		三级	
N	550	N	550	N	550
平均值	13.24	平均值	21.09	平均值	24.85
中位数	12.00	中位数	20.00	中位数	23.00
众数	7	众数	21	众数	10
标准差	9.44	标准差	12.55	标准差	13.74
全距	69	全距	70	全距	97
最小值	1	最小值	1	最小值	2
最大值	60	最大值	71	最大值	99

通过对一级 L2 学习者标准组的测量，我们得到了一个以 13 为平均值，9 为标准差的一级 L2 学习者句数常模。由此可以看出，学习汉语时间半年到一年的 L2 学习者在一篇作文中平均使用了 13 个句子；学习者最多可在作文中使用 60 个句子，最少在作文中使用了 1 个句子。通过对二级 L2 学习者标准组的测量，我们得到了一个以 21 为平均值，13 为标准差的二级 L2 学习者句数常模。由此可以看出，学习汉语时间一年半到两年的 L2 学习者在一篇作文中平均使用了 21 个句子；学习者最多可在作文中使用 70 个句子，最少在作文中使用了 1 个句子。通过对三级 L2 学习者标准组的测量，我们得到了一个以 25 为平均值，14 为标准差的三级 L2 学习者句数常模。由此可以看出，学习汉语时间半年到一年的 L2 学习者在一篇作文中平均使用了 25 个句子；学习者最多可在作文中使用 99 个句子，最少在作文中使用了 2 个句子。

2.4.3　句子数量的差异性检验

我们使用 SPSS 软件，对"汉语儿童书面语年级发展标注语料库"中三到六年级小学生作文中的句子数量的差异进行了单因素方差分析，结果显示句数在不同年级的分布总体上来说差异显著，$F(3, 2196) = 27.119$，$P<0.001$。Tukey法的事后检验结果表明，四年级、五年级和六年级写作样本中的句数显著多于三年级写作样本中的句数；四年级写作样本中的句数与五年级写作样本中的句子数量的差异不显著（$P=.322$）；六年级写作样本中的句子数量显著多于五年级写作样本中的句子数量。

对"L2学习者常模"中一级、二级和三级L2学习者作文中句子数量差异进行的方差分析结果显示，句子数量在不同年级的分布有显著差异，$F(2, 1647) = 133.243$，$P<0.001$。Tukey法的事后检验结果表明，三级（M=24.85，SD=13.74）写作样本中的句子数量显著多于二级（M=21.09，SD=12.55）写作样本中的句子数量；二级写作样本中的句子数量显著多于一级（M=13.24，SD=9.44）写作样本中的句子数量。

最后，本文对三年级、四年级、五年级和六年级小学生作文中的句子数量和一级、二级和三级L2学习者作文中句子数量之间的差异进行了方差分析。结果显示，句子数量在不同年级和级别的分布有显著差异，$F(6, 3843) = 84.083$，$P<0.001$。Tukey法的事后检验结果表明，小学三年级写作样本中的句数（M=19.50，SD=7.56）、四年级儿童写作样本中的句数（M=21.28，SD=7.44）和五年级写作样本中的句数（M=22.01，SD=6.74）显著多于一级L2学习者（M=13.24，SD=9.44）写作样本中的句子数量；与二级L2学习者（M=21.09，SD=12.55）写作样本中句子数量的差异不显著；三级L2学习者（M=24.85，SD=13.74）写作样本中的句子数量显著多于三年级、四年级和五年级儿童写作样本中的句数。

小学六年级写作样本中的句数（M=23.24，SD=6.39）显著多于一级L2学习者（M=13.24，SD=9.44）和二级L2学习者（M=21.09，SD=12.55）写作样本中的句子数量；与三级L2学习者（M=24.85，SD=13.74）写作样本中句子数量的差异不显著。

2.5 篇幅常模的建立和比较

2.5.1 小学生字种常模

表 15 三年级到六年级篇幅常模统计量

三年级		四年级		五年级		六年级	
N	550	N	550	N	550	N	550
平均值	373.42	平均值	504.74	平均值	508.70	平均值	591.02
中位数	364.50	中位数	499.00	中位数	501.50	中位数	597.00
众数	348	众数	291	众数	291	众数	573
标准差	116.19	标准差	141.56	标准差	145.76	标准差	106.99
全距	520	全距	682	全距	929	全距	595
最小值	148	最小值	153	最小值	153	最小值	251
最大值	668	最大值	835	最大值	1082	最大值	846

统计结果显示，三年级篇幅常模平均值为 373，标准差为 116，全距为 ±3 个标准差。四年级篇幅常模平均值为 505，标准差为 142，全距为 ±2.5 个标准差。五年级篇幅常模平均值为 509，标准差为 146，全距为 ±3 个标准差。通过对标准组的统计，我们得到了一个以 591 为平均值，107 为标准差的六年级篇幅常模，全距为 ±3 个标准差。

2.5.2 L2 学习者篇幅常模

表 16 一级到三级篇幅常模统计量

一级		二级		三级	
N	550	N	550	N	550
平均值	305.33	平均值	513.69	平均值	567.63
中位数	276.00	中位数	487.00	中位数	532.00
众数	164	众数	350	众数	426
标准差	167.095	标准差	266.990	标准差	270.480
全距	1021	全距	1512	全距	1867
最小值	42	最小值	50	最小值	5
最大值	1063	最大值	1562	最大值	1872

通过对一级L2学习者标准组的测量，我们得到了一个以305为平均值，167为标准差的一级L2学习者篇幅常模。由此可以看出，学习汉语时间半年到一年的L2学习者在一篇作文平均使用305个字（包含标点符号，以下同）；学习者作文的最长篇幅为1063，最小篇幅为42。通过对二级L2学习者标准组的测量，我们得到了一个以514为平均值，267为标准差的二级L2学习者篇幅常模。由此可以看出，学习汉语时间一年半到两年的L2学习者作文的平均篇幅为514个字；学习者作文的最长篇幅为1562，最小篇幅为50。通过对三级L2学习者标准组的测量，我们得到了一个以568为平均值，270为标准差的三级L2学习者篇幅常模。由此可以看出，学习汉语时间两年半到三年的L2学习者在一篇作文平均使用568个字；学习者作文的最长篇幅为1872，最小篇幅为5。

2.5.3 作文篇幅的差异性检验

我们使用SPSS软件，对"儿童书面语标注语料库"中三年级、四年级、五年级和六年级小学生作文篇幅的差异进行了单因素方差分析，结果显示篇幅长短在不同年级的分布有显著差异，$F(3, 2196) = 406.572$，$P<0.001$。Tukey法的事后检验程序表明，三年级（M=379.02，SD=135.39）写作样本的篇幅显著少于四年级（M=511.06，SD=145.98）、五年级（M=579.42，SD=120.86）和六年级（M=634.15，SD=106.6）写作样本的篇幅；四年级（M=511.06，SD=145.98）写作样本的篇幅显著少于五年级（M=579.42，SD=120.86）和六年级（M=634.15，SD=106.6）写作样本的篇幅；五年级（M=579.42，SD=120.86）写作样本的篇幅显著少于六年级（M=634.15，SD=106.6）写作样本的篇幅。

我们对"L2学习者常模"中一级、二级和三级L2学习者作文的篇幅差异进行的方差分析，结果显示，篇幅在不同级的分布有显著差异，$F(2, 1647) = 183.666$，$P<0.001$。Tukey法的事后检验结果表明，三级（M=567.63，SD=270.48）写作样本中的篇幅显著多于二级（M=513.69，SD=266.99）写作样本的篇幅；二级写作样本的篇幅显著多于一级（M=305.33，SD=167.1）写作样本的篇幅。

最后，本文对三年级、四年级、五年级和六年级小学生作文中的篇幅和一级、二级和三级L2学习者作文篇幅的差异进行了方差分析。结果显示，篇幅在小学生作文和留学生作文中的分布有显著差异，$F(6, 3843)=$

220.302，P<0.001。Tukey 法的事后检验结果表明，小学生三年级（M=379.02，SD=135.389）写作样本的篇幅显著多于一级 L2 学习者（M=305.33，SD=167.095）写作样本的篇幅；L2 学习者二级（M=513.69，SD=266.99）写作样本的篇幅和三级（M=567.63，SD=270.48）写作样本中的篇幅显著多于小学生三年级（M=379.02，SD=135.39）写作样本的篇幅。

小学四年级（M=511.06，SD=145.98）写作样本的篇幅显著多于一级 L2 学习者（M=305.33，SD=167.1）写作样本的篇幅；与二级（M=513.69，SD=266.99）L2 学习者写作样本的篇幅差异不显著；三级（M=567.63，SD=270.48）写作样本中的篇幅显著多于小学四年级（M=511.06，SD=145.98）写作样本的篇幅。

小学五年级（M=579.42，SD=120.86）写作样本的篇幅显著多于一级（M=305.33，SD=167.1）和二级（M=513.69，SD=266.99）L2 学习者写作样本的篇幅。小学五年级（M=579.42，SD=120.86）写作样本的篇幅和三级（M=567.63，SD=270.48）L2 学习者写作样本的篇幅差异不显著。

小学六年级（M=634.15，SD=106.6）写作样本的篇幅显著多于 L2 学习者一级（M=305.33，SD=167.1）、二级（M=513.69，SD=266.99）和三级（M=567.63，SD=270.48）写作样本中的篇幅。

三、讨论

3.1 儿童写作能力发展常模

本文建立了小学三年级至六年级中国大陆汉语儿童的词种年级常模、字种年级常模、句长年级常模、句数年级常模和篇幅年级常模，共 20 个常模，统称"儿童写作能力发展常模"。由于"儿童写作能力发展常模"是以文本自身的特征作为统计量，而不是以评分员的主观评分作为统计量，因此"儿童写作能力发展常模"可以作为评测不同地区、不同群体的汉语写作能力的客观标准。以"儿童写作能力发展常模"做参照，我们可以将任意一个年级的任意一名儿童在书面语表达中的词汇产出、汉字产出、句子产出和作文篇幅与全国三至六年级汉语儿童（样本所代表的总体）书面语表达中的词汇产出、汉字产出、句子产出和作文篇幅做比较，以考察儿童写作能力的年级差异和地区差异。以四年级小学生作文词种常模为例。通过对标准组的测量，我们得到了一个以188为平均值，48为标准差的四年级词种常模，全距为±3个标准差。以这个常模做参照，我们就可以对儿童在书面语作文中的词汇产出做比较，例如当一名四年级儿童的书面语作文中共有188个词种时，我们知道这个句长落在平均值上，z=0，这说明在四年级儿童中，有50%的儿童比该名儿童在作文中使用的词种少。

通过分析儿童书面语作文的语料，我们发现，儿童书面语写作能力的发展过程是个逐渐变化的过程。儿童书面语言表达的能产性（productivity）和多样性（diversity）逐渐增强。

在汉字和词汇层面上，儿童写作中的字种和词种都随着年级的增长而显著增长；从三年级到六年级，小学生作文常用词词种在总词种中所占比例逐渐降低，使用的高频词在总词种中所占比例逐渐升高，词汇使用的多样性逐渐增强。

儿童书面语表达的能产性随着年级的增长显著提高。在句子和篇幅层面上，随着年级的提高，三年级到六年级汉语儿童在书面写作中使用的句子的长度、句子数量显著增长，作文篇幅显著增长。

3.2 汉语L2学习者能力发展常模

本文建立了一级（低水平）、二级（中级水平）和三级（高水平）汉语作为第二语言的学习者的词种常模、字种常模、句长常模、句数常模和篇幅常模，共20个常模，统称"汉语作为第二语言的学习者汉语书面表达能力发展常模"（简称"L2学习者常模"）。

通过对"L2学习者常模"分析，我们发现，L2学习者书面语表达能力能产性和多样性的发展并不均衡：能产性随着L2学习者学习汉语时间的增长而提高，而多样性却并没有表现出与能产性相似的线性增长。与二级L2学习者相比，三级L2学习者书面语表达的多样性并没有明显提高。

具体说来，在字种和词种方面，三级（M=186.52, SD=66.78；M=205.26, SD=90.31）和二级（M=178.96, SD=49.12；M=196.54, SD=89.9）写作样本中字种和词种的数量差异都不显著。

在常用字的使用上，从一级到二级，L2学习者作文中的常用词词种在总词种中所占比例逐渐降低，使用的高频词在总词种中所占比例逐渐升高，词汇使用的多样性逐渐增强。但是到了三级 L2 学习者作文中的常用词词种在总词种中所占比例却又出现了上升的趋势，词汇使用的多样性出现了下降的情况；整个词汇多样性的发展呈现"U"型效应。我们推测导致这种情况的可能原因有两个，一是由于三级，也就是高水平的汉语 L2 学习者的词汇学习出现了"化石化"现象（Selinker，1972）；另一种是由于高水平的汉语 L2 学习者在书面语表达中更加注重词汇使用的准确性和规范性，这一点，限于本文的研究方法和范围，无法做进一步的考查。

相比于丰富性，L2 学习者汉语书面语表达的能产性随着汉语学习时间的增长显著提高。在句子和篇幅层面上，随着级别的提高，一级到三级汉语 L2 学习者书面语表达中的句子的长度和数量以及作文的篇幅都有显著的增长。

综上所述，我们认为汉语 L2 学习者书面表达的丰富性和能产性的发展是不同步的，学习汉语时间达到两年半到三年的 L2 学习者，虽然相比于学习汉语时间为一年半到两年的学习者，能够在作文中使用更多的汉字、词汇、句子并产出更长的句子，但是表达的丰富性却并没有显著的提高；也就是说，三级 L2 学习者可能会在作文中使用较多重复的词语，表达手段可能较为单一。

3.3 汉语 L2 学习者汉语书面表达能力发展与儿童汉语书面表达能力发展的比较

3.3.1 字种发展的比较

Tukey 法的事后检验结果表明，L2 学习者一级（M=120.99，SD=62.88）写作样本中的字种显著少于三年级儿童（M=145.66，SD=43.99）写作样本中的字种；二级 L2 学习者和三级 L2 学习者写作样本中的字种数量与小学四年级（M=184.48，SD=44.86）写作样本中的字种数量之间的差异不显著。

由此，我们推测，一级 L2 学习者书面语表达的字种丰富性低于小学三年级儿童书面语表达的丰富性，二级和三级 L2 学习者书面语表达的字种丰富性相当于中国大陆小学四年级儿童书面语表达中字种的丰富性，三级 L2 学习者书面语表达的字种丰富性低于五年级的水平。

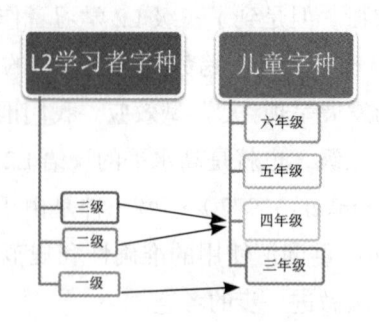

图 5 字种发展的比较

3.3.2 词种发展的比较

Tukey 法的事后检验结果表明，L2 学习者一级（M=123.17，SD=58.62）写作样本中的词种与三年级儿童（M=145.66，SD=43.99）写作样本中的词种数量差异不显著；二级 L2 学习者（M=196.54，SD=89.9）写作样本中的词种数量与四年级儿童（M=187.88，SD=47.83）写作样本中的词种数量差异不显著。

我们由此推测，L2 学习者一级（学习汉语时间为半年到一年的 L2 学习者）写作样本中的词种与中国大陆三年级儿童写作样本中的词种使用的丰富性相当；二级 L2 学习者（学习汉语时间为一年半到两年的 L2 学习者）写作样本中的词种丰富性大致相当于中国大陆小学四年级儿童写作样本的词种丰富性；三级 L1 学习者（M=205.26，SD=90.31）写作样本中的词种丰富性显著高于小学四年级儿童写作样本的词种丰富性，但低于小学五年级儿童写作样本的词种丰富性。

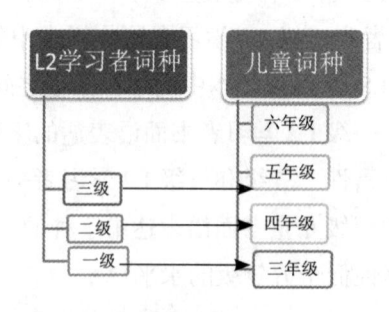

图 6 词种发展的比较

3.3.3 常用词和非常用词使用发展的比较

根据统计结果，一级 L2 学习者常用词词种比例在总词种中所占比例较小学三年级的要高，说明一级L2学习者汉语书面表达的词汇丰富性低于小学三年级儿童的词汇丰富性。二级和三级L2学习者汉语书面语表达中常用词词种在总词种中所占比例和小学三年级儿童作文中常用词词种在总词种中所占比例基本相同（二级所占比例略低），但低于四年级的，这说明二级和三级L2学习者在汉语书面表达中使用的低频字比例稍高于或者相当于小学三年级儿童的水平，但比四年级儿童所使用的低频字要少，词汇丰富度低于四年级学生的水平。

在非常用词的使用上，L2学习者非常用词词种比例在总词种中所占比例在总体上低于小学生作文中非常用词词种比例在总词种中所占比例。

3.3.4 句长发展的比较

根据Tukey法的事后检验结果，一级（M=18.69，SD=13.8）、二级（M=23.09，SD=16.69）和三级（M=25.53，SD=14.26）写作样本中的句子的平均长度比小学三年级的平均句长（M=26.97，SD=9.73）短。由此，我们推断，即使是高水平的汉语L2学习者，其汉语书面语表达中句子的复杂性和能产性也无法达到小学三年级学生作文中所使用的句子的复杂性和能产性。

结合下文中句数和篇幅的发展来看，我们推测留学生在作文中较多地使用了短句，虽然句子的数量和整体篇幅可以达到小学生的水平，但是单个句子的复杂度却无法达到母语者书面表达中句子的复杂度水平。同时，我们推测，L2学习者对中文标点符号使用的偏误和不规范也有可能造成其书面表达中短句较多的情况。

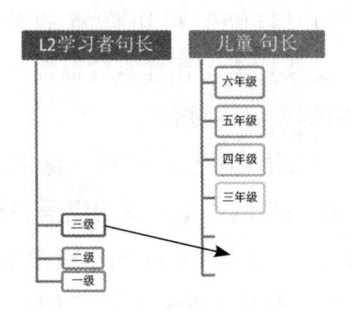

图7 句长发展的比较

3.3.5 句数发展的比较

Tukey法的事后检验结果表明，一级（M=13.24，SD=9.44）写作样本中的句子数量少于小学三年级写作样本中的句数（M=19.50，SD=7.56）；二级

L2 学习者（M=21.09，SD=12.55）写作样本中句子数量与小学三年级写作样本中的句数（M=19.50，SD=7.56）差异不显著；三级 L2 学习者（M=24.85，SD=13.74）写作样本中的句数与小学六年级写作样本中的句数（M=23.24，SD=6.39）差异不显著。

由此我们推断，一级 L2 学习者在作文中使用的句子的数量少于中国大陆小学三年级学生在作文中使用的句子数量；二级 L2 学习者在作文中使用的句子的数量与中国大陆小学三年级学生在作文中使用的句子数量大体相当，三级 L2 学习者在作文中使用的句子数量可达到六年级学生的水平。

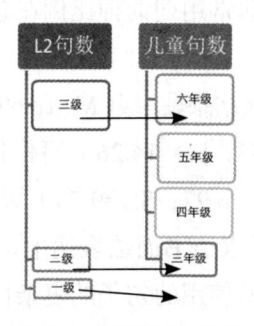

图 8　句数发展的比较

3.3.6　篇幅发展的比较

根据 Tukey 法的事后检验结果表明，一级 L2 学习者（M=305.33，SD=167.1）写作样本的篇幅少于小学生三年级（M=379.02，SD=135.39）写作样本的篇幅；二级（M=513.69，SD=266.99）写作样本的篇幅与小学四年级（M=511.06，SD=145.98）写作样本的篇幅差异不显著；三级（M=567.63，SD=270.48）L2 学习者写作样本的篇幅与小学五年级（M=579.42，SD=120.86）写作样本的篇幅差异不显著。

由此，我们认为，学习汉语半年到一年的一级 L2 学习者汉语书面语表达的篇幅可以达到小学三年级学生的水平；学习汉语一年半到两年的二级 L2 学习者汉语书面语表达的篇幅可以达到小学四年级学生的水平；学习汉语两年半到三年的三级 L2 学习者汉语书面语表达的篇幅可以达到小学五年级学生的水平。

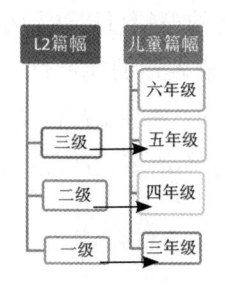

图9 篇幅发展的比较

四、结论

（1）儿童书面语写作能力的发展过程是个逐渐变化的过程。儿童书面语言表达的能产性（productivity）和多样性（diversity）逐渐增强。

（2）汉语作为第二语言的学习者汉语书面表达能力发展过程中能产性（productivity）和多样性（diversity）的增长是不均衡的。

（3）学习汉语一年半到两年的二级L2学习者书面语表达的字种丰富性可以达到中国大陆小学四年级学生的水平。

（4）学习汉语半年到一年的一级L2学习者写作样本中的词种丰富度可以达到中国大陆三年级儿童的水平；二级L2学习者写作样本中的词种丰富性可以达到中国大陆小学四年级儿童的水平。

（5）学习汉语一年半到两年的二级L2学习者和学习汉语两年半到三年的三级L2学习者书面语表达的丰富性大致与中国大陆小学四年级儿童书面语表达的丰富性相当；学习汉语半年到一年的一级L2学习者相当或略低于中国大陆小学三年级儿童书面语表达的丰富性。

（6）即使是高水平的汉语L2学习者，其汉语书面语表达中句子的复杂性和能产性也无法达到小学三年级学生作文中所使用的句子的复杂性和能产性。

（7）二级L2学习者在作文中使用的句子的数量可以达到中国大陆小学三年级学生在作文中使用的句子数量；三级L2学习者在作文中使用的句子数量可达到六年级学生的水平。

（8）一级L2学习者汉语书面语表达的篇幅可以达到小学三年级学生的水平；二级L2学习者汉语书面语表达的篇幅可以达到小学四年级学生的水平；

三级 L2 学习者汉语书面语表达的篇幅可以达到小学五年级学生的水平。

（9）一级 L2 学习者书面语表达的能产性大致与中国大陆小学三、四年级儿童书面语表达的能产性相当；三级 L2 学习者书面语表达的能产性大致与中国大陆小学五、六年级儿童书面语表达的能产性相当。

参考文献

[1] Sumner, R.（1985）测验的常模，载 T. Husen（主编）《简明国际教育百科全书·教育测量与评价》，许建钺等编译，王觉先译，北京：教育科学出版社。

[2] 陈 建、陈宇思（2011）非华裔越南留学生汉语写作常见偏误现象分析及纠正对策——兼论汉越语言类型比较，《时代文学（下半月）》第 2 期。

[3] 陈 静（2014）来华留学生写作（中级）教材之范文研究，安徽大学硕士学位论文。

[4] 陈淑梅（2012）汉语言本科专业留学生论文写作指导课课程设置浅议，《海外华文教育》第 1 期。

[5] 陈小荷（1996）"汉语中介语语料库系统"介绍，《第五届国际汉语教学讨论会论文选》，北京：北京大学出版社。

[6] 褚 佳（2013）蒙古国留学生中级汉语词语搭配偏误分析及其对策研究，内蒙古师范大学硕士学位论文。

[7] 崔贤美（2009）针对韩国留学生的汉语写作教学研究，北京语言大学硕士学位论文。

[8] 单 贞（2013）初级阶段留学生口语及写作中的省略偏误分析，西北师范大学硕士学位论文。

[9] 邓媛婷（2013）对外汉语高级水平留学生记叙文写作教学设计，华中师范大学硕士学位论文。

[10] 杜 欣（2006）留学生写作教学中的控制性训练原则，《汉语学习》第 3 期。

[11] 杜 芳、王松岩（2015）本科留学生中级汉语写作课教学探索与实践，《改革与开放》第 24 期。

[12] 冯 燕（2010）对外汉语写作教材研究，陕西师范大学硕士学位论文。

[13] 冯晓玲（2010）基于语篇衔接理论的留学生汉语写作偏误分析，山东大学硕士学位论文。

[14] 冯新宏（2008）高年级留学生汉语语篇显性衔接偏误分析，陕西师范大学硕

士学位论文。

［15］付　丽（2011）留学生毕业论文写作教学策略探索，《黑龙江教育（高教研究与评估）》第5期。

［16］付漪川（2012）基于语料库的韩国留学生语篇衔接偏误分析及语篇写作教学建议，河北师范大学硕士学位论文。

［17］傅　赢、金　伟（2013）高级阶段留学生汉语写作偏误分析及教学建议，《辽宁教育》第19期。

［18］傅艺芳（1994）留学生汉语写作语病问题，《汉语学习》第2期。

［19］顾　丽（2015）"写长法"在留学生汉语中级写作教学中的应用，上海师范大学硕士学位论文。

［20］郭　艾（2012）高级阶段留学生汉语进阶写作教学及教案设计，湖南师范大学硕士学位论文。

［21］何立荣（1999）留学生汉语写作教学二题，《扬州大学学报（高教研究版）》第3期。

［22］何立荣（1999）浅析留学生汉语写作中的篇章失误，《汉语学习》第1期。

［23］胡晓慧（2008）试析留学生汉语写作中的口语体倾向，《华侨大学学报（哲学社会科学版）》第3期。

［24］黄光扬主编（2002）《教育测量与评价》，上海：华东师范大学出版社。

［25］黄弋桓（2015）高级阶段贝宁留学生汉语写作偏误分析——以《高级写作Ⅰ》课程试卷为例，《黑龙江教育学院学报》第5期。

［26］霍雅洁（2013）论初级汉语写作课中的汉字教学，陕西师范大学硕士学位论文。

［27］金　宁（1998）论汉语言专业留学生毕业论文的写作与指导，《河南教育学院学报（哲学社会科学版）》第4期。

［28］李　艳（2012）英美留学生HSK高级写作中书面语体偏误分析，陕西师范大学硕士学位论文。

［29］李静竞（2014）对外汉语中级写作教材对比与留学生汉语写作教学研究，云南师范大学硕士学位论文。

［30］李晓宇（2015）渤海大学韩国留学生汉语写作中中介语石化现象调查研究，渤海大学硕士学位论文。

［31］李新惠（2009）浅谈留学生写作中的语篇衔接错误，《新乡教育学院学报》第2期。

［32］刘　茹（2014）吉尔吉斯斯坦中级汉语水平来疆留学生汉语写作策略现状调查

研究，新疆师范大学硕士学位论文。

［33］刘　巍（2010）留学生汉语写作教学评估模式与策略，《长春师范学院学报（人文社会科学版）》第5期。

［34］刘国伟（2005）留学生汉语短文写作中的客观性成分及其对评分影响的分析，华东师范大学。

［35］刘琳萍（2015）外国留学生汉语写作中成分残缺现象探究，《鸭绿江（下半月版）》第10期。

［36］刘怡冰（2006）中级印尼留学生篇章衔接偏误分析及写作课篇章教学，暨南大学硕士学位论文。

［37］卢　晓、余　瑾（2012）初级泰国留学生HSK5级语段写作偏误统计分析及教学策略，《荆楚理工学院学报》第11期。

［38］陆跃伟（2010）初级阶段留学生汉语写作偏误分析及教学建议，《语文学刊（外语教育与教学）》第2期。

［39］吕　军（2009）留学生毕业论文写作指导课分步骤教学的原则——以语言专业方向的写作训练为例，《人文丛刊》第00期。

［40］吕茵茵（2014）论鹰架教学法在对外汉语议论文教学中的有效应用，河南师范大学硕士学位论文。

［41］南　勇（1994）留学生的汉语写作教学刍议，《汉语学习》第6期。

［42］牛晓芸（2014）留学生商务汉语写作偏误分析与教学思考，上海师范大学硕士学位论文。

［43］亓　华（2006）留学生毕业论文的写作特点与规范化指导，《云南师范大学学报》第1期。

［44］乔　野（2011）浅谈留学生快速作文写作方法，《教育探索》第6期。

［45］乔秋芳（2012）留学生汉语输入与输出学习策略比较研究，南京师范大学硕士学位论文。

［46］任淑娟（2013）基于HSK动态作文语料库的泰国留学生写作问题分析研究，鲁东大学硕士学位论。

［47］孙　楠（2014）中亚留学生写作教学现状调查研究，新疆师范大学硕士学位论文。

［48］孙宏林、孙德金、黄建平、李德钧、邢红兵（1996）"现代汉语研究语料库系统"概述（合作），第五届国际汉语教学讨论会。

［49］罗振声、袁毓林主编（1996）《计算机时代的汉语和汉字研究》，北京：清华

大学出版社。

　　[50] 孙乃玲、雷振龙（2014）留学生汉语写作中语篇衔接偏误微探，《长江大学学报（社科版）》第 1 期。

　　[51] 孙兴亮（2015）高级班写作教学中"结果法"的现实困境，华中师范大学硕士学位论文。

　　[52] 陶　岩（2010）基于语料库的留学生写作衔接偏误分析及对写作教学的启示，东北师范大学硕士学位论文。

　　[53] 汪　环（2014）留学生初级汉语读写课中写作教学设计，上海外国语大学硕士学位论文。

　　[54] 王　慧（2013）泰国学生写作书面语情况分析及教学对策，上海师范大学硕士学位论文。

　　[55] 王　静（2014）对外汉语写作教材中应用文的编排设计研究，安徽大学硕士学位论文。

　　[56] 王采秋（2014）中高级阶段日本留学生汉语标点符号使用偏误分析，华中师范大学硕士学位论文。

　　[57] 王菲菲（2013）对四套对外汉语写作教材叙事写景类范文的考察，陕西师范大学硕士学位论文。

　　[58] 王海玲（2014）来华攻读非汉语专业学位留学生汉语写作困境及对策，《华西语文学刊》第 1 期。

　　[59] 王新青、张秀清（2013）中亚留学生提高汉语写作技能的学习策略，《语文建设》第 24 期。

　　[60] 魏　晨（2014）中、高级外国留学生汉语篇章写作中的名词回指使用情况考察及偏误研究，陕西师范大学硕士学位论文。

　　[61] 吴　剑（2012）来华预科留学生汉语写作策略探索，《华文教学与研究》第 2 期。

　　[62] 吴　静（2010）HSK 作文教学的初步研究，吉林大学硕士学位论文。

　　[63] 吴　双（2010）留学生在汉语写作中对书写工具的认知实证分析，《云南师范大学学报（对外汉语教学与研究版）》第 2 期。

　　[64] 吴　双（2011）留学生汉语写前构思活动对其作文质量的影响，《世界汉语教学》第 1 期。

　　[65] 吴　双（2012）专题式经典诗文语块运用于对外汉语写作实验研究，《华文教学与研究》第 3 期。

［66］肖　勤（2012）高年级留学生汉语写作策略与教学研究，上海外国语大学硕士学位论文。

［67］辛　平（2001）对11篇留学生汉语作文中偏误的统计分析及对汉语写作课教学的思考，《汉语学习》第41期。

［68］邢红兵（2003）留学生偏误合成词的统计分析，《世界汉语教学》第12期。

［69］邢红兵（2007）《现代汉字特征分析与计算研究》，北京：商务印书馆。

［70］邢红兵（2005）现代汉语插入语研究，《基于统计的汉语词词研究》，北京：语文出版社。

［71］修焕焕（2015）新加坡学生汉语求职信写作案例分析，鲁东大学硕士学位论文。

［72］徐　娜（2014）基于功能法的中级汉语写作课教学设计，山东师范大学硕士学位论文。

［73］徐思雨（2012）基于图式理论的留学生写作教学策略研究，辽宁大学硕士学位论文。

［74］杨金萍（2013）越南留学生汉语写作中成分残缺问题探究，陕西师范大学硕士学位论文。

［75］杨丽赟（2007）中级阶段以英语为母语的留学生叙事文体篇章照应使用情况分析，华东师范大学硕士学位论文。

［76］杨臻蕾（2014）留学生写作策略与写作自我调节效能关系研究，北京外国语大学硕士学位论文。

［77］殷佩蓓、闫丽萍（2011）中亚留学生汉语写作策略调查分析——以中级阶段中亚留学生为例，《新疆职业大学学报》第2期。

［78］于　蕾（2011）高等汉语水平留学生写作中的问题调查及训练策略，东北师范大学硕士学位论文。

［79］于海瑶（2013）韩国留学生汉语写作中"是"字句的偏误分析，吉林大学硕士学位论文。

［80］于锦恩（2007）谈谈留学生写作能力的培养，《现代语文（语言研究版）》第3期。

［81］于良杰（2014）来华留学生汉语写作策略调查与分析，安徽大学硕士学位论文。

［82］翟　璨（2015）基于HSK动态作文语料库泰国留学生写作中的修辞格使用情况分析及教学建议，云南师范大学硕士学位论文。

［83］张　洁（2009）留学生汉语写作（中级）教材研究，上海交通大学硕士学位论文。

［84］张　凯（2002）《标准参照测验理论研究》，北京：北京语言大学出版。

［85］张　凯（2002）《语言测验的理论与实践》，北京：北京语言大学出版社。

［86］张　琦（2010）中级水平留学生汉语写作策略研究，华东师范大学硕士学位论文。

［87］张　强（2012）基于图式理论的对外汉语高级写作教学设计，山东大学硕士学位论文。

［88］张　青（2014）哈萨克斯坦高级水平留学生汉语篇章写作策略和教学方法的研究，陕西师范大学硕士学位论文。

［89］张　卓、付红珊（2012）克拉申输入假说对于留学生汉语写作教学的启示，《吉林省教育学院学报（下旬）》第7期。

［90］张君霞（2013）俄罗斯留学生汉语写作问题研究，河北大学硕士学位论文。

［91］张向荣、林　莉（2012）外国留学生汉语写作语用策略分析——基于语言游戏理论的视角，《广东外语外贸大学学报》第6期。

［92］赵　洁（2014）对外汉语作文教学初探，内蒙古师范大学硕士学位论文。

［93］赵　欣（2014）对外汉语写作教学研究，沈阳师范大学硕士学位论文。

［94］赵琳楠（2013）初中级留学生汉语写作中的偏误分析，陕西师范大学硕士学位论文。

［95］郑　燕（2015）读写结合法在对外汉语高级写作教学中的具体应用，北京外国语大学硕士学位论文。

［96］钟姗姗（2015）日本留学生汉语时间词的偏误研究，北京外国语大学硕士学位论文。

［97］朱胜男、赵　伟（2014）留学生写作中介词"对"的偏误分析，《科教导刊（中旬刊）》第5期。

［98］邹　璐、于　亮（2009）留学生写作偏误分析及应对措施，《语文学刊》第20期。

［99］Albert E. Beaton, Rebecca Zwick（1992）Overview of the National Assessment of Educational Progress. *Journal of Educational Statistics Summer*.

［100］Allen, N. L., Carlson, J. & Zelenak, C.A.（1999）*The NAEP 1996 technical report*. Washington, DC: National Center for Education Statistics. ［Online］http://nces.ed.gov/nationsreportcard/itmrls/.

［101］Anita M. Y. Wong, Hua Shu（2011）Writing quality in Chinese children: speed and fluency matter. *Read Writ*.

［102］Athanassios Protopapas, Aikaterini Fakou, Styliani Drakopoulou, Christos

Skaloumbakas, Angeliki Mouzaki (2012) What do spelling errors tell us？ Classification and analysis of errors made by Greek schoolchildren with and without dyslexia. *Springer Science Business Media B.V.*

[103] Beaton, A. E. & Zwick, R. (1992) Overview of the National Assessment of Educational Progress. *Journal of Educational Statistics*.

[104] Beaton, A.E. (Ed.). (1988) Expanding the newdesign: The NAEP 1985 — 86 technical report (No.17). *Princeton, NJ: Educational Testing Service, National*.

[105] Berninger VW, Abbott RD, Whitaker D, Sylvester L, Nolen SB. (1995) Integrating low- and high-level skills in instructional protocols for writing disabilities. *Learning Disabilies Quarterly*.

[106] Berninger VW, Chanquoy L. (2002) Writing development: What writing is and how it changes over early and middle childhood. In: Grigorenko E, Mambrino E, Priess D, editors. *Handbook of writing: A Mosaic of perspectives and views*. New York: Psychology Press.

[107] Berninger, V., Yates, C., Cartwright, A., Rutberg, J., Remy, E. & Abbott, R. (1992) Lower level developmental skills in beginning writing. *Read Writ*.

[108] Cameron et al. (1995) Cameron, C. A., Lee, K., Webster, S., Munro, K., Hunt, A. K. & Linton, M. J. (1995) Text cohesion in children's narrative writing. *Applied Psycholinguistics*.

[109] Cathy Ming Wai Yan, Catherine McBride-Chang, Richard K., Wagner, Juan Zhang, Cochran, W. G. (1977) *Sampling techniques*. New York: Wiley.

[110] Emig, J. (1971) *The Composing Process of Twelfth Grader*, Urbana, *National Council of Tesacher of English*.

[111] Eugene G. Johnson (1992) The design of the national assessment of educational progress. *Journal of Educational Measurement*.

[112] Jacobs, Holly, Stephen A. Zinkgraf, Deanna R. Wormuth, V. Faye Hartfiel and Jane B. Hughey (1981) *English Composition Program*. Rowley: Newbury. Jersey: Prentice-Hall, Jovanovich, Inc.

[113] Linda Crocker, James Algina (1986) *Introduction to Classical and Modern Test Theory*. New York: Holt, Rinchart and Winston.

[114] Luuk Van Waes, Marielle Leijten, Thomas Quinlan (2010) Reading during sentence composing and error correction: A multilevel analysis of the influences of task

complexity. *Read Writ.*

[115] Mª Pilar Agustín Llach, Melania Terrazas Gallego (2009) Examining the Relationship between Receptive Vocabulary Size. *Journal of the Spanish Association of Anglo-American Studies.*

[116] Michael J. Kolen. (2006) Scaling and Norming. In Robert L. Brennan (Ed.), *Educational Measurement.* Washington, DC: American Council on Education.

[117] Mislevy, R. J., Johnson, E. G.,&Muraki, E. (1992) Scaling procedures in NAEP. *Journal of Educational Statistics.*

[118] Nitko, A. J. (1983) *Educational Tests and Measurement: An Introduction.* Harcourt Brace.

[119] Owen, E. H. (1991) *Trends in academic progress: Achievement of American students in science, 1970—90, mathematics,1973—90, reading, 1971—90 and writing 1984—90 [Data summary].* Washington, DC: National Center for Education Statistics.

[120] Per Henning Uppstad. Oddny Judith Solheim (2007) Aspects of Fluency in Writing. *J Psycholinguist Res.*

[121] Popham, W. J. (1990) *Modern Educational Measurement: An Practitioners' Perspective.* New.

[122] Rust, K. F. & Johnson, E. G. (1992) Sampling and weighting in the national assessment. *Journal of Educational Statistics.*

[123] Sawyer, R. (1989) Research design and sampling for the Academic Skill Study. In R. L.Brennan (Ed.), *Methodology used in scaling the ACT Assessment and P-ACT+.* Iowa City, IA: ACT.

[124] Selinker, L. (1972) Interlanguage. *International Review of Applied Linguistics.*

[125] Thompson, S. K. (2002) *Sampling.* New York: Wiley.

[126] Virginia W. Berninger, C. Cartwright, Cheryl M.Yates, H. Lee Swanson Robert D. Abbott (1994) Developmental skills related to writing and reading acquisition in the intermediate grades.*Read Writ.*

[127] Wagner, R. K., Puranik, C. S., Foorman, B., Foster, E., Gehron, L., Tschinkel, E. & Kantor, P. T. (2011) Modeling the development of written language. *Read Writ.*

语言工程、语言测试及文学研究

针对单字提取结果的交互式校正方法

白　浩

提要　由于手写数据的随意性，自动分割达不到完全正确的分割结果。而后续的识别往往需要完全正确的结果。因此，在识别前需要用户进行交互式校正。由于段与段、行与行之间存在较明显的间隔，本文的研究重点为针对单字提取结果的交互式校正方法。

关键词　数字墨水　单字提取　校正

一、交互式校正提取结果进展

针对中文数字墨水文本的单字提取结果进行交互式校正，是指通过不同的手势将分割结果中的多个单字合并或者将一个单字分割为多个单字。由于分割结果的可视化以及相应交互式校正方法没有引起重视，所以相关研究很少。但在一些研究分割问题的论文中仍然有一些方法值得借鉴，其中 Zhang（2009）用手势对分割错误进行人工校正，除了可以校正单字外，还可以对文本行、文本段进行交互式校正。该方法有两点不足：第一，虽然它是基于可视化结果进行校正，但其可视化方法本身只有正方矩形框表示单字提取结果，当可视化结果出现重叠时在视觉上会给用户增加负担；第二，该校正方法需要精确到笔画数据进行交互，但由于交互设备本身的限制，校正手势有时很难精确到笔画数据，从而影响交互式校正的效率。本文提出了两种新的交互式校正思路：

（1）基于分割结果的自适应可视化的交互式校正，利用用于可视化表示的图形（矩形框、凸包等）作为参考对象对交互式校正方法进行辅助。

（2）基于用户意图的交互式校正，方法中尽量符合用户手势习惯，通过手势分析用户意图，无需精确到具体笔画就可以进行校正。

二、基于可视化结果的交互式校正

图 1 所示是一个完成了分割和可视化表示后的数字墨水片段。其中单字的分割结果根据其重叠情况分别使用了正方矩形框、凸包以及不同颜色进行绘制。当用户根据这样的可视化结果进行交互式校正时，这些用于可视化的图形可以作为参考对象起到辅助作用。校正的方法是使用手势进行交互式校正，但对于不同的图形操作略有不同：

图 1 可视化结果

（1）正方矩形框，当手势（图示为矩形框连接线）连接相邻矩形框时，算法将矩形框中的所有笔画合并为一个单字，手势不需要与笔画发生交叉重叠，如图 2 中（a）图所示；当手势（图示为矩形框连接线）切分矩形框时，算法将切面左右两边的笔画切分成两个单字，如图 2 中（b）图所示。

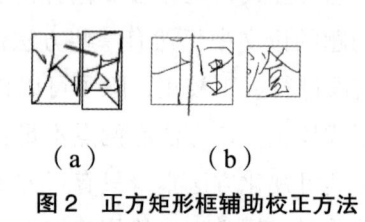

（a）　　　（b）

图 2 正方矩形框辅助校正方法

（2）凸包，当手势连接相邻的多个凸包时，算法将凸包中的所有笔画合并为一个单字，如图 3 中（a）图所示；当手势切分凸包时，算法将切面左右两边的笔画切分成两个单字，如图 3 中（b）图所示。

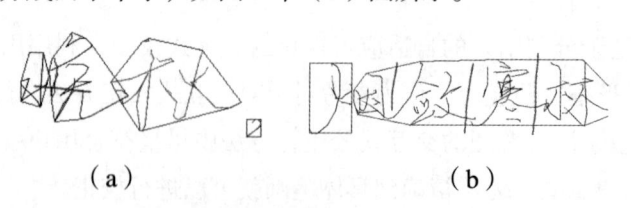

（a）　　　（b）

图 3 凸包辅助校正方法

校正方法并不限制手势类型（横、竖），而是允许用户根据具体的分割情况进行校正。方法根据手势与可视化图形的位置关系自动辨别使用合并还是切分算法进行交互式校正。具体算法流程如图4所示。

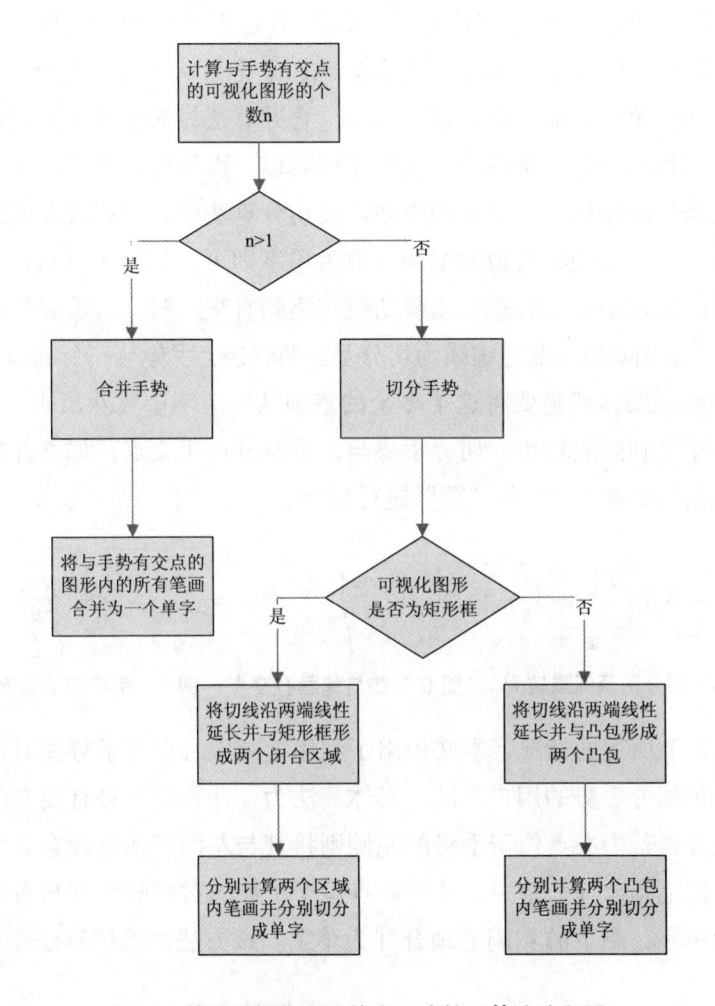

图4 基于可视化图形的交互式校正算法流程图

三、基于用户意图的交互式校正

用户在使用手势进行交互式校正时，往往使用不同的交互设备，如手写板、平板电脑以及鼠标等，但是由于交互设备本身的限制，其操作往往是简单而随意的，使用的手势很难做到绝对水平或者垂直，同时用户也不会希望对分割结果进行精确到笔画的校正，这样既费时又费力。因此，通过简单的手势分析用户的意图，自动进行校正的方法就显得简便有效。

　　对于交互式校正分割结果中的单字而言，需要分析的用户意图有两点：第一，手势是要进行合并单字还是切分单字，这在上一小节的方法中已有阐述，即通过计算与手势有交点的可视化图形个数 n，若 n 大于 1 则为合并手势否则为切分手势；第二，如何合并或者切分，合并算法相对容易，只要将与手势有交点的图形内的笔画全部合并为单字就可以，而切分算法是校正方法中的难点，也是最能体现用户意图的算法。在切分算法中，当切线左右的笔画间隔较大时，只需分别将两边的笔画提取为单字即可，如图 5 所示；当切线左右的笔画间隔较小甚至有重叠或者切线与笔画有交点时，就需要分析用户的切分意图。如图 6 所示蓝色虚线为切分手势的轨迹，手势与一个笔画有交点，此时用户的意图显然是要将这个多余的笔画从该单字中移除出去。又如图 7 所示，由于笔画间隔较小，切分手势与多个笔画产生交点，那么此时用户的意图显然就是要将"衰"与"草"进行切分。

图 5　切分笔画间隔较大　　图 6 手势与笔画有交点　　图 7　手势与笔画有多个交点

　　根据以上所述的情况，本文提出了利用笔画中心点与手势相对位置关系的方法分析切分手势的用户意图，具体算法为：计算与手势有交点的笔画的中心点位置，若中心点位于手势的左侧则将其与左侧其他笔画合并为单字，剩下的右侧笔画合并为单字；若中心点位于手势的右侧则将其与右侧其他笔画合并为单字，剩下的左侧笔画合并为单字。该方法的具体算法流程如图 8 所示。

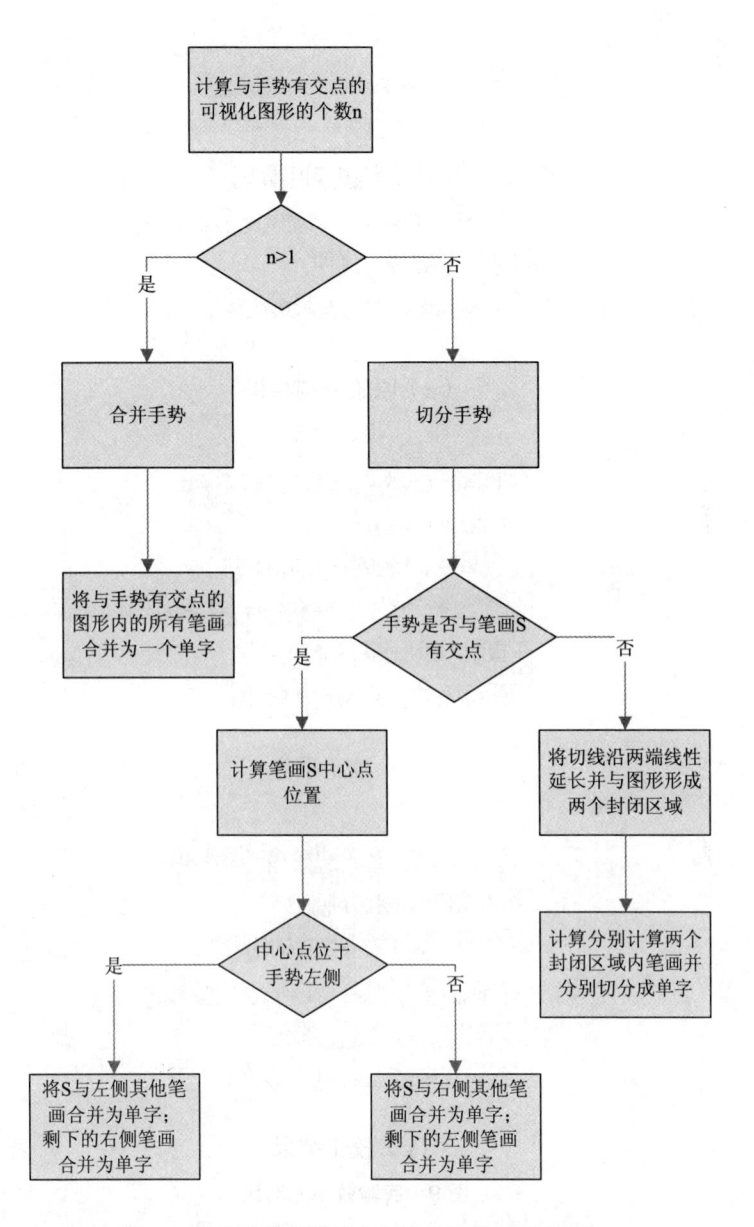

图 8　基于用户意图的交互式校正算法流程图

为了验证本文提出的针对单字提取结果的交互方法的有效性，我们将该方法用于数字墨水文本的分割处理中，如图 9 所示 a 图为完成了数据的分割处理及分割结果的可视化表示的效果图，b 图为校正手势图，c 图为完成校正后的效果图。

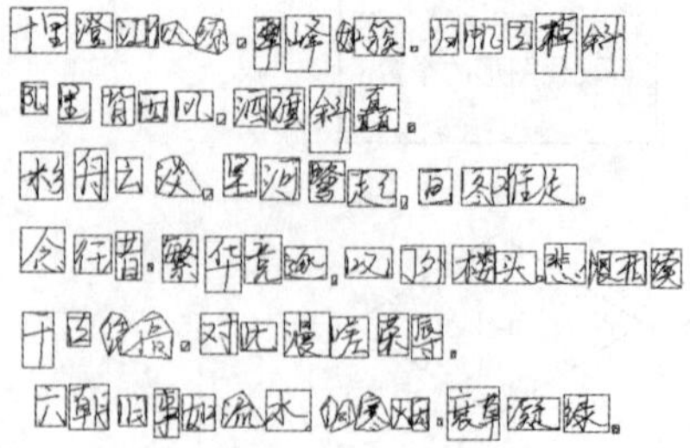

（a）原始分割结果

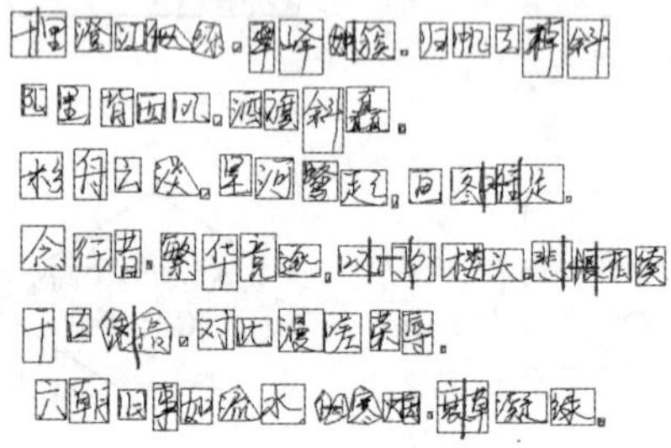

（b）校正手势

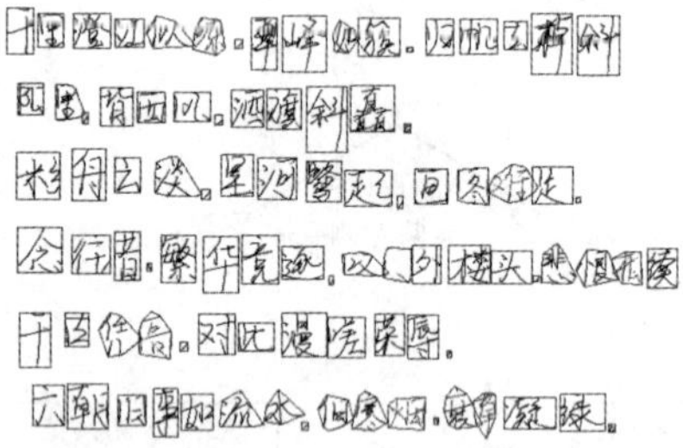

（c）校正结果

图9 实验效果图对比

四、性能测试

为了验证本文算法的有效性，本文提出了以下四个评价指标：

1.校正手势的笔画数，即用户总共花费多少笔将单字提取结果完全校正正确，用来评价校正方法的便捷性；

2. 校正的字数，即单字提取结果出现错误需要校正的总字数，用来评价校正难度；

3. 总字数，即数字墨水文本的总字数，用来评价校正工作量；

4. 校正时间，即用户完全校正整篇单字提取结果所用时间，用来评价校正时间。

通过对6篇不同数字墨水文本数据进行交互式校正后，统计表如表1所示，其中表1内"校正字数""手势数""校正时间"值均为30个被试用户得到数据的平均值。实验数据表明：（1）交互手势数与校正的字数基本一致，即一笔校正一个单字，表明校正方法简洁有效；（2）校正时间与墨水文本长度成正比。

表1 交互方法统计表

数据	总字数	校正字数	手势数	校正时间（秒）
001（a）	117	25	23	73.53
002（b）	142	33	32	104.27
097（c）	250	27	26	129.09
036（d）	337	82	81	284.81
038（e）	300	68	66	251.53
119（f）	334	31	32	164.52

五、结语

本文提出了一种针对单字提取结果的交互式校正方法，该方法主要分为两个思路：一是基于可视化结果的交互式校正，即校正方法要在可视化结果的基础上实现，用于可视化的图形在校正时作为参考对象起到辅助作用；二是基于用户意图的交互式校正，即方法符合用户手势习惯，通过用户手势分析用户的校正意图，无需精确到具体笔画就可以进行校正。实验数据表明，该方法可以有效提高用户的校正效率。

参考文献

[1] Xi-Wen, Z. and F. Yong-Gang, et al. (2009) Adaptive Correction of Errors from Recognized Chinese Ink Texts Based on Context. *Information Technology and Computer Science*, 2009. ITCS 2009. International Conference on, Kiev.

基于 NIRT 的课程测验的群体诊断分析

张 军

提要 课程测试是对外汉语教学中不可或缺的一环,课程测试的设计科学与否直接关系到能否为教学提供有效的反馈以及能否给予学生科学的评价。NIRT 理论非常适合分析课程测验等小规模测验,其中的 DMM 模型更有利于对测验分数的解释。本研究将 DMM 运用于北京语言大学汉语进修学院某次课程考试中,构建了一个由 20 个题目组成了 DMM 量表,并考察了性别和学生类别两个因素对量表总分和每个题的作答情况是否有显著影响。

关键词 课程测验 双单调模型 诊断

课程测试是对外汉语教学中不可或缺的一环,课程测试的设计科学与否直接关系到能否为教学提供有效的反馈以及能否给予学生科学的评价。课程测验本质上属于标准参照测验。标准参照性测验理论发端于 20 世纪 60 年代,自面世之日起,就受到教育学家、教学法专家、测量学家和教师的青睐(张凯,2002)。Gronlund(1988)曾将标准参照性测验定义为:可用定义明确且边界分明的学习作业域来解释所测表现的测验。与常模参照性测验相比,标准参照性测验不设立常模,参照的是一个由定义良好、明确的"标准行为"构成的范围。应用于对外汉语教学,这个范围就是教学大纲和课程安排中所规定的具体的教学目标、教学内容等。对外汉语教学中的学生群体由许多不同的子群体组成,如按性别分为男性和女性两个子群体,按是否为预科生可分为普通生和预科生两个子群体。不同的群体属性可能对其教学内容的掌握情况存在影响,因此有必要对参加课程测验的学生进行群体诊断,以便对其实施有针对性的教学。

一、双单调模型

非参数型项目反应理论（Nonparametric Item Response Theory，NIRT）使用不含参数的模型解释被试潜在能力与其反应的关系，因此，NIRT模型无需估计模型参数，形式更灵活，非常适于描写课程测验、人格测验等小规模测验（张军，2010）。Mokken（1971）基于四个基本假设提出双单调模型（The Double Monotonicity Model，DMM）。模型的基本假设分别为单维性、局部独立性、单调性、非交叉性。

为叙述方便，假定某测验有J个0/1计分的项目，X=（x_1，x_2，…x_j）为被试反应向量。单维性假设指测验的所有项目只测量某种潜在特质θ。局部独立性假设指某被试答对某项目的概率$P_j(\theta)$不受其他被试或项目的影响，被试反应向量的概率是被试作答每个项目反应概率的连乘。这两个假设都非常严格，很难满足和证明，在实践中多采用弱单维性假设与弱局部独立性假设。弱单维性指虽然测验存在若干种潜在特质，但只有一种"主导能力"主要影响着被试的表现，所以弱单维性也称为"本质单维性（essential undimensionality）。若局部独立性满足，那么给定任意一个能力值θ，两个项目的协方差等于0，即$Cov(X_i, X_j|\theta)=0$。因为所有项目测量了相同的特质，而且被试可能具有不同的θ值，所以两个项目的协方差大于0，即$Cov(X_i, X_j|\theta)>0$，这就是弱局部独立性。弱局部独立性是局部独立性的必要条件，比局部独立性更易证明。如无特别说明，下文所指单维性和局部独立性均为弱假设形式。

单调性假设指被试答对概率$P_j(\theta)$随着θ水平的提高而增大，假若存在两个潜在能力值θ_a和θ_b，且$\theta_a \leq \theta_b$，那么$P(x_j=1|\theta=\theta_a) \leq P(x_j=1|\theta=\theta_b)$。当通过难度（即通过率）对所有题目的难易程度排序时，如果排序对潜在特质θ所有取值都不变（如图1a），那么题目就满足非交叉性假设，其违反这一假设的情况如图1b。

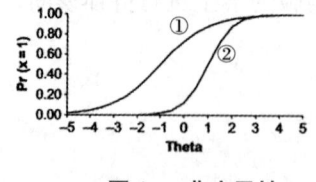

图1a 非交叉性 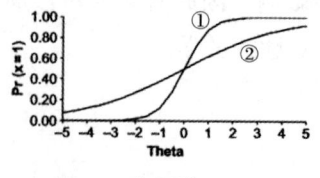   图1b 交叉性

使用满足非交叉性假设的题目进行施测，有利于对考试分数的解释。如图1b所示，假设有两个学生玛丽和麦克，其theta值分别为-2和2，那么对能力较低的玛丽来说，第2题比第1题容易，但对能力较高的麦克来说，第1题反而比第2题容易。因此，如果玛丽和麦克在由交叉性题目组成的试卷中分别获得70分和80分时，那么，我们很难解释说麦克在题目所测内容或相应语法点的掌握情况都优于玛丽。相反，如果这份试卷的题目都满足非交叉性假设，如图1b所示，那么我们在解释分数时就有理由认为麦克对相应语法点的学习效果好于玛丽。

二、构建DMM量表

构建DMM量表的过程就是检验单维性、局部独立性、单调性、非交叉性四个假设的过程，需要我们从待选题目中挑选出能同时满足这些假设的题目。

2.1 方法

对于单维性和局部独立性假设，Mokken采用了Loveinger（1947）提出的量表适宜性系数H（scalability coefficients）来检验。Sijtsma，Emons，Bouwmeester和Ivan（2008）认为H系数的取值取决于项目区分度、难度与潜在变量分布的交互作用。项目难度分布、区分度分布和被试群体的能力分布这三个因素交互影响着H系数，这个系数是一个能综合反映项目性能的统计量（张军，2015）。根据Mokken的建议，H系数不能低于0.3，否则就不能满足单维性和局部独立性假设。

对单调性假设的检验，我们根据Junker和Sijtsma（2001）的建议，检验题目的外显单调性。另外，本研究使用Mokken提出的Pmatrix和restscore两种方法检验题目的非交叉性。以上检验程序均使用R中2.7.5版本的mokken软件包，分析时使用软件函数的默认设置。

2.2 结果

本研究将DMM运用于北京语言大学汉语进修学院某次课程测验的分析。试卷为汉语进修学院2010年1月期末考试使用的《起步篇1—28课（语法）

试卷》，共含 67 个试题，0/1 计分。参加考试的是该学院 2009—2010 级第一学期 20 个班的学生，班级代码为从 1001 到 1020，共 401 人。具体题型、题数见表 1。

表 1 题型和题数

题型	题数	计分方法	总分
选词填空	20	0/1 计分	20
给（ ）中的词语选择适当的位置	14		14
选择正确的句子	14		14
用下列疑问代词就划线部分提问	8		8
用下列疑问代词就划线部分提问	11		11
合计	67		67

经检验，整套试卷的 H 系数为 0.4，所有题目不仅满足单维性和局部独立性假设，而且性能较好，另外 67 个项目也全部满足单调性假设。

研究使用 Pmatrix 和 restscore 两种方法检验题目的非交叉性假设。Molenaar 等（2000）提出统计量 Crit 来侦测项目是否违反非交叉性假设，当 Crit＞80，题目就违反了非交叉性假设。根据他的建议，通过这两种方法检验并满足假设的题目分别为 22 个和 28 个，其中有 20 个题的检验结果一致，分别为第 1、2、3、4、8、9、10、15、16、17、18、19、21、22、28、33、38、40、56、57 题，这些题的 Crit 都小于 80。本实验使用这 20 个题构建出 DMM 量表，这种做法虽然会减少量表的题目数量，但是可靠性却更高。

2.3 测试内容

课程测验本质上属于标准参照测验，测试内容是根据一个定义良好的教学内容或大纲决定的，也就是说，所教即所考，课程测验考的是教学大纲和课程安排中所规定的具体的教学目标、教学内容等。这样一来，我们就可以根据题目所测的具体测试内容，对学生的分数进行解释，给学生个体或群体提供更细致的诊断和反馈。这 20 个题的题型与测试的语法点详见下表。

表2　题目的题型与测试语法点

题型	题号	测试语法点
选词填空	1	否定副词"不"和"没"的辨析（在形容词作谓语的正反问句中的用法）
	2	数词"二"和"两"的辨析
	3	量词"口"和"位"的辨析
	4	"很"和"太"的辨析；"太……了"结构
	8	"离"和"到"的辨析
	9	"从"和"往"的辨析
	10	"给"和"跟"的辨析
	15	"吗"和"呢"的辨析
	16	"吗"和"吧"的辨析
	17	"这么"和"怎么"的辨析
	18	"那"和"那儿"的辨析
	19	"怎么"和"怎么样"的辨析
给（ ）中的词语选择适当的位置	21	副词"也"的语法位置
	22	连词"和"的语法位置
	28	副词"常常"的语法位置
	33	介词"在"的语法位置
选择正确的句子	38	双宾语句语序
	40	现在时动词作谓语的否定陈述句的语序
用下列疑问代词就划线部分提问	56	用"哪"提问时间
用下列疑问代词就划线部分提问	57	用"吗"的一般疑问句

三、学生群体的诊断分析

第二语言学习者的学习态度、年龄、性别、性格、语言学能、学习动机、认知风格、学习策略等个体差异因素影响其习得效果（Ellis，1994）。这些因素不仅具有鲜明的个体特色，而且还具有群体特征，如不同性别、学习背景的学习者群体有不同习得特点和学习效果。王雪梅（2006）通过问卷调查，对105名英语专业学生的语言能力和语用能力的性别差异进行探究，发现在听力、阅读、写作等方面不存在性别差异，而在口语和语用方面，女生要在一定程度上优于男生。Wray（2001）指出早期有关语法、词汇、发音等方面的一些研究表明女性在语言习得方面比男性要快要好。因此，本文将性别作为一个可能的影响因素，探索不同性别的学生群体对量表中测试语法点的掌握情况是否有差别。

施测的20个班大抵分两类：普通班和预科班。其中1001—1008、1016、1017和1020为普通班，其余均为预科班。在教学实践中，对这两类群体的教学内容、教学强度、教学时长和教学管理等方面均有所不同，这些条件可能也会造成他们对量表测试语法点的掌握情况产生影响，因此，学生类别（普通、预科）也作为群体诊断分析的一个因素。

表3 学生分布

		学生类别		合计
		普通	预科	
性别	男	115	109	224
	女	90	87	117
合计		205	196	401

学生群体的分布见表3。研究使用SPSS20对量表总分进行单变量多因素方差分析，发现"性别"和"学生类别"两个因素对总分的主效应显著，两个因素的交互效应不显著（F=0.438，P=0.51）。说明这两个因素显著影响了群体对量表测量语法点的掌握情况。其中，男性和女性的平均分分别为16.74、18.06，女性得分在.01水平下显著高于男性；普通学生和预科学生的平均分分别为18.09、16.53，普通学生得分在.01水平下显著高于预科学生。因此，从总体上来说，女性对这些语法点的学习效果高于男性。另外，虽然预科班的教学内容比普通班多，强度比普通班大，但是预科班学生的学习效果反而不如普通班。由此可以推论，对预科班的教学强度过大，不利于其第二语言的学习，在教学实践中，教学的实施应该参考普通班学生的教学实施情况，或者进行其他方面的改进。

为了进一步了解不同群体对每个语法点的学习效果，本研究逐题对不同群体进行比较。结果表明，在第3题和第40题上，普通学生和预科学生的掌握情况没有显著差别，P值分别为.217和.51，也就是说，两个群体对"二"和"两"的辨析、"现在时动词作谓语的否定陈述句的语序"这两个语法点的学习情况相似。但是，在其他题上的表现，普通学生都优于预科学生，因此，在以后的教学实践中，我们应该加强相应语法点的讲解和练习。对女性和男性两个群体而言，他们在第 1、10、33、38 这四个题上的表现没有显著差别，P 值分别为 .09、.06、.163、.91，这说明两个群体对"在形容词作谓语的正反问句中的用法""给"和"跟"的辨析、介词"在"的语法位置和双宾语句语序这四个语法点学习效果差不多，但是女性在其他语法点的掌握情况优于男性，因此，我们应该给男性群体增加相应语法点的教学投入。

四、讨论

双单调模型不要求被试能力与作答反应之间符合某种严格的函数关系，如正态函数或逻辑斯蒂函数，无需在大样本条件估计能力和题目参数，非常适用于课程测验。本研究运用 DMM 模型构建的测验量表中，题目在各学生群体中的难度排序是不变的，因此也有利于分数的解释。但是，由于课程测验题量的限制，本研究从原试卷中只抽取出 20 个符合 DMM 量表的题目，每个语法点大致只用一个题目测量，题目样本略显不足，所得出的结论还需进一步论证。性别和学生类别显著影响了学生对语法点的掌握程度，是否还存在其他因素，以及如何对不同学生子群体进行有针对性的教学还需继续研究。

参考文献

［1］王雪梅（2006）EFL 学习者语言能力、语用能力性别差异研究及其教学启示，《外国语言文学》第 1 期。

［2］张　军（2010）非参数项目反应理论在维度分析中的运用与评价，《心理学探新》第 3 期。

［3］张　军（2015）单维参数型与非参数型项目反应理论项目参数的比较研究，《心理学探新》第 3 期。

［4］张　凯（2002）《标准参照测验理论研究》，北京：北京语言文化大学出版社。

［5］Ellis, R.（1994）*The Study of Second Language Acquisition*. Oxford：Basil Blackwell.

［6］Gronlund,N.E.（1988）*How to Construct Achievement Tests*. Englewood Cliffs, NJ：Prentice Hall.

[7] Junker,B.W. & Sijtsma,K. (2001) Nonparametric Item Response Theory in Action: An Overview of the Special Issue. *Applied Psychological Measurement.*

[8] Loevinger,J. (1947) A Systematic Approach to the Construction and Evaluation of Tests of Ability. *Psychological Monographs.*

[9] Mokken,R.J. (1971) *A Theory and Procedure of Scale Analysis*. The Hague: Mouton /Berlin: De Gruyter.

[10] Sijtsma,K, Emons,W.H.M., Bouwmeester,S. & Nyklicek,I. (2008) Nonparametric IRT analysis of quality-of-life scales and its application to the world health organization quality-of-life scale (WHOOL-Bref). *Quality of Life Research* 17: 275—290.

[11] Molenaar,I.W., Sijtsma,K. & Boer,P. (2000) *MSP5 for Windows: A Program for Mokken Scale Analysis for Polytomous Items -Version 5.0*. The Netherlands: Iec Progamma, Groningen.

[12] Wray, A., K. Trott & others. (2001) *Projects in Linguistics: A Practical Guide to Researching Language.* Beijing: Foreign Language Teaching and Research Press.

许地山小说不同宗教文化结合特征的探析

吴竞红

提要 许地山的小说创作思维深受儒释道既能合一又能作为独立的文化价值存在的特征的影响。他能提取儒释道基督文化各自的某一分支，再将它们结合起来，帮助作品描绘多样化的人生命运，建构真善美的主观精神世界。他的几部经典小说表现出以下特征：道家的物化思想在一部作品中代表较低的生命层次，在另一部作品中则被神化，并和基督教的牺牲精神汇融；道家的自然心态和基督教信仰融合成入世的"禅悦"，又有对追求出世的禅境的书写，不无基督教式的执着；以"儒化"的写法让儒家和基督教在利他之"行"上和合，可见调和，兼容基、儒的文化心理。

关键词 物化 自然心态 基督教 禅境 儒家

任何一种宗教文化本是完整的个体，对人的精神起着独立提升的作用，但在文学世界里，一种文化却可以被拆分，或者和其他文化重组，以配合作者对某一人生命运的观察或构思。这种文化的拆分、结合现象突出地反映在现代著名文学家、宗教学家许地山的小说创作中。比如《缀网劳蛛》侧重表达道家的"自然心态"，《商人妇》和《春桃》分别含有道教为保身而物化以及物化可以"神化"的思想，受儒家文化影响的入世进取精神在《玉官》中凸显，内含生活的动力和目标从以自我为中心到以他人为中心的转换。而这些作品中又都加入了或担负责任或宽恕、牺牲或博爱为人等基督教文化成分。他的小说处女作《命命鸟》，虽是一部表现了回归之美的佛教文化作品，却也能跟基督教的追求精神目标以及灵肉二分意识相对应。这种文化自由分合的创作思维正是受儒释道既能合一又能作为独立的文化价值存在的特征影响而来的思维方式。正是这种整体的结合和内在的区分的文化素养让许地山描绘出多样化的人生命运，也借助儒释道基督四种文化的魅力建构出了一个个抵达了真善美的主观精神世界。虽然许地山另有不少小说也涉及人物的命运，比如《换巢鸾凤》《枯杨生花》《归途》《女儿心》《姚金娘》等，但这些小说都只是单纯性的"命运"小说，人物具有存在主义的"被抛入性"，仅是"带有某种强制性地被派遣去执行"或悲惨、或美善、或悲喜交织的"某项任务"（王志敏、方珊，1989：34），没有通过命运进行境界高度的书写。本文就许地山"由'命'而'境'"这类小说进行探讨——将其不同宗教文化结合的特征概括为三个方面，并对每个方面的不同作品的各自特征作一下分析和比较。

一、道教的物化思想与基督教牺牲精神的融汇

1.1 以"为保身而物化"为底色的心境

许地山在《道教史》中评论庄子的"逍遥游"时说，庄子认为圣人不介意自我和功名，他所求的只是天然的生活——"自任自适如不系之舟漂流于人生的大海上，试要在可悲的命运中愉快地渡过去"。这种顺其自然又注重消极的保身（许地山，2011：65）的人生哲学其实不只是"圣人"的生命哲学，还可以是帮助人生遭遇中的弱势者的救世哲学。比如《商人妇》的主人公惜官，她原是一个靠夫生存，"事事承顺"丈夫的乡里妇人，后被变心的丈夫卖给印度回教徒阿户耶做了第六妻。但她还是愿意活下去，要瞧瞧她的命运"到底是怎样的"。我们可以把这种"为了生存"的顺其自然看作是一种忽略自我的"物化"。"物化"跟道家、道教的"对立面的统一"思想有一定的关系。德国哲学家图根德哈特是这样理解这种思想的：一切自然之物以及人的存在，都有起伏，谁要能从道出发来看待事物，他就接纳每一次命运的转变，也包括不幸。自然物不反思，它们只是投入到循环往复之中。而人类则感到自己有上升和下降，他们反思发生的事情而产生操心、希望和畏惧。他们只能通过第二次的反思获得安宁——觉得自己不再上升和下降，而是意识到曲线的统一，这曲线的统一就被称为道，这种安宁的状态看起来就接近于自然物。（恩斯特·图根德哈特，2007：118—119）惜官当初为了活下去，就像自然物一样接受了不幸的命运，但作者在接下来的创作中，又让她感悟到了较高的境界。

阿户耶病逝后，惜官怕因财产问题遭恶人暗算，就带着孩子出逃。在途中，她有了一次和自然（天）相互感应的机会。她对着启明星，对自己的遭遇作

了因果意识的反省，决定不去依赖他人，到村庄去独立生活。并且感到启明星向她说："在诸星之中，我最先出来，告诉你们黑暗快到了；我最后回去，为的是领你们紧接受着太阳的光亮；我是夜界最光明的星。你可以当我做你心里的殷勤的警醒者。"这次和启明星接触的经历对惜官来说像是获得了"一种特殊的、直觉的启迪"，她的感受似乎是"从天而降"的（恩斯特·图根德哈特，2007：001），是有一种神秘能动的"爱"的微淡的降临，亦可解释为前面顺其自然的因带来下一步的福果的预示。在村庄定居下来后，她的命运果真发生了决定性的转机：她认识了基督徒邻居以利沙伯，常去赴他们的晚祷会，后来在以利沙伯的帮助下，去一个妇女学校念了书，"不但学问长进，连从前所有的见地都改变了"，毕业后一直在乡村做教习。

在文本最后，惜官为自己对命运的感悟作了总结："人间的一切事情本来没有什么苦乐的分别：你造作时是苦，希望时是乐；临事时是苦，回想时是乐。"即"眼前所遇的都是困苦；过去、未来的回想和希望都是快乐"。从已经过去的不幸中发现快乐，或是出自身心中生命的活力，或是基于"放下"的觉悟，未来的希望和快乐颇有天国或极乐世界的况味，这一番话是以物化为底色的心境和终极之境的结合，也再现了惜官的心路历程：从明哲保身——认识到内在自然的孱弱，到经历外在自然的启示，再到做出人生和生命之道的总结。启明星象征着文本的神秘主义文化心理的朝向。它的光辉和与之相接的太阳的光明证明光明才是连绵不断的，是比阶段性的黑夜更有力的，苦即使像黑夜一样一次接着一次地来，但在苦的黑暗中有光明的守护，接下来会有更大的光明。既启发人相信天道向善，光明可以始终和人生相伴，前提是人的以心合天，又矛盾性地隐含着老子哲学的智慧：天意不可揣测，苦的因往往结的是甜的果。反之亦然，一时的快乐却可能酿成苦果。所以唯有以"地道"的心态顺应天意自然，才能避开祸因，趋向福端。现世可以被理解为是忍耐的过程，凭顺其自然的心态可以化解生命的任何不自在甚至是"屈辱"，即使在屈辱的状态中也能发现"生"的乐趣。这看似较低的生命层次，却也不失为一种警策性思维，因为任何企图超越肉体（内在自然）的思想和行动，都可能造成肉体的衰败。这种思想领统的生命自然处在了一个非领导状态，因而背离儒家的"成圣"的表率追求，而不具有儒家思想的"文化生命上之鼓舞作用与领导作用"①，但生命也达到了静者自静的境界，而感受到了存在是福的状态。这是靠自身灵魂与肉身之间的相互顺从来调控与身外之物的关系。

1.2 "神化"的物化

如果我们从《商人妇》中看到的物化的选择是来自于"求生"的意识，那么就会在《春桃》，一部写兵荒马乱年代，一个女人和两个男人因苦难和情义共同生活在了一起的作品中看到一种"谋生"的物化模式。无论"求生"还是"谋生"，只是心灵中的底色。《商人妇》通过具有神秘主义色彩的感悟到"'天'道向善""以心合'天'"的"增色"的参与，才为弱势个体构造出得以得救的心境；《春桃》的"注重生活的发展"包含了美国心理学家马斯洛所说的从低级到高级的一些基本需要，比如食物、性、爱以及尊重（马斯洛，1987：205）。马斯洛有段话可以和道家思想汇通："不仅人是自然的一部分，自然是人的一部分，而且人必须与自然多少有那么一点同型（这就是说近似于自然），以便在自然中能够存活。自然使人演化发展。从而，人与超越他的东西的交往也就不需要说成什么非自然的或超自然的。这种交往完全可以视为一种'生物上的'体验。"不过马斯洛的"这种生物学的或进化论的观点"（马斯洛，1987：227—228）反映的是人类对自身能力的内向性探索，而道家、道教的内修是为了更好地和外在自然融合。在《庄子》"齐物论"看来，无论自然界和社会现象是怎样的尊卑不齐，最后都要归结于虚无之"道"的"齐"（王世舜主编，王世舜、史晓平、周民、李庆珍译注，1983：20），道家崇尚的无处不在的"道"被道教夸大成"具有无限威力的全知全能至上神的代名词"（任继愈主编，2001：13），受道教影响的文学创作活动因此也会对自然进行使其"神化"的染指，草木山川、日月星辰，以及作为自然的一部分的人都能具有神意色彩。许地山在道家"物无贵贱"（王世舜主编，王世舜、史晓平、周民、李庆珍译注，1983：295）和道教"泛神论"的创作视角下，赋予以捡烂纸为职业的春桃一种灵动、苦壮的气息。在

---

① 参见牟宗三：《生命的学问》，广西师范大学出版社2005年版，第29页，转引自赵杰：《从真理的异质到意义的分歧——以孟子与保罗为例分析中国基督徒伦理意识"疏离"的原因》，《犹太研究》第6辑，济南：山东大学出版社2008年版，第194页。

此基础上，又以基督教的"泥土精神"和"牺牲精神"强化了主人公以及整个文本的"神化"气质。《春桃》中那"做活是她的天性"的淳朴理念很接近神性，与基督教中人类来自泥土，耶稣传道前是个木匠的淳朴基调是和谐的。就三人同住一屋的生活方式，小说中有一段深刻的评论："老实说，在社会里，依赖人和掠夺人的，才会遵守所谓风俗习惯；至于依自己的能力而生活的人们，心目中并不很看重这些。像春桃，她既不是夫人，也不是小姐；她不会到外交大楼去赴跳舞会，也没有机会在隆重的典礼上当主角。她的行为，没人批评，也没人过问；纵然有，也没有切肤之痛。"但春桃也提出了她的"王国"的习惯："大家住着，谁也别想谁是养活着谁，好不好？"文本中三个人物都承担着牺牲的重任：有着晚香玉般的容颜和洁净的生活习惯的春桃，承担着捡破烂的体力活，具有高小文化的向高因为"爱"而在物质上依赖大字不识几个的春桃，春桃"原先的男人"神枪手李茂双腿断掉而被春桃收容。女性成为生活的主力，因此彻底获得了尊严和解放，有资格说"我谁的媳妇都不是"，男人们也摆脱了传统的压力，以侠义和柔情和春桃共建"牺牲"组合。许地山创作这一切绝不是为了追求新意而矫揉造作，而是在阐发一种人类的牺牲美学：那原本柔弱的变得刚强许多，那原本刚强的认同理解了柔弱，整体的人或人类才更有可能趋向成为一个爱的集合。"神化"的"物化"，是对人的生存意识的尊重以及跟人性中神性潜能的结合，更为作品的现实主义风格增添了唯美的力量。

二、道家的自然心态与基督教信仰相融又融入禅境

2.1 投身现世生活的"禅悦"

同《商人妇》和《春桃》一样，《缀网劳蛛》也是一部在顺应命运的背景下，通过对心态或境界的关切而达成对命运的某种超越的作品。其文化个性则是就人应对命运创造了一种"自然常道"和"对神的信仰"均游其中的"心内的虚空"[①]，为固有的文化心理增加了容纳新的人生所遇的能力。

---

① 参见王世舜主编，王世舜、史晓平、周民、李庆珍译注：《庄子译注》，济南：山东教育出版社 1983 年版，第 528—530 页。

文本叙事一开头探讨的是应对恶意的命运的态度：朋友史夫人来主人公尚洁家里做客，跟尚洁谈到外间流传她和谭先生来往的闲话，尚洁并不计较，说"事情怎样来"，她"就怎样对付，毋庸在事前预定谋定什么方法"。史夫人很为她的前程担忧，认为"若是一个人没有长久的顾虑，就免不了遇着危险"，外人的话虽不足信，但尚洁应该显明态度，教人不疑惑自己才是。尚洁就此展开议论，"危险不是顾虑所能闪避的"，惧怕生命路程，莫如止住脚步，若有漫游的兴趣，纵然前途和四周的光景不能让自己赏心快意，也是要走的。（许地山，2008：50—51）

文本中亦有对善意的命运和恶意的命运交错的描写：涉及尚洁是谁，她的一些经历。她本是一名童养媳，在可望的帮助下脱出残暴的婆家。她有资本（容貌上的、财富上的），可望待她是"想法子奉承"，但她并不爱"嗜好多，脾气坏"的可望，认为"从不自爱的人所给的爱情都是假的"。只是"走到这个地方，依着时势的境遇"，"不能不认他为夫"。他们在"这个地方"和基督教结缘，尚洁接受了和她的"慈悲"天性没有冲突的基督信仰和学堂教育，并尊重跟可望的"自然的结合"，家里的事，认为应当替他做的，也乐意去做。她因跟谭先生交往，被可望怀疑操守，向她提出离婚，教会也禁止她赴圣筵，她把财产都留给可望，只身去土华独立谋生，三年后，神显示了奇迹，可望因被牧师的教导彻底感化，去土华邀请她回家，并向她悔罪，却又因愧疚暂时无法跟她一起生活，而去了槟榔屿。

上述恶意的以及善恶交错的命运贴近孔孟所观察和理解到的命运含义之一：那"偶然遭遇的、人无法靠自己的能力加以把握和控制的"[①]。含义之二：那"与生俱来的"[②]包括或能衍化为下面的"生之本分"和"生之责任"。

尚洁离异前，因救治一个摔伤的窃贼而被妒火中烧的可望刺伤。复原后，在史夫人的搀扶下来到花园歇息，就一朵玫瑰花评论说："这花虽然被虫伤了一半，还得这么好看，可见人的命运也是如此——若不把他的生命完全夺去，虽然不完全，也可以得着生活上一部分的美满。"这番话像是脱胎于《庄子·达生》中所说的："了解生命的实际的，不去追求那些于生命无所补益

[①] 参见赵杰：《超越与重生：从孟子与保罗的不同"终极关切"看儒学与基督教的不同价值》，《犹太研究》第8辑，济南：山东大学出版社2010年版，第160页。

[②] 同上。

的事情；了解命运的实际的，不去追求那些本分以外的事情。"（王世舜主编，王世舜、史晓平、周民、李庆珍译注，1983：344）——其实也是在说，不去哀叹那些于生命无所补益的事情，要懂得存在着的就是（生之）价值，并且还要安于那些本分以内的事情。尚洁离异后，在土华独居工作的日子里，"理会她在世间的历程也和采珠的工作一样。要得着多少，得着什么，虽然不在她的权能之下，可是她每天总得入海一遭，因为她的本分就是如此"。

文本结尾处，让尚洁将人和命运的关系比喻成蜘蛛和它所结之网的关系。生为蜘蛛，"生之本分"是结网、补网……网成网破，亦不过是自力、外力有意或无意为之的因果，但可超然看开这种关系，因为处在自然常道之中的物，本就"有盈有虚，有满有亏，不固定于一种形体"："万物生存之时，如同马在奔跑，如同车在疾驰，无时无刻不在运动和变化。应该做什么呢？不应该做什么呢？本来应该听其自然，任其自变自化！"（王世舜主编，王世舜、史晓平、周民、李庆珍译注，1983：312—313）换言之，命运既然是无法逃避的，便应当"安时而处顺"（王世舜主编，王世舜、史晓平、周民、李庆珍译注，1983：52）——心安理得地接受命运（生命的因果）的安排。

纵观文本，我们看出"道"的思想是尚洁固有的精神家园，"对神的信仰"是她后来人生新的所遇，作者写她每夜睡前都"跪在垫子上默记三两节经句，或是诵几句祷词。别的事情，也许她会忘记，唯独这圣事是她所不敢忽略的"。既有"道"本色的略有节制，更多的是"信靠神"的意志的坚持。我们很想知道一个已经明白"道"的自由意义的人去信靠神的原因。恐怕是她悟出了她不得不"入世"的命运，因此需要一种与"道"的"个体的自由和安宁"相贴近，但又能帮助"入世"的力量，她要信靠这种力量来强化她的生之责任。责任和自然的爱、博爱相连，也和自我意识相关——基督徒把自己看成是向一个神圣的充满力量的存在者负责（恩斯特·图根德哈特，2007：108），就要对自己的行动和思想动机承担责任——"分析自身的状况，认清其罪恶，促进其改善"，并以一种不失掉信心和希望的心态投身于日常的工作和生活中去（约翰·B.科布，2008：094）。即使她有"慈悲"的天赋，无须像一般基督徒那样"为了达到对邻人纯洁的爱"而"与自私心作斗争"（约翰·B.科布，2008：071），但对责任心的需求却使她能对罪感默然接受。而基督徒认为通过维系于基督，便能从一切世俗性执着中解脱出来，生活和享受于这个世界而又不被它束缚（约翰·B.科布，2008：070—073）——也跟"道"

的自由精神相通。因此她才会在自由自在的"道"的清水中滴入基督信仰的"自由+责任"的浓度,让生命也达到"有责任的自由"(约翰·B.科布,2008:095)状态。她的人生态度和行为就表现为:"社会地位"和"家庭生活"没有她的份,但于她并"不甚重要",她看待财产也是"生活的赘瘤",但她对女儿、可望以及她谋生的工作却有着毫无亏欠的责任心,还做采珠工人们的师保——教他们说几句英文,"念些少经文""知道些少常识"。这种道、基"中和"的心境可以和"以出世法投身现世生活的入世情怀"的佛教新禅宗的境界互相照映——所谓的出世习禅,"是换一副心灵面对生活,吃饭穿衣,砍柴担水,无不有禅,无不成佛"(礼山、江峰主编,1994:109、598)。这样"理想化"的心理建构恐怕还是基于作者"为人生"的创作宗旨①和儒、佛、道、基督合一的宽泛的宗教观②:在容纳着"自然常道"的"心内虚空"中加入"对神的信仰",自由和责任的程度"恰好"让心能在"入世"中彻底安然——如同获得了"禅悦"③。

2.2 走向涅槃的平衡的心识

对比尚洁因不能放弃责任而藉道家和基督教的结合让自己的生命处在了"有责任的自由"状态,《命命鸟》中的敏明则执意要获得"解脱"。敏明受佛教学校的教育长大,具有大乘佛教的弥陀净土信仰,她在和同学加陵的爱情受到双方父亲的阻挠后,因瞧见了男女之间的感情反复无常的梦境而改变了对婚姻的态度。涅槃节将临的一个晚上,她到绿绮湖边向三世诸佛祈祷,"誓不再恋天人,致受无量苦楚",恳求"勇猛无畏阿弥陀"接引她"转生极乐国土"。被前来找她的加陵听到,加陵愿意和她同行,说她到哪里,他也到哪里,何况还是去那么好的地方。二人遂携手一起走入湖水之中,做到了像"命命鸟"那样的同生共"死"。

如何从宗教视角理解他们的自杀行为呢?

恒清法师论述过佛教的自杀事例在行为根源上的不同:小乘独觉自利;大乘重利他,其宗教自杀的种类有:①舍己行布施;②表现宗教热忱和信仰,

---

① 参见苏兴良:《文学研究会评论选集》,北京:作家出版社2012年版,第2—19页。
② 参见吴昕孺:《宗教怀疑论者许地山》,"中国民族报"2011-03-22。
③ 参见张中行:《禅外说禅》,北京:中华书局2006年版,第261页。

如"燃身供佛";③为对抗外来的教难"殉教";④为自求佛道而舍身,显示出大乘佛法的殊胜;⑤禅宗表现生死自在的说法式的自杀。[①] 从敏明自感她和加陵本是（阿弥陀佛"欲令法音宣流,变化所作"的）"共命之鸟"[②]并决意回归"净土"来看,他们的自杀可被归在第4类。但也不排除敏明带有小乘追求"自利"的解脱的特点以及二人都具有生死自在的禅宗精神。不过,敏明"想达到脱离苦难的目标"与基督徒追求精神的目标相对应[③]。在决意要脱掉躯壳这一点上和基督教执着于"灵肉二分"的意识也是相似的。她相信"心识"的不朽,并能自觉地信靠阿弥陀佛的救赎"消融实体自我"（约翰·B.科布,2008:094）。我们再回到佛教的视角来看"命命鸟"的象征意义:正如这句话所说,"佛教的理想是拯救一切有情众生,而不单独拯救人类个体"（约翰·B.科布,2008:073）。因此,走向涅槃的心识应该是平衡的,不仅要有敏明那样的寻求自我解脱的准"智慧",还要有加陵的关爱、理解他人的准"慈悲",而"共命"的敏明和加陵将要回归的阿弥陀佛,正是终极的智慧和慈悲[④]。

三、儒家和基督教在利他之"行"上的和合

如果说"人生而有欲""欲而不得则生苦",除了道家的"少思寡欲"、佛家的"灭欲度苦",以及中庸的"节制"等"避苦之道"（张中行,2006:26、32—34）,还有一条"将他人的幸福设置为目标"的"欲望的能量转换"之路。这种利他主义的"无我的态度"[⑤] 是儒家思想中早就有的,在儒家看来,当负能量的欲望——本能的私欲转化成正能量的欲望——为他人的爱德和善行时,生命就停止了因受本能欲望积累之累走向衰亡,而转换成

[①] 释恒清:《论佛教的自杀观》,显密文库网站（http://read.goodweb.cn）,原载于《台大哲学论评》第九期。

[②] 见《阿弥陀佛经》。

[③] 参见[美]约翰·B.科布:《超越对话 走向佛教——基督教的相互转化》,黄铭译,杭州:浙江大学出版社2008年版,第071页。

[④] 同上。

[⑤] 参见[德]恩斯特·图根德哈特:《自我中心性与神秘主义》,郑辟瑞译,上海:上海世纪出版股份有限公司2007年版,第128页。

走向"延长"。《玉官》就涉及了发生在主人公玉官身上的这一能量转化过程。

玉官二十一岁时,丈夫(在甲午海战中)阵亡,她没有积蓄,有的只是一间小房和不满两岁的儿子。她决意不改嫁,想的是:"带油瓶诸多不便,倒不如依老习惯抚孤成人,将来若是孩子得到一官半职,给她请个封诰,表个贞节,也就不枉活了一生。"此后不久,她为了让生活免去艰难做了基督教的职业传道人。她一生的传教生涯分为两个时期。第一个时期是以自我为中心的漫长的三十多年。在这几十年中,让儿子将来得到一官半职,自己也获得表彰贞节的匾额就是她生活的"原动力"。动力不顺时,她曾有过自我反省:她在儿子第一次婚后因占有欲受挫想到自己并不坚信"天路"理想,是为了生存利益工作,其实有点辜负良心,但她以为造就儿子的前程就是她的良心。而如今儿子"像是属于别的女人"了,"不大受她统制,再也不需要她了。这使她的工作意义根本动摇",她还"得为自己想",决定辞职嫁人,但媳妇难产死去,对着儿子她又恢复了从前一切的希望,做了祖母也不觉得有再婚的必要,又接受了教会的慰留。第二个时期是她人生的"忏悔期"。儿子做了政府的官并再婚,媳妇在儿子身上"很有统制的力量",不把她放在眼里,还主张和她分居,她再次感到痛苦和失落,而当她要儿子向政府请求一个用来旌表节妇的匾额时,儿子以时代过去了为由,没有照办。失望和苦恼让她幡然醒悟,她反省"自守寡以来,所有的行为虽是为儿子的成功,归根,还是自私的"。几十年来的传教生活,自己没享受过教训的利益。"从前的守节是为虚荣,从前的传教是近于虚伪,目前的痛苦是以前种种的自然结果。"只有放弃私我的意愿才能摆脱痛苦,但生活又不能没有动力和目标,善于把握自我生命的玉官让"我"的朝向发生了质的转变,她决定"回乡去真正做她的传教生活"。教会派她担任一所小学的校长,从此她走入了利他主义的人生阶段。下面我们来探讨一下和玉官的这一转变相关的两项意义:

其一,这一转变包含着基督教和儒家共通的"悖论"哲理。耶稣说:"只有放弃生命才能得到生命。"[①] "放弃"在儒、释、道、基中都意味着"可以得到",于道、释,放弃"私欲"才能得到健康,于基、儒,才能得到让生命不再有痛苦的生活的新动力——"放弃"意味着之后积极的转换——个

[①] 转引自[美]约翰·B.科布:《超越对话 走向佛教——基督教的相互转化》,黄铭译,杭州:浙江大学出版社2008年版,第071页。

人意愿从低级向高级的转换，从以"自我"为中心转换为信奉为"他者"（比如上帝、邻居、亲人、大众）牺牲、奉献的价值。但基督教的"放弃式的得到"是朝向尘世之上的，体现为追求荣耀上帝（终极实在），并最终达到和上帝完全合一的地方——天国。儒家的"放弃式的得到"是立于这个世界的"三不朽"理想。为了让文本"接地气"的风格始终如一，小说设计了一个世俗化的"放弃后的得到"以及继续展现玉官的利他行为的结局：大众在她生日期间，感谢她四十年来为大家带来的精神和物质上的利益，修建了一座纪念她的"玉泽桥"。桥是玉官母爱的收获，也是造福乡人的捐献；桥又似是儒家通过"立功""立德"而"不朽"的道德目标实现的象征。

其二，以"善行"为主角的基督教"儒化"的写法。玉官的利他行为诚然有儒家伦理道德的影响，但以下两点也说明她进入到了基督教信仰中，获得了心灵的自由：（1）她对工作非常有兴趣；（2）她把包括健康和财物在内的自身的一切都献给工作，以至累得旧病不时发作，说明她是置肉身于不顾，唯求灵魂的完善，这正是在践行基督教灵肉二分的牺牲精神。但作者只交代她认识到自己从前的虚荣和近虚伪后，决定忏悔，并写她决定"至少要为人做一件好事"。此后的主角就是她的善行，比如办学、捐钱建桥和报答影响她入教的杏官。强调"行"，并不是否定"信"，而是强调基督教和儒家在"行"上具有共通性。基督教以信仰为重心，但亦认为行动使信仰得以完美。[①]孔子以来的儒家讲究学以致用，重视践履，宋代理学家朱熹继承和发展了这一精神，主张"论先后，知为先；论轻重，行为重"，"只有见之于行，则认识更明。"（陈清编著，2000：193）这种基督教"儒化"的写法既承认玉官的实用理性，也反映出许地山调和，兼容基、儒的文化心理。他通过《玉官》主张私我的意愿转化到由"齐家、治国、平天下"演变而来的"以社会和大众利益为动力和目标"的意愿上去。于基督教，动力和目标则是上帝，但也会落实到造福人类的行为上去。

---

① 参见傅有德：《论犹太教与基督教的信与行》，《文史哲》2005年第3期 和《新约·雅各书》。

四、结语

从以上论述中我们看到：在许地山的这些经典小说中，佛、基关于生命的去处的文化心理可以相互转化，道、基的自由共性得到阐发，基、儒共具的入世精神无论是在个人反思"存在"的精神方面，还是在人和人相互合作才能得以生存的社会意识方面，都得到重视。让不同宗教文化结合的创作思维植根于中国传统文化"和而不同"的思想以及创作主体对人的生命需求的多面考察，加之独特的艺术构思，使作品产生出了繁复而严密的文学主旨。

参考文献

［1］陈　清（2000）《中国哲学史》，北京：北京语言大学出版社。

［2］礼　山、江　峰（1994）《禅宗灯录译解》，济南：山东人民出版社。

［3］任继愈（2001）《中国道教史》上卷（增订本），北京：中国社会科学出版社。

［4］王志敏、方　珊（1989）《佛教与美学》，沈阳：辽宁人民出版社。

［5］王世舜主编、王世舜、史晓平、周　民、李庆珍译注（1983）《庄子译注》，济南：山东教育出版社。

［6］许地山（2008）缀网劳蛛，《无忧花》，南京：凤凰出版传媒集团江苏文艺出版社。

［7］许地山（2011）《许地山学术论著》，上海：上海世纪出版集团上海书店出版社。

［8］张中行（2006）《顺生论》，北京：中华书局。

［9］［德］恩斯特·图根德哈特（2007）《自我中心性与神秘主义》，郑辟瑞译，上海：上海世纪出版股份有限公司。

［10］［美］马斯洛等（1987）《人的潜能和价值》，林方主编，北京：华夏出版社。

［11］［美］约翰·B.科布（2008）《超越对话走向佛教——基督教的相互转化》，黄铭译，杭州：浙江大学出版社。